华尔街幽灵
一位股票投资大师的告白

〔美〕伯纳德·巴鲁克　著

冬初阳　译

纪念我的母亲、父亲和妻子

民主与建设出版社
·北京·

图书在版编目（CIP）数据

华尔街幽灵：一位股票投资大师的告白 /（美）伯纳德·巴鲁克著；冬初阳译 .-- 北京：民主与建设出版社，2023.11

ISBN 978-7-5139-4387-1

Ⅰ.①华… Ⅱ.①伯… ②冬… Ⅲ.①巴鲁克（Baruch, Bernard 1870−1965）− 自传 Ⅳ.①K837.125.34

中国国家版本馆 CIP 数据核字（2023）第 198247 号

华尔街幽灵：一位股票投资大师的告白
HUAERJIE YOULING YI WEI GUPIAO TOUZI DASHI DE GAOBAI

著　　者	〔美〕伯纳德·巴鲁克	
译　　者	冬初阳	
责任编辑	王　倩	
策划编辑	陈正侠	
封面设计	末末美书	
出版发行	民主与建设出版社有限责任公司	
电　　话	（010）59417747　59419778	
社　　址	北京市海淀区西三环中路 10 号望海楼 E 座 7 层	
邮　　编	100142	
印　　刷	三河市龙大印装有限公司	
版　　次	2023 年 11 月第 1 版	
印　　次	2024 年 3 月第 1 次印刷	
开　　本	710 毫米 ×1000 毫米　　1/16	
印　　张	16	
字　　数	262 千字	
书　　号	ISBN 978-7-5139-4387-1	
定　　价	79.80 元	

注：如有印、装质量问题，请与出版社联系。

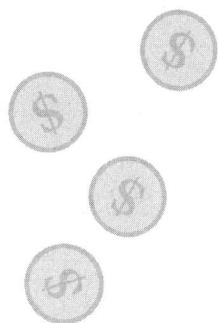

我成为职业译者已经整整 10 年，与股市结缘的时间更长。当年我还在上海工作时，就开始拿自己的余钱投资股票，同时从书中学习一些关于股票的理论知识，希望将理论与实践结合，使自己的积蓄增值。

我买的几本书里有一本不算太厚的册子，现在已经记不清书名了，只记得是褐色封面，内容相当杂，介绍各种证券投资理论家和投资大师的生平事迹和理论，其中有一个章节就提到本书的**作者伯纳德·巴鲁克，将此公称为"华尔街教父"**。

当年，我绝对想不到如今会翻译巴鲁克的自传第一卷。当我敲打着键盘，将巴鲁克流连赌场被其父亲抓现行，投资普廷贝岛项目亏掉父亲的 8000 美元（100 多年前 8000 美元的价值至少相当于今日的数十万美元）积蓄，**在华尔街奋斗数年，买入美国制糖公司股票赚到 6 万美元起家资本**，后来又进入政界，为多位美国总统出计献策这些事迹从英文变成中文的时候，不由得回想起在那本褐色封面小册子里就看到过这些内容，有一种格外亲切的感觉。

巴鲁克在本书中详细讲述股票实操的内容，主要集中在第 6~18 章，完整叙述了他从踏入社会找工作到成为华尔街著名金融家的经历。这些内容占了全书大约一半的篇幅，加上**巴鲁克阐述自己投资哲学的第 19 章**，或直接或间接地讲述了其金融事业和投资思想的内容超过了全书的一半。

巴鲁克曾说过，一些读者选择阅读这位华尔街著名金融家的自传，难免会怀有学习致富必胜法的想法。虽说这很自然，但正像他在正文里多次指出的那样，股市和其他领域没有本质区别，要想成功同样需要掌握相关专业知识，脚踏实地，付出辛劳，没有什么捷径可走，**认为证券交易所是奇迹发生的地方，可以让人不用付出辛劳就赚到钱是完全错误的想法。**

巴鲁克进行明智投资和投机的十项规则在本书中有详细介绍，我就不在这里复述了，只想再为读者补充说明一下巴鲁克在书中其他部分阐释过的两个要点。

第一个要点是巴鲁克在列出十项规则之前提到的一个前提条件——自律，即先要做到能够自我约束这一点，才有可能按照这十项规则行事。**想要在任何领域成功，自律性都是必不可少的**，但真要做到并不容易，因为每个人都有一个从懒惰走向自律的过程。

巴鲁克并不是天生的"华尔街教父"，幼年时期在心理上非常依赖母亲，容易情绪化，按照他本人的说法就是"很难控制自己的脾气"，调皮捣蛋的事情做了不少，当然也没少挨教训。这个时候的巴鲁克谈不上什么自律性，不过是一个普通的美国南方乡村小男孩，虽然家庭出身和家教都还不错，但是恐怕没有人会预料到他能成为华尔街的一代"金融教父"。

10岁那年，巴鲁克一家迁居纽约。他在纽约念完文法学校（相当于现在的初中）和大学（相当于现在的高中和本科阶段），在校期间德、智、体全面发展，毕业后一度在纽约的一家体育俱乐部练习拳击。**正是练习拳击和打拳击赛的经历让巴鲁克学会了控制自己的情绪**，自律才成为他的一种品质，但这种自律性要在他的事业上发挥作用还有待时日。

大学毕业的巴鲁克在事业起步阶段和大多数人一样，要找到合适的工作并不容易。他20岁出头时还不懂得世事艰难，只想着早日发财。**他一度流连赌场，急得父亲带着他的哥哥去赌场找人。**为了早日发财，巴鲁克丢掉母亲托关系给他在华尔街找到的第一份工作，和一位好友跑到科罗拉多州挖矿，买了一家矿业公司的股票投机，结果赔了个干净，只能灰溜溜地回到纽约。

必须指出的是，巴鲁克的父母对他的成长助益良多。巴鲁克的母亲对他在西部闯荡失败并没有过度苛责，而是帮他在华尔街的豪斯曼公司找到了另一份工作。从办公室勤杂工和跑腿人员做起的巴鲁克意识到需要脚踏实地，重新开始。

中产之家提供的安定生活保障，让巴鲁克能将自己的积蓄用于做股票投资。还在新手阶段的他没有那么快成功，**就像所有新手一样，利润来得快去得也快**。他亏掉父亲的 8000 美元就是在这段时期，而父亲并没有因为这次亏损就对他失去信心，在得知他想买一家煤铁公司的股票后，仍然塞给他一张 500 美元的支票。

晚年的巴鲁克在回忆此事时，已经记不清究竟有没有收下支票，但是他很清楚这件事的意义——**父亲的信任让他能够在遭受再大的挫折时都不会失去信心和尊严**，而信心和尊严对真正的自律性都是十分必要的。因为自信、自尊和自律，巴鲁克养成了让他终身受用的好习惯——**分析自己的损失就要确定曾经在什么地方犯了错误**。渐渐地，他不再鲁莽行事，不再想要以小博大，一举成功，而是逐渐谨慎起来，为了长久之计积聚财力。

了解了巴鲁克早年的这些成长经历，就能明白他 27 岁操作美国制糖公司的股票成功赚到第一桶金后的一系列成功投资都是水到渠成的结果，才能更加深刻地理解他那十项规则的真谛。

第二个要点是相信专业。巴鲁克在十项规则里已经提出了股票和商品投资的专业性问题，我在这里想说的是另一个方面的专业性问题。

1903 年，成为百万富翁的巴鲁克离开豪斯曼公司之后，开设了自己的公司，本书的第 15~18 章讲述的都是他与别人合作投资矿产等资源类公司的事迹。无论占公司的股份比例多少，或者只负责融资、收购类业务，巴鲁克都非常清楚自己的定位和专业能力所在。他只负责提供融资事务的意见和服务，具体的采掘、冶炼和加工等技术问题，全部交给专业人士，从不对非自己专业的问题发表意见。

专业化经营带来了丰厚的回报。**巴鲁克投资的大多数资源类公司都是成功的，最赚钱的得克萨斯海湾硫矿 1916 年发行价每股 10 美元，1929 年最高价达到每股 320 美元，耗时 13 年时间股价上涨 31 倍，年复利收益率超过 30%。**

虽然巴鲁克对投机和投资的概念没有进行明确的细分，但是他在做长期股权投资时的思路与**比他晚一辈的本杰明·格雷厄姆和晚两辈的沃伦·巴菲特**的价值投资理念是一致的。做长期投资必须重视企业的长期经营管理能力，而这种能力的一个重要方面就是专业化经营，公司内部分工明确，各司其职，**任何股东的持股比例再大，任何高管的权力再大，都不能越界**

干涉他人的专业领域。这是巴鲁克 100 多年前就已经悟出的投资智慧，至今依然有效。

另外要补充的一点是，对巴鲁克的十项规则和其他经验教训，都要结合当代中国证券市场的现实环境活学活用，不必太过刻板教条。

例如，巴鲁克十项规则的第一项：不要投机，除非你能像做全职工作那样从事投机活动。在巴鲁克生活的年代，信息收集远不及现在这样便利，非专业证券交易人士在本职工作之外也很少有时间能够学习证券分析知识。此外，在实操中应用这些知识也不容易，因此巴鲁克的这项规则在他的时代是成立的，但是现今却未必如此。

21 世纪的今天，各种直观的技术分析工具已经发展成熟，我们利用互联网可以获得的信息量也远远大于巴鲁克时代，保障基本生活需要耗费的时间和精力也不像以前那样多。业余投机或投资者只要有足够的时间能用于学习专业的证券分析知识，培养自己的专业实操能力，同样有机会取得一定程度的成功。

我认识的宋通先生是非金融行业的普通上班族，而他同时是一位相当成功的价值投资者。他的母亲是一位家庭妇女，照顾家庭需要投入的时间、精力和普通上班族别无二致，却也是一位投资股票 20 多年，年复利收益率达到 10% 的成功投资者。

投资、投机的理念和内在逻辑是不同的，但是在实操上却有相似之处。巴鲁克在本书第 9 章第 1 节中从英语"投机"一词的词源角度对"投机者"一词给出了自己的定义，在第 19 章第 1 节中又仔细分析了投资、投机等在实操上的相似之处。结合他在本书其他章节中提到的投资、投机等大量事例来看这两节的内容是非常有意思的阅读体验。

除了投资和投机活动之外，巴鲁克在书中还谈及他本人、家人和亲戚朋友的许多趣事。可以这么说，忽略巴鲁克"华尔街教父"的身份，仅仅从人物传记角度来看，这依然是一部佳作。我曾经翻译过法国著名历史学家和传记作家路易·马德林的《法国大革命人物传》，巴鲁克虽不像马德林那样文采飞扬，**但朴实而处处透着美式幽默的笔调让这卷自传绝对值得一读。**

巴鲁克的自传一共两卷，但都能自成一体。本书实为巴鲁克自传的第一卷，第二卷主要叙述他在华盛顿的公职生涯。

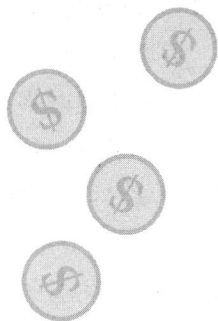

前 言

最早敦促我将生平故事书写成文的是我的孩子们。他们在成年之际，经常会问我："一个年轻男子或女子，在他们的人生开始时，可以做你曾经做到的那些事情吗？" **"在这个瞬息万变的世界，有什么是长久不变的吗？"**

一些人希望我讲述在华尔街经营事业的故事，**我怀疑他们希望那段经历可以揭示某些致富捷径和致富必胜法。另外一些人更加关心我对认识的7任美国总统的看法，**即从伍德罗·威尔逊到德怀特·艾森豪威尔。

还有那些人——我必须承认他们的影响力最大——敦促我回忆自己在两次世界大战和两次缔结和平期间的经验，从而确定我的看法是否能为当今世界面临的各种存留问题提供一些指导性建议。

20世纪30年代末，我开始书写这些回忆性文章，但是完成这些回忆录的时间总是一拖再拖。希特勒崛起时期，我的许多时间都用于努力武装美国，因为武装好的美国是应对战争的最好防御措施。第二次世界大战爆发时，我的所有精力都投入到两件事情中：为了顺利帮助我国的各种资源加速动员起来，设法防止重复我们在第一次世界大战中犯下的那些错误。战争结束时，我在与战争创伤造成的各种麻烦斗争，为处理原子能的国际控制之类的各种难题奋斗。

这些工作让我没有时间写回忆性文章，但是也给了我更多的写作素材。

对这些经历的新见解提供了让我重写已完成部分的文章的新内容。

我原先的打算是在自传完成之前不要出版。但是时间跨度起自美国内战之后的重建时期直到核裂变时代以后岁月的传记类书籍，要想压缩为一卷本不是易事。再者说，我一向觉得一个人的回忆录应当在他还在世时出版，从而让那些可能批驳和反对回忆录内容的人能够用他们的意见与作者对质。

于是，在87岁这一年，在我看来，出版这第一卷回忆录就不用再等了。我希望正在书写的下一卷不用太久也会接着出版。

如果关注我的性格形成期的话，你或许会收获一些特殊益处。**我们每一个人都永远不可能在成长过程中真正超脱童年期。我们面对成年生活问题的态度和方法与应对成长期问题的态度和方法，往往不会有很大差别。**

在我还是一个少年时就颇为羞怯，害怕当众讲话。有时我会控制不住自己的情绪。随着年纪的增长，我喜欢赌博——赌马、赌球赛，这会让我兴奋，觉得自己再度年轻了。

只要看到别人完成了一些事情，我就想亲自尝试。**只有在付出许多努力以后，我才懂得该如何控制自己的情绪，做我可以全力以赴做好的事情，将不能办好的事情留给他人。**

如果说这一成长过程有什么诀窍的话，那么诀窍就藏在我自觉进行批判性自省的种种有条理的努力之中。**当我能自知的时候，也就能更好地理解别人。**

事实上，在华尔街和做生意的期间，对我来说是一个漫长的人性教育过程。股票交易或其他生意中产生的问题，一直都是该如何理顺这样一种局面，即让各种客观事实摆脱与之带来的各种人类心理因素的干扰。当我离开华尔街投入公职生涯时，发现面对的是相同的问题——**我们生活在这个世界上，那么该如何让这个世界上的各种事物的本质与人性的关系保持平衡是我们一直要思考的问题。**

当然，人性的变化远比我们的外部环境缓慢。当新局面出现的时候，有些人执着于过去，一味教条主义，宣称我们应该墨守成规。

另一些人认清每一种新形势的时候，仿佛这些新形势都需要一种全新的方法才能应对，而过去仿佛毫无价值。

我们要有效地自我管理的话，上述这两种极端情况都必须避免。真正的问题在于了解何时去遵守和维护既成真理，何时奋力开发新的实验性方法。在正文的那些回忆性文字中，**我设法阐述一种人生哲学，我靠这种哲学设法在**

冒险尝试新生事物的同时，**做好各种预防措施来避免发生之前发生过的错误**。

我做过的一些事情可能会引来非议和责难。然而，**只要我发现比起成功来，失败是一个更好的老师的话，我还是会讲述自己失败的经历的**。

在准备书写这些回忆性自传期间，我的朋友哈罗德·爱泼斯坦（Harold Epstein）、塞缪尔·卢贝尔（Samuel Lubell）和赫伯特·贝亚德·斯沃普（Herbert Bayard Swope）给予了我许多帮助。亨利·霍尔特公司（Henry Holt and Company）的罗伯特·莱舍尔（Robert Lescher）也提供了多项宝贵的编辑建议，在此深表感谢。

目 录

第 1 章

一位南方邦联军医

01

南卡罗来纳州卡姆登的主大街上有一栋两层楼的房子，1870 年 8 月 19 日，我在这栋房子里出生。不过，住在这栋房子里，几乎和在开阔的田野间生活没什么区别。房子的正后方就是一座菜园，还有几个马厩和一座谷仓。越过菜园和其他设施，有 3 英亩^① 土地，父亲让这片土地变成了一种试验"农场"。我记得有一年，农场里在种植甘蔗，父亲为了培育甘蔗付出了许多辛劳，就仿佛这片农场是一座能够赚钱的棉花种植园。

母亲觉得，父亲耗费在他那农场里的时间，应当用在他的医疗事业上。即便如此，父亲仍然是南卡罗来纳州最成功的医生之一。当南卡罗来纳州医学协会选举父亲为主席时，他年方 33 岁。同时，父亲还担任州卫生局局长，在南方重建时期麻烦的、有争执的政坛积极奔走。

最近，我正在阅读父亲早年的一本病例汇编，那些字迹潦草的页面反映了他在社区里发挥的作用。父亲对因疾病和意外事故来就医的黑人和白人都一视同仁，从腿上被鱼钩扎伤的白人小伙儿，到因为故主去世而整整 18 天拒绝饮食，就要饿死的可怜老黑人，都没有区别对待。

在下乡巡诊的时候，父亲经常用他那双座轻便马车带着我一起去。有时当他在阅读或打盹儿的时候，我会拉着缰绳。有一次，我们在一座简陋小屋前停下。父亲走进小屋，我就在轻便马车里等待。不多时他就匆匆出来

---

① 1 英亩 ≈4046.86 ㎡ ≈6.07 亩。（本书如无特别说明均为译者注。）

了，手里提着把斧子，猛劈小屋的木头百叶窗，大声道："缺乏新鲜空气，（屋里的）那个人就快死了。"

父亲在试验农场的工作反映出了他在改善社区环境方面的意愿，他终生都致力于这种意愿。大约在我十岁半时，我们一家搬到了纽约，父亲为了在几个人满为患的廉租房地区修建公共浴池身先士卒。在南卡罗来纳州时，州政府还没有设立自己的农业服务机构，也没有找到农垦改善方法。然而父亲看到了本地有进行农垦改善方法试验的需要，虽然他从未接受过农业培训，但不久后还是成了农业专家。

在父亲的办公室里，在医书旁堆着的是一叠黄封底的农场期刊。他从这些期刊上学习、总结出方法和理论，在自家的 3 英亩土地上做试验，他出产的棉花、玉米、燕麦和甘蔗在县农产品交易会上都获得了一等奖。

父亲会在地里播种，在帮助农夫解决某个特定问题时从来不辞劳苦。有一次，他购买了几英亩的低洼地，要证明这块地经过耕作是可以种植庄稼的。我相信，这是我们国家的这部分地区首次进行这类试验。

父亲是一个引人注目的男子汉——身高有 6 英尺①（约 1.83m），身形挺拔，拥有尚武精神，蓄着一副深色的须髯，有一双神色温和、坚定的蓝眼睛。他的衣着是相当正式的，我完全回想不起他身穿短袖的模样。然而他举止温和、声音轻柔，不显露丝毫他在外国出生与成长的口音。

02

1840 年 7 月 29 日，父亲在时属德国的波森（Posen）（即今波兰的波兹南）附近的施韦森茨（Schwersenz）村出生，取名西蒙·巴鲁克（Simon Baruch）。他很少谈起自己的祖先，当谈到这个话题时，他会说，你从何处来并没有你将向何处去那样重要。

直到我 20 岁那年，父亲才带我去欧洲拜访祖父和祖母，之前我并不知道巴鲁克世系的事情。我沿用了祖父的名字伯恩德·巴鲁克②，他拥有

---

① 1 英尺 = 0.3048m。
② 巴鲁克的祖父的名字实为伯恩哈德（Bernhard），巴鲁克本人的名字则略去了字母 h，成为英语化的伯纳德（Bernard）。

一份古老的家族遗产——一具颅骨，上面记载着家系宗谱。看来巴鲁克氏是一个犹太教家族，起自葡萄牙—西班牙血统，但是这个家系在发展过程中也混合了波兰或俄罗斯的血统。

祖父还宣称巴鲁克家族的祖先是那位犹太法学家巴鲁克（Baruch the Scribe），他编辑了《耶利米书》（犹太圣经）的《先知录》，《旧约次经》中的一篇就以他的名字命名。父亲对这一说法保持缄默。

巴鲁克祖父与我成了知己。他不会说英语，但是因为我德语学得非常棒，所以我们相处起来非常融洽。他身高6英尺挂零，有一头漂亮的棕发，面泛红光，厚厚的眼镜让一双深色的眼睛看起来好似更大。他有些学者和梦想家的气息，喜欢在酒馆的露天摊位里坐着，抽雪茄聊天。当父亲陪祖母待在家里的时候，我和祖父就这样在酒馆的露天摊位里打发时间。

巴鲁克祖母是这样一类人——勤劳、节俭、细致、谨慎，并且务实。她个子矮小，长了一双湛蓝色的眼睛，父亲和我都继承了这样的一双眼睛。她的头发中分，一丝不苟地向头顶的两侧梳理。她的闺名叫特蕾莎·格鲁恩（Theresa Gruen），我相信她是波兰裔。

1855年，父亲为了逃避进入普鲁士陆军服役而来到美国。当时他只有15岁，还是波森的普鲁士王家文理中学的学生，悄悄地出发前往美国。当时，他在美国只认识一个人，秘密赴美似乎需要一些勇气。这个人名叫曼尼斯·鲍姆（Mannes Baum），也是施韦森茨人，在卡姆登拥有一家小杂货店。

曼尼斯·鲍姆成为父亲的保护人。年轻的西蒙为曼尼斯工作，成为一名记账员，就靠身边的一本德英翻译词典阅读美国历史来自学英语。鲍姆先生的妻子（是我母亲的阿姨，我的父母就是经过她介绍相识的）很快就充分意识到这个特别聪明的少年会有前途。于是，她说服曼尼斯送他去查尔斯顿的南卡罗来纳医学院就读，后来又去了里士满的弗吉尼亚大学医学院求学。

父亲永远不会忘记曼尼斯·鲍姆一家人的恩惠。我的中间名就是曼尼斯，我为用这个中间名而自豪。曼尼斯是个小个子，正如当地的一句俗话所说，他拥有"尤里乌斯·恺撒的勇气"。

父亲喜欢对人说一个混混是怎样到店里来让曼尼斯收回所说过的一些话的。曼尼斯拒绝了，那个混混就开始用铁头耙子殴打他。曼尼斯的头皮破了，流血不止，但仍拒绝收回他的话。那个恶棍将曼尼斯摔倒，两根手指按在他的眼睛上，威胁要将他的一双眼珠子挖出来。

"现在你把话收回去吗？"恶棍威胁道。

"不！"曼尼斯·鲍姆大喊道。

说罢，恶棍开始动手了。曼尼斯来回扭动挣扎。恶棍的手指滑开了，曼尼斯用牙齿咬住了一根，直到恶棍哀号着求他放过才罢休。此事有可能发展成用一根手指换一只眼睛的结局，但是恶棍决定不接受这一《摩西律法》的修正案。

父亲对我讲这个故事有的放矢，捍卫一个人的荣誉的一项准则，就是在必要的时候决斗，彼时这在南卡罗来纳仍然盛行。父亲赞扬曼尼斯·鲍姆的勇敢，然后劝告我说："儿子，永远不要去忍受屈辱。"

1862 年 4 月 4 日，曼尼斯·鲍姆将南方邦联军的军服和一把军刀交给父亲。父亲穿上军装，佩带军刀，加入南卡罗来纳步兵团第三营。父亲已经从医学院毕业，用他的话来说，"甚至还没有用手术刀切开一个脓疮"，就被南方军委任为助理外科军医。

对父亲而言，应征加入南方邦联军是一件自然而然、合乎道理的事情。就像许多人，包括罗伯特·李，这位没有拥有奴隶，也不赞成奴隶制的将军那样，父亲觉得自己忠于接纳他的南卡罗来纳州。再者说，他在卡姆登认识的几乎所有青年都应征加入南方邦联军了。

在跟随所属部队北上之前，父亲劝告从德国来的 17 岁的弟弟赫尔曼远离战争。9 个月后，他们俩相遇了。赫尔曼已经成为一名邦联军骑兵。父亲训责赫尔曼时，赫尔曼解释道："我不能置身事外，否则我都无法去直视女士们的脸。"

身为军医，父亲目睹了战争最可悲、最可怕的一面。他对自己的战争经历没有多谈。当我和我的三个兄弟央求他"跟我们讲讲那场战争"时，他经常会送我们去学习或者分派我们去干些杂活儿。

然而，当父亲的 4 个儿子群集在周围时，他就会追忆从军的往事。一个让父子都钟爱的故事是他在雪松溪（Cedar Creek）是怎样努力阻止邦联军退却的，此役因为谢里登将军率部从温彻斯特骑马进军而被世人纪念。

父亲回忆道："我看到厄里（Early）将军挥舞着一面军旗，哀求士兵们停止溃逃。我策马飞奔到前线，大喝道：'重整队伍，弟兄们，看在上帝的分儿上，重整！'炮弹正在四面八方爆炸。一枚炮弹就在我的头顶上空爆炸了。我骑着的母马嘴巴上挨了弹片，驮着我逃走了。几个士兵就在我身后喊叫着：'你为什么不重整？'"

我们爱听的另一个故事是父亲在第二次马纳萨斯（Manassas）战役首次出任战地军医的经历。父亲去野战医院报到，到达的时候正赶上一个老军医要做截肢手术。老军医猜到了父亲没有经验，将外科手术刀递了出来，讽刺性地说道："医生，或许你喜欢做手术。"父亲接受了挑战，做了他人生中的第一次手术。他干得很棒，足以赢得老军医的称赞。

虽然父亲亲身经历过美国内战的几次最血腥的战役，但是他经常评论交战双方所表现出的骑士精神。第一次世界大战爆发时，他做过对比，说美国内战是一场"绅士的战争"。战场骑士精神的一个实例给他留下了非常深刻的印象，1921 年，他在去世的病床上还回顾过这件事。

怀尔德尼斯（Wilderness）战役的北方联邦军阵亡者中有一位詹姆斯·沃兹沃思（James S. Wadsworth）少将，他的孙子后来成为代表纽约州的美国参议员。沃兹沃思头部中弹身亡。李将军送信去联邦军阵地，说他乐意归还这位英勇对手的遗体。当一辆飘着休战旗、载着沃兹沃思将军遗体的救护马车经过联邦军的阵地时，衣衫褴褛、头发灰白的战士们都脱帽致敬。

03

父亲每一次回顾内战，对北方都没有表现出敌意。这或许反映了他每次被北方军队俘房都得到了善待。

父亲首次被俘是在安提塔姆（Antietam）战役期间。在南山（South Mountain）的前哨激战中，南卡罗来纳步兵团第三营惨败，营长乔治·詹姆斯（George S. James）中校阵亡。在南方军撤退的反击期间，父亲奉命负责布恩斯伯勒（Boonsboro）的一座教堂庭院里的伤员。一扇门板平放在两个酒桶上，手术台就算草草就位了，一名重伤员就被抬到了上面。伤员已经接受了麻醉，父亲刚刚拿起手术器械，一梭子弹飞来，中断了手术进程。重伤员被抬进了教堂，在那里做了手术。

当父亲做完手术时，外面的马路上已满是北方联邦的骑兵。当数英里 ① 外夏普斯堡（Sharpsburg）的炮火轰得地动山摇时，父亲和他手下的护

---

① 1 英里 ≈1.61km。

工在继续完成自己的任务。一名联邦军医来到父亲身边，问他是否需要帮忙。这个意料之外的辅助申请让父亲印象极其深刻，直到 50 年后，他仍然记得那位联邦军医的名字。那个人名叫戴利（J.P.Daly）。

做完手术，巴鲁克助理军医就成了一名战俘。但是他知道不久就能获释，因为南军和北军的政策都是尽快交换被俘的军医。他留在布恩斯伯勒大约两个月，他常说，这是他在军中最惬意的两个月。随后他和另外几名南方军医官被送上了开往巴尔的摩的火车。在路上，这几名战俘得到消息，几位同情南方的人士会在兵站迎接他们。他们会在几名巴尔的摩的显贵市民家中借住，直到交换回南方为止。

然而负责此事的北军中尉不喜欢这种"亲敌"安排，于是把几名战俘押送到了巴尔的摩宪兵司令那里。宪兵司令不像那位中尉那样不知变通，他让父亲和一名同僚军医官在城里自由活动，条件是次日他们保证要到宪兵司令部报到。两个年轻的南方军医被一位富有的市民接到家中，享受了一场持续到次日凌晨两点钟的舞会。

吃完早餐，应几位年轻女士的请求，两位南方军医乘坐一辆敞篷马车去了一位摄影师的工作室，各自在那里拍了照片。父亲的女性仰慕者出钱买了一张照片送给他，在我还是个少年时，这张照片就挂在我们在卡姆登的家中。次日，被俘的南方军医就启程前往弗吉尼亚去交换北方军医。

10 个月后，父亲在葛底斯堡第二次被俘。在我成年时，和父亲一起走访了葛底斯堡，他向我描述了那场他目睹的战役。当父亲说话的时候，会举着他的黑色帽子做手势，白色长发在风中飘动。他描绘的皮克特（Pickett）将军的部队向桃园（Peach Orchard）阵地的行动激情澎湃。父亲回忆道，由于一道命令改变了南方军的冲锋方向，北方军的纵射火力打得他们的侧翼部队几乎都负伤了。

南方军在黑马酒馆（Black Horse Tavern）设立了野战医院。父亲指出了马什溪（Marsh Creek）岸边的一个位置，护工就在那里为军医取水。父亲对我说，他两天两夜都在为伤员做手术，或者说就那样连续不眠不休地照顾伤员。

然后，就在南方军开始进行令人心碎的撤退行动时，李将军传来了命令，让父亲和另外两名军医在医院留守，直到后续指示传来，这道命令意味着他们会被敌人俘虏。

就在等待北方军队出现的时候，父亲和另外两名医生正忙着烤一只孔雀。这只孔雀曾在附近草地里出没。这是他们在三天时间里吃到的第一顿美餐。正当他们刚刚将最后一根骨头啃干净时，一队北方军骑兵就到来了。

北方军给予父亲的待遇让他不知所措。父亲被俘后，一位文书模样的绅士温斯洛（Winslow）医生立即问父亲，是否需要提供紧急物资。然后他指引父亲去葛底斯堡的卫生委员会仓库，那里的物资都堆到大街上了，这对于一个在南方军队服役，一直在忍受物资匮乏之苦的南方人来说是十分稀罕的场面。

仓库的文书建议父亲向军需总部申请一辆四轮运货车。半信半疑的父亲去了军需总部，那里的接待让他再度吃了一惊。"医生，请坐。"一位青年军官彬彬有礼地说道，"这里有一份《纽约先驱报》（New York Herald），您从报上可以了解李将军的情况。在我们的一辆运货车到来之前，您就看报吧。"

不久，一辆骡子拉的运货车就被交给父亲处置。他在车上塞满了足够使用一个月的医疗物资和食品杂货。这些物资里有一桶鸡蛋（桶里用锯末填充以防止鸡蛋破损）、一些酒、柠檬和冰冻黄油。

两名马里兰妇女和一名老年英国护士来照料伤员。一位巴尔的摩医生送给父亲一箱精美的医疗器械，箱子上刻着父亲的名字。后来，父亲将这些器械寄回了卡姆登，期望在战争结束时能有设备开设诊所。

这样的俘囚生活过了6周。此时父亲和其他几名南方军战俘突然被送上一辆牛车，然后乘船去巴尔的摩的麦克亨利堡（Fort McHenry）。事态发展的结果是父亲和其他南方军医被扣作人质。

弗吉尼亚西部查尔斯顿的一位北方联邦同情者鲁克尔（Rucker）医生被判谋杀罪名成立，将会处以绞刑。他的妻子向北方联邦当局求救，宣称她丈夫没有得到公正的审判。华盛顿的北方联邦政府暂停交换南方军医官，直到鲁克尔医生被释放为止。

父亲曾让我们确信，麦克亨利堡的监禁并不像想象中那样令人烦恼。实际上，他经常将那段囚禁生活形容为"在海滨度假胜地避暑"。他和其他医生在要塞内部的场地里自由活动。他们踢足球、下棋、开设语言学习班、举行各种辩论会。让他们精神最为饱满的事情是年轻的女士们每天都会来这座要塞访问，为战俘加油鼓劲儿，她们会廉价购买新的纸项圈来改善仪容。

要塞警卫队的一位中士允许一些战俘在夜间走访巴尔的摩市，这件事情开展得一直很顺利，直到有几位军医没能及时返回参加晨间点名为止。其他战俘设法在点名时代替缺席的几名军医回话，但这种花招很快被识破了。关押限制措施变得更加不容变通，直到留下的军官们保证不会设法逃跑为止。两个月后，鲁克尔医生逃跑了，南北双方政府之间的僵局就此被打破。麦克亨利堡关押的战俘随即被送往南方。

在麦克亨利堡的时候，父亲写了一篇医学论文，题为《两种胸口的刺刀创伤》。1914—1918 年期间，美国军医总监梅里特·爱尔兰（Merritte W. Ireland）对我说，这篇论文对军医依然有其价值。

04

父亲给我们讲述的另一个故事，是他最后也是最为艰难的战争经历。1864 年 7 月，他被从助理军医提拔为军医。次年 3 月，他奉派前往北卡罗来纳州的托马斯维尔（Thomasville），那里的南方邦联军正在设法牵制谢尔曼将军指挥的北方军向北突进。父亲为南方军准备医疗设施。

巴鲁克军医组建了一个勤杂人员分队，指导众人将两座小工厂和一座旅馆改建成医疗病房。消息传来，据说有 200 多名伤员正在从艾弗里伯勒（Averyboro）战场赶来，父亲派出一支武装卫队将邻近地区的每个男子和已成年的青少年征发来为野战医院服务。这些人负责将两座教堂里的长椅拆掉，为伤病员提供更多的空间。此外，还会收集松针和松枝。松针会被塞进麻袋里用来当床垫。伤员乘坐火车在夜间到达的时候，会点燃松枝照明，使伤员找到去临时医院的路。

伤员们的惨状令人同情。在火车车厢里，他们就躺在带着凝干血迹的松散棉纤维上呻吟、抱怨。

一大早，父亲就逐门逐户地请求女士们为伤员们烘焙面包、准备黑麦咖啡和培根。他看着每个进食的人得到食物，能让所有人尽可能地舒服才感到满足。在睡了两小时后，便开始准备动手术。

在每一位伤员得到妥善救治之前，父亲和两名辅助他的医生都不会停止工作。这是父亲在整场战争期间最筋疲力尽的经历。这次任务结束后，他发电报给地区军医总监。他的脑袋在剧烈抽痛，请求暂时调离岗位。随后，他便晕厥了。

后来才知道，使父亲倒下的是伤寒症，他早就被传染了，但是在做手术的时候没有察觉。两周后，他恢复了知觉，战争已经结束了。当父亲因为发烧语无伦次的时候，北方军队已经越过了医院区——父亲就此被"俘"，在他对此事还一无所知的情况下就被有条件地释放了。

等到父亲能够行动，就回到卡姆登的曼尼斯·鲍姆家，这是他所知的在美国唯一的家。罹患伤寒症让他非常虚弱，只能拄着拐杖来到鲍姆家。就像数以万计的其他邦联军人那样，他非常穷困。他指望靠巴尔的摩的朋友送给他的医疗器械成为一名乡村医生。但是器械都被谢尔曼部下的袭击者掠走了。

战争给父亲留下了难以磨灭的影响，伴随着他的余生。无论父亲身在何处，只要乐队开始演奏《迪克西》①，他就会一跃而起，喊出南方军队的口号。

一旦那首曲子响起，母亲和家里的几个儿子都知道将会发生什么事情。母亲会抓住父亲燕尾服的下摆，恳求道："嘘，医生，别出声。"但是这从来没什么用。

父亲平时是矜持高尚的模范人物，但是我见过他在大都会歌剧院突然从座位上跃起，发出那尖锐的喊叫声。

---

① 美国东南部各州的非正式统称，也是此处所说的乐曲的名称和主题。

第 2 章

几位殖民时代的祖先

01

　　从父亲一系来看，我是一个移民的儿子；从母亲一系来看，我是一个 17 世纪 90 年代就来到美洲的家族的后裔。

　　母亲一系最早抵达美洲海岸的祖先是伊萨克·罗德里格斯·马奎斯（Isaac Rodriguez Marquis），他的姓氏在旧文书里也拼为 Marquiz、Marquis 和 Marquise。1700 年左右，他来到纽约，在此地定居，成为一名船主，用他的船只在三个大陆之间做生意。他与传奇船长威廉·基德（William Kidd）是同一时代的人，基德因海盗罪被绞死，如今许多人相信这一判决是基于伪证作出的。基德的遗孀就住在马奎斯的街对面。精英圈子接纳了她，最终，她改嫁给了一位富有的、受人尊敬的市民。

　　马奎斯选择的城市和他的职业令人认为他作出了准确的商业判断。当时的纽约向它的木墙以北仅仅延伸了两三条街。然而，它仍是一个有 3500 名居民的繁华之地。纽约的新兴城市特征主要是殖民地王家总督本杰明·弗莱彻（Benjamin Fletcher）对海事活动，甚至包括海盗业务采取自由开明态度的结果。

　　弗莱彻欢迎每一位海员，包括著名海盗托马斯·图瓦（Thomas Tew），他曾在行政官邸款待过此人，宣称这是一位"令人愉悦的友善男子"。图瓦予以的回报是几乎放弃了纽波特，改用纽约港为他的母港。

　　在弗莱彻的管理之下，纽约得以与纽波特和查尔斯顿竞争，成为处理海上贸易非常便利的存在，此地不会问船上货物的货源等问题。据说在弗莱彻的管理之下，几乎每一位在纽约城外活动的船主都被怀疑从事海盗活动。

如果我能宣称自己是一名海盗的后裔，那真是很有意思。可惜我收集的文献记录让我不能说这样的大话。所有可用的证据都表明马奎斯在合法范围内经营海上事业。

支持这一结论的间接资料是从下列事实中推导出来的，就在他成为纽约市的荣誉市民一年后，海盗事业突然不流行了。这是因为来了一位新总督贝勒蒙（Bellomont）伯爵，他推翻了弗莱彻的政策，发动了一场激烈的反海盗运动。这场运动的一个"牺牲品"就是基德船长。

贝勒蒙的改革颠覆了一些纽约名流苦心建立的生意，包括我祖先在内的一些朋友也被波及。然而马奎斯本人的财富在增长，他的名字在发动反海盗十字军运动的贝勒蒙的黑名单上根本找不到。如果人们根据这一事实来判断，那么他并未受到负面影响。

伊萨克·罗德里格斯·马奎斯出生的准确日期和地点没有记录。一本家谱称他是丹麦本地人，另一本家谱说他是牙买加人，看来后一种说法的可能性更大。无论如何，他都是西班牙—葡萄牙犹太裔。

我能找到的与这位第一代美洲祖先有关的最早文献的日期是1697年9月17日。那一天马奎斯登上了纽约市政厅的台阶，站在市长和市政委员会参事面前，在经过审查并支付5英镑费用后，成为荣誉市民。这一身份给予他地方选举的投票权，同时，要求他在民兵部队服役。

我们并不清楚马奎斯在纽约居住了多久才被授予荣誉市民的各项特权和承担相应义务，但是可能没有用很长时间。虽然一个人可以在没有成为纽约市民之前就在纽约定居，但是法律条文规定"除了荣誉市民之外……无论一个人或几个人……都不得在上述城市（纽约）内经营贸易行业或从事体力劳动……或出售、为销售任何商品叫卖展出"。而当时马奎斯正忙于经营航海"贸易行业"。

据说，马奎斯拥有三艘船。我只找到一艘海豚（Dolphin）号，这艘船好像有两条固定航线——一条是从纽约至英格兰的往返航线；另一条是从纽约至英格兰，然后去非洲的海岸，再经西印度群岛回到纽约，即著名的三角贸易航线。有时第二条航线会从非洲直达纽约，因为非洲的劳动力已被广泛引入纽约殖民地。

值得一提的是，海豚号至少在一次远航期间搭载了一名医生，说明这艘船关注船员和运载的人们的健康问题，这在商船中是不常见的。同样值得提及的是，无论马奎斯从残酷的奴隶交易中获得了怎样的财富，需要一再付出的代价是美国内战期间，他在北方和南方的后裔承受的苦难以及生命和财产的损失。

在马奎斯成为荣誉市民一年后，他的妻子蕾切尔诞下了一个儿子——雅各布。马奎斯已经有一个女儿伊斯特（Easter）——他本人是这样拼写这个名字的。

就在发财的同时，马奎斯用 550 英镑购买了契约上描述为"一座大砖房"的王后街上的一座宅子，这座宅子的面积延伸直达东河（East River）。宅子所在地就是现在的珍珠街 132 号。

我研究过的记录能让我了解那个时代治理纽约的法规条例，很有意思。如条例所述，在"月色的黑暗时刻"，每七座房门前的杆子上悬挂的灯笼将会照亮王后街，费用由居民按比例分摊。夜间会有一个巡夜人摇着铃铛在大街上巡逻，报告天气和时间。为了防火，官方会定期检查烟囱和壁炉。

留存下来的文件说明马奎斯进入了一个有钱有势的圈子。他在王后街的家距离前市长亚伯拉罕·德佩斯特（Abraham DePeyster）的宅邸只有一个街区。砂糖进口商尼古拉斯·罗斯福（Nicholas Roosevelt）是该选区的市议员。

在马奎斯的遗嘱上签字的见证人是曾任市长的埃比尼泽·威尔逊（Ebenezer Willson），第一位在美洲本地出生的殖民地总督里普·范·达姆（Rip Van Dam），还有从一介水手成为贸易船主的威廉·皮尔特里（William Peartree），后来当选为纽约市长，建立了这座城市中的第一座免费学校。

比弗街的犹太教堂经师亚伯拉罕·德·卢塞纳（Abraham de Lucena）和另一位头面犹太市民鲁伊斯·戈麦斯（Luiz Gomez）是我的祖先特别信任的朋友，因为祖先在遗嘱里提到让他们帮助妻子管理自己的遗产。

这份遗嘱落款的日期是 1706 年 10 月 17 日，开篇是奇特的华丽辞藻："斯人……在前往西印度群岛牙买加的航程中，考虑到死亡的定数和死亡来临时间的不定……"

遗嘱中，他指定为母亲购买的一个女仆也会分得一份遗产。其余遗产由他的妻子和两个孩子伊斯特和雅各布平均分配。伊斯特还能"在她年满 18 岁或在她母亲准许她结婚时用 50 英镑购买一件珠宝"。

届时，马奎斯的文献记录到这份遗嘱就结束了。我也无法了解他的孩子伊斯特和雅各布，或者他的妻子蕾切尔的更多情况。

我经常想起马奎斯，特别是站在一艘正在驶入纽约港的船的围栏边时。

我的视线越过港湾，从当年马奎斯上岸时看见的那几面木墙开始，纽约天际线的变化多端，令人赞叹。

然而这个国家的象征性意义却没有变化。对马奎斯来说，此地是自由和机会的乐土，经过 200 多年的沧桑岁月依然如故。

多年以来，这个国家为之奋斗的精神依然未变，即使面临各种变化。我相信，这就是美利坚民族性格经久不衰的证据。我们的物质生活一再发生改变，但我们仍然处于自由的海岸。

02

在伊萨克·罗德里格斯·马奎斯之后，我的另一位有资料可查的祖先是伊萨克·马克斯（Isaac Marks）。资料记载，他是马奎斯的儿子，可是他生于 1732 年，因此，事实是孙子的可能性更大。

美国独立战争期间，伊萨克·马克斯随北美大陆军撤出纽约城，前往奥尔巴尼。他在那里加入奥尔巴尼县民兵第四团。

马克斯的儿子塞缪尔使家族的母系一支在南卡罗来纳州定居。1762 年，他生于纽约市。成年后，他移居南卡罗来纳州的查尔斯顿，在那里成为一家小店铺的店主。他的一个孩子黛博拉（Deborah）与查尔斯顿的犹太教祭司哈特维格·科恩（Hartwig Cohen）结了婚，科恩就是我的外曾祖母。

在我见到科恩外曾祖母的时候，她已经 80 多岁了。她是个一丝不苟的老太太，身披干净整洁的女士披肩，戴着女性戴的露指手套。

就像大多数老人那样，外曾祖母对陈年往事的记忆非常清晰。我当时只有 11 岁，她经常会给我讲述战争期间的故事，而我也听得颇为入迷。让她记忆犹新的是 1825 年拉法耶特（Lafayette）在美国巡游期间，曾在查尔斯顿的一个舞会上陪她跳舞。1812 年，美国独立战争期间，我的外曾祖母还是个少女，就在被英军占领的纽约生活。

每当我想起外曾祖母时，就会对这个国家何其年轻而颇有感触。通过亲眼所见和她对我讲述的故事，我享有美国独立以来历史的许多有效见证。

我的外祖母莎拉·科恩（Sarah Cohen）是黛博拉·马克斯和哈特维格·科恩的女儿，外祖母与南卡罗来纳"偏远内地"温斯伯勒的一个年轻商人兼种植园主萨林·沃尔夫（Saling Wolfe）相恋。1845 年 11 月，他们结婚了。他们的结婚证明是用希伯来文写成的，写在犹太教会表格后面的这些文字注明了新娘的嫁妆和新郎的责任：

"犹太历 5606 年赫舍旺月 ① 周四，美利坚合众国独立的第 70 年，我们在南卡罗来纳的查尔斯顿市一起见证萨林·沃尔夫请求莎拉·科恩成为他的妻子。根据《摩西律法》和《以色列法律》……现在莎拉已同意成为他的妻子并将嫁妆带给他，金银装饰的衣物、卧具和家具计 1000 美元，加上新郎的财产，数额达 2000 美元，让他本人和他的后嗣、受托人和遗嘱执行人从今日起永远为了与上述新娘结合，支付给神职人员后裔耶切尔（Yecheal）之子哈特维格·科恩，并交予伊塞亚之子耶乌达（Jehudah）托管，上述嫁妆和财产合计价值本城流通货币 3000 美元，还有最宝贵的财产……他所拥有的或今后会获得的……"

莎拉和萨林·沃尔夫生了 13 个孩子，其中三个早夭。我的母亲伊莎贝尔（Isabelle）·沃尔夫生于 1850 年 3 月 4 日，是他们的第三个孩子，也是长女。家里用的《圣经》中有一行母亲的出生记录写道："上帝赐她护佑。"我更倾向于认为这一行字预示了母亲会与父亲结婚，因为"巴鲁克"这个姓氏在希伯来语中的词义正是"护佑"。

当美国内战爆发后，这场战争就像摧毁外祖父在其中活动的整个南方社会结构那样，将他也毁了。战争四年后，他仅存的些许财产都被谢尔曼部下的袭击者吞并了。

沃尔夫外祖父为了留住自己的一些财宝，将银子藏在了水井里。北方军开始彻底搜查房子时，有些站在水井旁的黑人就开始大叫："喂，下去就能找到银子。"北方军照做了。房子、其他建筑物和棉花都被付之一炬，牲口也都被掠走了。

地方圣公会牧师等人，包括我的外祖母在内，呼吁谢尔曼将军停止这样的恣意破坏的行为。然而回话是对此无法采取任何措施。

当我还是个孩子的时候，我见到了我的外祖父，他正在为重新变得富有而奋斗。他拥有几座已经恢复以往繁荣景象的种植园。然而战争期间举借的旧债几乎夺走了他拥有的一切。尽管他在竭力奋斗，但是 84 岁去世的时候，还是很贫穷。在他病倒的时候，人们允许他离床，就坐在火堆前，翘起椅子，以便

---

① 犹太历也称希伯来历，是一种阴阳结合历。赫舍旺月为犹太历八月，对应公历的时间在十月至十一月。

让他暖脚。后来椅子倒了，将他摔进了火里。烧伤最终要了他的命。后来我才知道，他从前的财富所剩无几了，只留下装满南方邦联钞票的一个衣橱抽屉。

我外祖父母的家在美国内战之后重建了，我很喜欢儿时拜访那里的记忆。每天早上，看上去像一位英国乡贤般的外祖父，就会骑上他的马"摩根"，外出视察他的庄稼。有时他会让我的兄弟们和我帮忙将每周配给的食糖、咖啡、腌肉和大米分发给黑人。我们得到的奖赏是一些红糖。

我最热爱的是记忆中的铁路——旧夏洛特（Charlotte）—哥伦比亚（Columbia）—奥古斯塔铁路，这条铁路就从外祖父家的后面经过，我曾向从铁路上经过的几列火车投掷过石块儿。当我看到司闸员在疾驶的车厢里来回走动时，心想自己长大以后去经营一条铁路就太好了。在我的整个金融职业生涯期间，都一直怀有这样一个拥有一条铁路的梦想。我数度着手购买一条铁路的控制权，但是一直都没能把握住实现这个梦想的机会。

一个以母亲娘家为主题的故事是巴鲁克家的家宝。美国内战之前，父亲曾是萨林·沃尔夫家的座上宾，对主人家的长女伊莎贝尔有了爱慕之意。战争期间，当父亲休假返乡时，他们就会相约见面。有一次，父亲到沃尔夫家拜访，伊莎贝尔为年轻的军医画了一幅肖像画。

谢尔曼手下的袭击者放火烧萨林·沃尔夫的房子时，当时只有15岁的母亲抢救了那幅画。她带着那幅画穿过院子，一名北方军士兵从她手中抢过了画，用刺刀将其挑破。母亲抗议时，士兵推倒了她。

一位名叫坎廷（Cantine）上尉的北方军军官冲了上来，用军刀的刀面敲打那个懦弱的士兵。伊莎贝尔小姐自然而然欣赏这样充满骑士风度的义举。在北方军离开温斯伯勒之前，一个爱情故事正在萌芽。

战争结束后，西蒙·巴鲁克返乡时，发现他与伊莎贝尔（以下简称贝尔）的爱情已陷入危机。她与坎廷正在通信，鸿雁传书持续了一段时间。然而不久西蒙就控制住了局面。1867年，在开始乡村医生的事业后，他和贝尔便结婚了。

两人生了四个孩子，都是男孩。长子哈特维格，生于1868年；我，1870年出生；赫尔曼（Herman），1872年出生；塞林（Sailing），1874年出生。

1914年前后，我出任战时工业局局长时，一位访客来到我在华盛顿的办公室，请求我帮助他去海外上前线。他带着我母亲亲笔写下的一封介绍信给我。

母亲在信中说道："携带这封信的人是坎廷上尉的儿子。我知道你会为他提供帮助的。"

第 3 章

一个乡村少年

01

在谢尔曼发动掠袭之前，母亲的家境非常优越，她甚至从来没自己动手穿过衣服。然而在父亲的乡村诊所稳定之前，她一直在以 25 美分一节课的价格教别人钢琴和唱歌。同时，她也出售父亲为之骄傲的一群泽西奶牛产的牛奶和黄油。

然而，奢华惯了的母亲保持着一种习惯，那就是她一直在床上吃早餐。每天早上，我和三个兄弟都要站在她的面前接受检查。"让我看看你们的手指，看看你们的耳朵。你们都刷牙了吗？"这些检查往往意味着我们要再去洗漱一遍。

在那些日子里，卡姆登是一个大约有 2000 人的城镇，黑人大概占人口的一半。美国独立战争期间，康华利勋爵占领了卡姆登。卡姆登的观光景点之一是一个名叫艾伦·格拉斯哥的女人的坟墓。她是跟随爱人康华利将军来到北美的。当附近的沃特里河（Wateree River）洪水泛滥时，黑人们曾说过艾伦的灵魂有魔力，能让洪水在她的坟前退却。

卡姆登同样为之骄傲的是为时称邦联战争的内战贡献了六位将军。这场战争给卡姆登带来了经济困境，就像整个南方遭遇的那样。然而，我并没有觉得我们家承受过真正的经济困境。

我们住在一座舒服的大房子里，我们的邻居有多少物资，我们也就有多少物资。父亲收入来源的一大部分是实物和服务—— 一捆木材、一袋棉花、一车玉米、鸡肉、一匹小雄马或一头小牛犊、在他的农场里干一天活儿。

我们自己种植蔬菜、水果和浆果，并将成熟后的蔬菜和水果风干或腌制用于过冬。在我们家的院子里种了西洋李子树、核桃树和一棵桑树。桑树没有结出桑葚的时候，黑人保姆密涅瓦（Minerva）会告诉我们，用枝条抽打，这样我们来年就有桑葚可收获了。

此外，我们自己制糖，在我搬到北方之前，只知道食用糖的颜色是棕色的。秋天，家里每个人都会收集核桃。只有在圣诞节那样的场合，我们才会收到糖果、橙子、香蕉和葡萄干。我们定期四处购买衣服、鞋子、咖啡、茶叶、食盐和调味品。书籍、杂志、查尔斯顿的《新闻和信使报》（*News and Courier*）是逐户传递的宝贵物资。

草莓节和马戏团来访是令人非常兴奋的事情。当地的戏剧社也会在卡姆登的镇厅里上演莎士比亚剧目朗诵和各种戏剧。威廉·特拉弗斯（William Travers）的戏剧《凯瑟琳·马沃恩》（*Kathleen Mavourneen*）上演时，母亲扮演主角，而内森·巴鲁克叔叔扮演反派。在一场高潮戏中，反派用匕首威胁女主角。内森叔叔挥舞匕首的时候，母亲因恐惧而畏缩的场面让我惊慌失措。我从座位上跳了起来，大叫："哦，内森叔叔，别伤害妈妈！"场面一度陷入混乱，而我也被人推出了剧场。

我还是个孩子的时候害羞又敏感，算是一个"妈宝男"，在餐桌前，我一直都坐在妈妈的右边，还记得我们几个为了这项特权是怎样激烈争夺的。我结婚后，会请求妻子坐在妈妈会坐的座位上，而我就坐在她的右边。

妈妈教我们朗诵技巧的时候，比我大两岁的哥哥哈特维格表现出了相当高的天赋。实际上，最终他成为一名演员。但是对于我来说，站起来吟诵是痛苦的折磨。

我永远无法忘记在曼尼斯·鲍姆家的一个灾难性夜晚。妈妈拉着我，领我来到房间中央，敦促道："现在说几句话吧，亲爱的。"

我害怕得要命，但还是开了口。让我深深铭记在心的插曲是我仍然能引述自己想要朗诵的片段开篇。那是引自苏格兰诗人托马斯·坎贝尔（Thomas Campbell）的作品《霍恩林登》（*Hohenlinden*）：

> 在林登，太阳低沉时，
> 苍白的尸体躺在新雪上；
> 像冬天一样阴暗的，

是那伊泽尔河的湍急流水。

除此之外，我什么都念不下去了，此时父亲将一根手指举到了鼻子一侧，发出了滑稽模仿的声音，听起来像是：

啊—图德尔—达！

这让我的朗诵戛然而止了。我冲出了房间，在夜色中奔跑回了家，我害怕黑夜，然后哭泣着入睡。

后来的岁月里，父亲经常对我说起他为自己的小玩笑而感到非常抱歉。这个小插曲几乎摧毁了我锻炼公开演讲技巧的所有希望。此后多年，我站起来说话都无法忘记："啊—图德尔—达！"

有一次，我对伍德罗·威尔逊（Woodrow Wilson）说起这件事。起初他这样安慰我："有太多人爱说话却很少爱做事了。这世界都不想费神去听他们中的大多数人说话。我甚至都不建议你去学习演讲。"我不同意这个说法。**我相信对一个人而言，能够表达他的看法几乎就像拥有自己的看法一样重要。**

后来，威尔逊总统帮助我提高演讲技巧。在巴黎和会期间，有一天晚上，他花费了很长时间向我展示了如何优雅、不粗鲁地做手势。"这样做。"他用手缓缓打着手势，解释道，"不要这样"，他生硬粗鲁地用手指向前急推做着错误示范来说明。

其余的朋友也会帮我。我有一个习惯，就是几乎绷着嘴唇说话。赫伯特·巴亚德·斯沃普经常会说："看在上帝的面子上，请张开你的嘴！"1939年，教皇庇护十一世（Pius XI）去世时，有人请我为其致简短的无线电悼词。在我说话的时候，斯沃普就站在面前，他用面部表情提醒我"张开你的嘴"。

02

我四五岁的时候，在威廉·华莱士夫妇管理的一所学校念书。学校离家大概一千米，哈特维格和我徒步去学校，带着午饭，用网眼纸垫圈包起来，放在锡饭盒里。在那些日子里，人们用"餐巾纸"① 称呼我们，很长一段时

---

① 原文为 napkin，还有一个词义是"尿布"。

间里我觉得这不是什么好词。

华莱士夫人负责管理现在被称为"学前班"的一群孩子。"教室"就是她家的厨房。我趴在地板上识字,她就坐着喂孩子吃奶或者准备午饭。华莱士先生负责管理另一座房子里的几个较高年级的学生,屋内准备了几张长凳和顶上敞开的粗糙书桌。

华莱士先生是一名杰出的教师,尽管他的一些教学方法在今天难以令人接受。比如,谁走神,指关节或者摊开的手心就会被尺子打。如果情节严重,一直疏忽大意或者有其他严重过失,就会遭到有力的抽打。房间的一角放着几根枝条,我不记得那些枝条是否曾被用来打我,但是在华莱士学校,首次令我感到枝条是一个人凭良心使用的体罚工具。

一天下午下课后,我看到一个男孩儿在书桌上留下半根红白两色的薄荷棒棒糖。商店里的糖果是一种非常少有的享受,这使我无力抵抗。我和一位好友密谋要得到那块糖。

于是,趁学校空无一人时,我们悄悄溜了回来,缓缓走到房子下面,用力地用手顶开一块松了的地板,钻了进去。我们拿走了那半根棒棒糖,跑到了一棵树下,把它吃了。

没多久,我便产生了罪恶感,薄荷糖是甜蜜的,但我尝起来却是苦涩的。说来也怪,后来的人生中,我一再想起这件琐事。

有一次,就在我刚刚开始去华尔街闯荡时,那一代的顶级投机者詹姆斯·基恩(James R.Keene)吩咐我去深入调查一家新公司——布鲁克林煤气公司(Brooklyn Gas)的证券承销业务。**调查结果显示,这会是一笔不错的投资**。随后,一个与出售该公司证券的辛迪加财团有联系的年轻人提出要给我一笔1500美元的"佣金",前提是让我上交一份有利的报告。

1500美元对当时的我来说是一大笔钱,然而红白薄荷棒棒糖的记忆浮现在我眼前,我不能接受这笔钱。事实上,这件事让我对这家公司的股票起了疑心,于是我再度进行了认真调查。在交给基恩先生的报告里,我告诉他有人向我提供这笔"佣金"。

华莱士学校的校园也是测试一个人性格的竞技场。你不得不去搏斗,否则就会被人当成懦夫。我的哥哥哈蒂本性好斗,然而我却花了很长时间才学会娴熟的搏斗技巧和保持冷静的头脑。

我的主要问题是我太容易发脾气了。我比较胖、一脸雀斑,在男孩子里相对矮小——我的绰号是"驼子",因为每次打架都不可避免地看上去要被轻易击败。挨打的耻辱不会提升我的自信,也不会让我的脾气变好。

有一次,哈蒂拿走了我的钓鱼竿,我在他后面追着跑,捡起一块石头,愤怒地丢向他。眼看着石头要打中他了,我呵斥他停下来。哈蒂突然转过身来,刚好被石头砸中了他的嘴巴。这一下在他嘴唇上留下一道疤痕,一直到他去世都还在。

另一次是在拜访沃尔夫外祖父,吃早餐时,我在餐桌上大发脾气。为了某件事我特别生气,到底是什么事想不起来了,以至于我冲过餐桌,抢过一片肉,飞快地塞进了我的嘴里。我没有伤害自己,但是从外祖母那里"讨了伤害"。

卡姆登的少年们分为两派,一派是我们所属的"市郊"帮,还有一派是"市中心"帮,人们通常认为"市中心"帮比我们更加强硬。在这种区分的背后可能存在某些我还不知道的更深层次的社会冲突,因为我记得我们这些"市郊"少年每晚都必须洗脚,而"市中心"少年很少会洗脚。

两派之间的竞争很激烈,两片城区之间的年度棒球比赛一直都是令人兴奋的大事。我们在一所旧监狱后面的场地比赛。有一次,在一场比赛中,我想击球后上三垒,可惜没能成功,而是撞倒了守垒员,让他掉了球。这引发了一场搏斗,我就像平时那样被痛打了。

我们的生活里有一种哈克贝利·费恩(Huckleberry Finn)和汤姆·索亚(Tom Sawyer)①的素质。实际上,每当我阅读马克·吐温(Mark Twain)的小说,看克莱尔·比格斯(Clare Briggs)的卡通漫画或 H.T. 韦伯斯特的《人生的至暗时刻》时,对自己少年时代的怀旧之情便油然而生。

每年春天,沃特里河都会在卡姆登乡间泛滥。洪水对大人们来说是灾害,但我们这些少年却享受其中。我们扎筏子到被洪水淹没的数千米的乡间探险,我们经常为洪水退却而感到遗憾。

垂钓和游泳的最佳场所是工厂池(Factory Pond),这座水池为马龙(Malone)家的作坊——棉花压缩作坊和玉米磨坊提供动力,池水也用于施洗。在漫长的夏季里,我们每天都泡在水里享受。夏天我们只穿衬衫和

---

① 作者注:美国著名作家马克·吐温的小说《哈克贝利·费恩历险记》和《汤姆·索亚历险记》中的两位少年主人公。

短裤，当我们跑着靠近水池的时候，衣裤的扣子都已解开了。我们脚下不停，跳跃着脱去衣物，像牛蛙一样一头扎进水里。

水池底下有第一根木桩、第二根木桩、第三根木桩和平木桩。我记得首次到第一根木桩游了一个来回的兴奋感。随后，我又到第二根木桩游了一个来回。当我家离开南卡罗来纳时，我已能到第三根木桩游个来回。

几乎所有卡姆登城里的男孩儿都会收集鸟蛋，此外，我们还会相互交易鸟蛋。尽管妈妈处置起我们打劫鸟巢的行为时非常严厉，但哈蒂特别擅长爬树。哈蒂和我也曾在林子里用前膛猎枪打猎。

我最早学会射击时已经六七岁了。我们和父亲约定，我们两兄弟和黑人一起在父亲的农场里采集棉花就能得到一些钱。我们就用采棉花的收入购买弹药。兄弟俩用一只旧皮囊携带猎枪，用一只被挖得非常薄的母牛的牛角来装火药。

我们两兄弟打猎时，夏普经常一起跟去，那是一位病人送给父亲的英格兰种白色大驯犬。夏普其实属于哈蒂，但它一直是我们的同伴，是男孩儿们一直以来最好的伙伴。它和我们一起游泳，跟着我们去学校，同时它还是一个伟大的捕鼠能手。当夏普在玉米垛下面挖土找老鼠时，观察它用前爪将泥土跑开很有趣。当我们搬到北方时，父亲将夏普送给了朋友们。我们的分离一直是我最辛酸的记忆之一。

尽管我们非常淘气，但父母对我们的管教也很少用口头训斥以外的手段。我不记得曾被父亲或母亲掌掴过。父亲希望更加严厉，但是每当他快要体罚我们的时候，母亲就会制止他。她说："医生，现在别对儿子们太严厉，不然他们就不爱你了。"

然而这不是说我们不了解恰当的责罚会带来的益处。我们的黑人保姆密涅瓦并不赞成进步主义教育。等她年纪大了，会走访我在南卡罗来纳的种植园，欣喜地对我的宾客说起她当年曾因为我干坏事打过我。

我敬畏密涅瓦的右手，我的朋友们也是这样，这都是事实，但是让我印象最为深刻的是她说的故事和她为我们唱的歌。

密涅瓦深信较原始黑人的各种迷信。对她来说，树林里、水里、田野里，还有我们家的院子和花园里，都有"神灵"居住。她曾经解释过黑人不喜欢在他们的木屋安装玻璃窗是因为"神灵"能看到里面的情况。

我正是从密涅瓦那里听说了兔弟弟（Brer Rabbit）、狐狸弟弟（Brer

Fox）、水龟弟弟（Brer Terrapin），还有乔尔·钱德勒·哈里斯（Joel Chandler Harris）在他的《雷默斯大叔丛书》（*Uncle Remus books*）里加入的其他角色的故事。

密涅瓦曾经唱过一首悲伤的歌曲，讲的是一头丢失了尾巴的名叫波勒姆（Bolem）的狮子。我仍然能听见她的声音唱起哀伤的曲调：

> 波勒姆，波勒姆，我的尾巴在哪里？
> 波勒姆，波勒姆，我的尾巴在哪里？

然后和身体分离的尾巴便应答：

> 波勒姆，波勒姆，我在这里。
> 波勒姆，波勒姆，我在这里。

对我来说，波勒姆的悲剧和它一直不停地找尾巴都是真实的事情。许多次，想起波勒姆那在外游荡的尾巴，我都会在夜里醒来。

我爱密涅瓦就像她爱我一样。一直以来，她和我打招呼都要来个大大的拥抱，再亲吻我的脸颊，因为我一直是她的"番椒"。

密涅瓦自己有许多孩子，但是从来没有丈夫。她会告诉母亲："贝尔小姐，我又犯错了。"我们曾经与她的孩子们，还有邻里的其他黑人家的孩子们一起玩耍。我对密涅瓦的儿子弗兰克的记忆特别深刻。他在渔猎项目上完胜我们，还会用罗网捉鸟雀，这是令我十分羡慕的成就。当我到了一定年龄，足以领会分隔白人与黑人的种族鸿沟，这对我来说是何其残酷的一件事啊！我无法理解为何弗兰克好似就不如别人。

03

那年秋天，我才五六岁，哈蒂和我正在我们家的阁楼里翻找，我们像松鼠一样，想腾出个地方来存放每年秋天都要收集的坚果。我们找到一个覆着马皮的大衣箱，箱子看起来挺适合存放坚果。打开箱子，我们发现了父亲的南方邦联军军服。我们在箱子的更深处翻找，翻出来一顶白色兜帽和胸前有一片深红标记的长袍——标记正是三K党（Ku Klux Klan）骑士的徽章。

20 世纪 20 年代，三 K 党获得了相当大的力量，尤其是在南方以外地区，鉴于他们在此期间的各种活动，三 K 党已成为偏执和仇恨的可憎象征。因为我就是现代三 K 党的一个憎恶目标，所以我完全明白它的性质。

对南方重建时期的孩子们而言，内森·贝德福德·弗雷斯特（Nathan Bedford Forrest）将军领导的最初的三 K 党，看来就像是一个英雄团队，他们在为将南方从投机钻营的北方人统治的堕落行径中解放出来而战。对我和哥哥来说，父亲是这个团队一员的想法让他在我们的眼中崇高了起来。

我们检查那些衣物的时候非常认真，以至于没有听见母亲在阁楼楼梯上走动的脚步声。她将我们大骂了一顿，让我们发誓说要保密。这真的是一个十分重要的秘密。联邦政府宣布三 K 党非法。检举确认三 K 党人有罪将会得到大笔奖金，为了努力揭发三 K 党人，间谍在南方四处活动。我们兄弟两个走下阁楼的时候，觉得自己好似长高了一样。

经济受到战争的影响，但是投机钻营的北方人统治的 8 年产生的政治影响更加令人烦恼和持久。乃至今日，南方兴旺繁荣之时，当年北方人投机钻营遗留下来的恶劣影响仍余毒未清。

在我童年的大部分时期，曾在南方邦联军服役的白人男子都不准行使选举权，而所有黑人都能投票，哪怕其中只有少数人会写自己的名字。我们的州参议员是一个黑人，县审计官和县立学校专员也是黑人，但是县一级文官的黑人数量从未超过 1/3。不过，华盛顿的黑人共和党员公告的意图却是要将这种事态永久化。

这种事态的压迫感如此之重，甚至像我父亲这样的男子会写下对一个南方邦联军的老兵来说，无论如何都比在这样的环境下生活更好的文字。父亲在一封信中写下的一段话，被克劳德·鲍尔斯（Claude Bowers）在《悲剧时代》（*Tragic Era*）中引用过："当失去一切时，还有一个依靠，那就是手中的剑。当我们意识到为了这样一个理由而死会更加快乐时，是什么让我们在这种情况下以及这样的身心压迫下活下去的呢？"

1876 年，韦德·汉普顿（Wade Hampton）将军和现任州长南下的北方投机取巧者丹尼尔·张伯伦（Daniel H. Chamberlain）的州长选战会决定这一重要议题。我清晰地记得在卡姆登举行的一次汉普顿的群众集会。当时，街角点亮了成桶的树脂。许多人一起反复呼喊竞选口号：

> 汉普顿吃鸡蛋，
>
> 张伯伦吃炮弹。
>
> 汉普顿上天堂，
>
> 张伯伦下地狱。

因为这是父母第一次允许我使用"地狱"这个词而不用受惩罚，所以这首歌在我看来就有了更强的感染力。

后来的岁月里，父亲对我们说了汉普顿面对优势黑人多数票是如何赢得竞选的许多故事。一个冒险的办法就是在选举日分发一个下乡马戏团的戏票，另一个办法是利用黑人的单纯朴素，对南下的北方投机分子"以其人之道还治其人之身"。

在那些日子里，每位候选人会分配到一个单独的投票箱。大多数黑人都看不懂投票箱上贴着的标签，只能通过别人的指示，根据箱子排列的位置识别共和党的投票箱。当一大群黑人聚集在投票站周围时，一些汉普顿的手下会向天空开枪。随之引发骚动，在这期间汉普顿和张伯伦的投票箱被对调了位置。随后，黑人们会尽快投票。结果许多人将选票投进了汉普顿的投票箱。

在我十岁左右，当一个选举日来临时，父亲因出诊或政治事务外出，因为在那个年代，在政治集会以后，医生有许多要做的事情。我们听见房子周围传来好大一阵喧叫。母亲警觉起来，之后让哈蒂和我去取枪。

我们取来了枪—— 一支单管枪和一支双管前膛枪。母亲让我们将子弹上膛，在二楼走廊里就位。

"但是别开枪，"她提醒道，"除非我对你们说要射击。"

我们就站在二楼走廊里，心跳加快，每人举着一支几乎和自己一样高的枪，注视着在大街上乱转的一大群黑人。他们喝着廉价的威士忌，正在去投票站或赶去参加集会。

我对接下来发生的事情只有些模糊记忆，我记得看到一个黑人从一棵树后面倒了下去。突然间街上的人们四处逃离。我们冲下楼去，到那个人倒下的地方，发现他的脑袋被人用斧子劈开了。母亲取来一盆水，为他处理包扎伤口。我不知道这个人怎样了，但是他的头伤成那样应该不会活得很久了。这种性质的人员伤亡并不少见，受害的大部分是黑人。

我们两兄弟就是在这样的背景环境下了解到父亲是三 K 党成员的。他是三 K 党成员，但不代表他秉性暴力。有一次，父亲被叫到一个即将去世的南方无赖的病床前。父亲回家后，说起没有朋友或者近亲属去探望那个即将去世的人，**看到人们因为政治分歧而对人道呼吁完全没有给予同情是何其悲哀。**

父亲对黑人没有偏见，对北方也没有任何怨念。他将内战归咎于南北双方的极端派，这些人都没有理性地解决他们的分歧。他认为林肯是一位伟人，如果活着的话，有可能将这个国家重新团结起来。

然而，重建期的统治对父亲来说是压迫，他为了让南方摆脱这种统治而斗争。黑人陷入斗争是悲剧，这场斗争直到今天都让种族关系矛盾重重。

04

和所有少年一样，我拥有儿时心目中的英雄。这些英雄出自书本的较少，我的亲戚中较多，还有一些社区里的人物。在身边大人的熏陶下，我相信罗伯特·李是所有美德的典范。父亲经常引用他的一则座右铭，用于指导我的言行：**"对所有的事情都尽职尽责。你无法做更多，但你不愿做更少。"**

其他内战时期的光辉人物有博勒加德（Beauregard）将军、"石墙"杰克逊（Stonewall Jackson）和杰布·斯图尔特（Jeb Stuart），美国独立战争时期的英雄则有马里昂（Marion）、萨姆特（Sumter）和皮肯（Picken）。甚至连乔治·华盛顿在我心目中的形象都不像身处逆境的军人那样高大。

除了这些军人，我最钟爱的英雄是曼尼斯·鲍姆，我的叔叔赫尔曼·巴鲁克和乔·巴鲁克，还有我的舅姥爷费舍尔·科恩（Fischel Cohen）。赫尔曼叔叔当年从军是因为无法承受女士们眼中的责难，他是一个很讲究饮食、享受生活的人，缺点是花钱大手大脚。

曼尼斯·鲍姆的商行多年来已经成长为卡姆登首屈一指的商业企业，赫尔曼叔叔在为鲍姆工作后，开办了自己的商店。他会讲述去纽约进行贸易采购旅行时发生的令人愉快的故事，这让我们感到开心。但是让我们更在意的是，他每次从纽约回来，都会给每个家庭成员带礼物。

乔叔叔是父亲最小的弟弟，曾在德国的一个枪骑士骑兵团服役。我们常说，他是一个"相当棒的运动员"。他在我们家的后院安装了单杠和双杠，教导我和兄弟们在这些器械上练习。妈妈最小的妹妹，我那男孩子一般性格的莎拉阿姨曾经从温斯伯勒来看望我们，会与我们在单杠和双杠上比赛。我还记得她用脚趾吊在杠子上时，每个人都为之大吃一惊的表情。

我的舅姥爷费舍尔·科恩是犹太教祭司哈特维格·科恩的独子。我很崇拜他，他曾是博勒加德将军参谋部的电报操作员，不时会讲起他战时经历中发生的那些谐趣故事。

他曾说过："是的，我在战争中是一个勇者，经常在子弹最多的地方——弹药车下面待命。"

费舍尔舅姥爷弹奏班卓琴，创作了一系列歌曲。其中一首的副歌是这样写的：

> 我宁可当一个家乡防卫军的二等兵，
>
> 好过当一个让家乡灭亡的准将。

我回想起许多个愉快的夜晚，费舍尔悠然弹奏着班卓琴，母亲弹钢琴，满屋子的朋友唱着南方歌曲。我已经有 70 多年没有再听见的一首南方歌曲的每一个段落都是以这样一句歌词来结尾的："还有铃声会为莎拉响起！"

母亲是一个有天赋的业余女演员，她热切地盼望她的几个儿子都能弹会唱。然而我们四兄弟在这方面一直让她失望了。只有哈蒂和塞林会弹奏乐器，还是班卓琴。我甚至从来不会吹口哨。

虽然没说出口，但是我仰慕一位本地人，那就是切斯特菲尔德县（Chesterfield County）著名的决斗者——卡什家族的博根·卡什（Boggan Cash）。他的父亲 E.B.C. 卡什上校曾在父亲所在的旅指挥一个团。年轻的博根不够年龄成为美国内战士兵，但是他竭尽所能弥补展现自己狙击手的才华。

在我的童年时期，决斗在南卡罗来纳非常普遍。特别是卡姆登看起来就像一个决斗中心。我记得见过博根·卡什练习打靶，180 度大转身，然后向在工厂池岸边竖起的一尊铁人射击。有时，他会找一个年纪较大的少年为他喊号令："预备，开枪！"

卡什家族卷入的一场决斗对我的人生产生了深远影响，正是这场决斗使父亲离开了南卡罗来纳。卡什夫人的一个兄弟在一场狂欢聚会中袭击了一名男子，麻烦随之而来。为了避免法庭作出大额赔偿判决，卡什夫人的兄弟将一些财产转移到了姐妹的名下。威廉·香农（William M.Shannon）上校是被袭击者的律师，以推定欺诈的罪名对卡什夫人的兄弟提起诉讼。

卡什上校和他的儿子博根宣布这场诉讼是对卡什夫人的冒犯，由此发起了一场侮辱运动，平和的香农上校耐心忍受了一年，然而局面最终变得令人无法容忍，香农上校向卡什上校发起挑战，要求决斗。

香农家族和我们家是至交。香农是乡村集市复兴运动的领袖，母亲经常向我们介绍他是一位谦恭有礼的模范。

决斗被安排在1880年7月5日，于达林顿（Darlington）县的杜博斯（Du Bose）桥进行。父亲希望避免有人开枪流血，便没有告知香农，就让县治安官得知了决斗的时间和地点。县治安官承诺会设法及时阻止这场决斗。

第一个来到约定地点的是香农上校，他的助手兼医生的伯内特（Burnett）陪同到来，还有他的一些朋友，包括我父亲在内悉数来到。几分钟后，卡什上校到了。县治安官的身影却没有出现。

两名助手用脚步丈量了场地，决斗的两人抽签决定了所选的位置，决斗的信号发出了，可是县治安官仍然没有出现。两名决斗的主角就位，随着裁判一声号令，香农迅速开枪。子弹在卡什上校面前的泥土上飞跳。卡什从容瞄准射击，香农倒下了，别人过去查看时，他已经停止了呼吸。

几分钟以后，县治安官才策马赶来。

这是美国历史上最终致命的决斗之一。此事的余波久久不散，因为威廉·香农是卡姆登最受人尊敬的市民之一。我记得一群神情阴冷的人，装备着复枪和猎枪，骑马来到家中要见父亲。我认出这些人中间有一个年轻人正在与香农上校的女儿交往。

父亲邀请他们进入自己的办公室。不久这群人出来了，骑上马缓缓离开。父亲说服他们不要自行杀死卡什。公众的感情为香农上校的逝世报了仇，卡什在自己的社区是一个杰出人物，却遭到排挤，留给他的是与阿隆·伯尔（Aaron Burr）①类似的命运。

这场悲剧也促成了立法宣布在南卡罗来纳决斗为非法行为，任何人只要参与一场决斗就失去出任公职的资格。1951 年，在詹姆斯·拜恩斯（James F.Byrnes）出任南卡罗来纳州州长的就职典礼上，我听见他宣誓从未参与决斗，不由得被逗笑了。

母亲敦促父亲去机会更多的北方有一段时间了，但是父亲一直在犹豫，直到发生卡什与香农决斗事件，他本想阻止决斗，却没有实现，此事对他造成的影响和打击很大。

1880 年冬，父亲出售了诊所、房产和附带的小"农场"。加上他的积蓄，出售不动产让他的全部金融资产达到 18000 美元，这是他从事乡村医生事业 16 年积攒的成果。

父亲先行前往纽约市，母亲后来带着四个儿子前往。我们乘坐旧马车踏上第一段旅程，到达温斯伯勒，在那里登上了去北方的火车。我们带上火车的食品篮子里是沃尔夫外祖母给我们准备的一些饼干。吃空食品篮子里的饼干后，我们就在定点就餐停靠站下车吃饭。其间，最好的一顿饭是在里士满吃的，至今这座城市都让我联想起美食。黄昏时分，我们来到了哈德逊河的新泽西岸边，乘坐渡轮过河。

---

① 这里指的是小阿隆·伯尔（1756—1836 年），美国建国时期的政治家和独立战争的英雄，曾出任合众国参议员和副总统。1805 年，伯尔卸任副总统一职后，赴美国用路易斯安那购地方案新获得的西部领土旅行。在此期间，他的一些举动引人怀疑，被指控叛国，即企图将美国新购得的土地据为己有并自立为君主，企图向西班牙非法宣战。1808 年，法庭判决他无罪，但是他只得前往欧洲，直至回到纽约度过晚年。

第 4 章

大城市

01

纽约市对我们家的四个乡村少年来说是一个完全陌生的新世界。起初这座城市让我应接不暇，惊恐不安。当然，彼时我还不满 11 岁，仍然极度羞涩。再者，当我们家还在南卡罗来纳生活的时候发生的一个小插曲让我对纽约的印象是，纽约不是一个很友善的地方。

我们家的亲戚，一位来自纽约的女士来到卡姆登做客。我们家的四个男孩儿都洗了脸，被教导向这位亲戚致敬。我们都想知道一位纽约女士长什么模样。

我依稀记得来客戴着一副长柄眼镜打量着我们。那是一个夏天，我们赤着脚。这位纽约女士看了我们的脚一眼，丢给我们一枚 10 美分硬币，说道："给自己买几双鞋吧。"她是打算开个玩笑，但我们领会不了这种幽默。于是，我们就匆匆回了家。

在卡姆登，我们只有在天气情况需要，或者犹太安息日的情况下才会穿鞋。当然，在纽约，我们不得不每天都穿鞋，这经常让我们觉得纽约市的人行道是卡姆登周围森林的低劣替代品。

这座大城市给我的一些最初印象记忆犹新，我看到喷着蒸汽的机车牵引的高架列车惊诧不已，看到水从龙头里落入厨房洗涤槽或澡盆也感到惊奇。纽约带来的欣喜之一，就是我们不用像在南方那样，为了洗澡从井里挑水了。

如果没有哈蒂树立的坚定榜样，我不知道自己怎样才能度过在纽约的那些最初的日子。什么事情都永远不会让哈蒂气馁，他精神饱满地开始进入这座冰冷的大城市生活，仿佛纽约就是另一个想要和他打一架的健壮大个子少年。

我们的新居所和卡姆登宽敞的家相比相当狭窄。父亲在西57街144号的一栋四层赤褐色砂石公寓的顶层租了两室。母亲、父亲、赫尔曼和塞林同住一间。哈蒂和我分享了另一间。在北方的第一个冬天，我们会靠墙挤着度过，因为在墙后面有个暖炉。

我们就在租住的公寓里吃饭。几年后，我变成了一个歌舞杂耍表演迷，会在看到某些喜剧中的笑话时不由自主地大笑起来。但是我永远不能对赤褐色砂石房子的笑话发笑。这笑话会让我想起那些在纽约最早的日子。

房子的女房东尽最大努力让我们感到舒服，她的名字是雅各布斯小姐，我在那个时候只记得她是一个很胖的女人，前额留着卷曲的刘海。

她很喜欢我们这几个男孩儿。餐桌上一直都有葡萄干或水果的供应，她还经常将甜食塞进我们的口袋。她的善意在很大程度上缓解了我们四个人一时的焦虑情绪。

我们到纽约不久，父亲就病倒了。他的疾病诊断结果是心脏病，主治医生告诉他活不长了。于是，父亲的第一个念头就是回到南方。幸运的是，他去看了第二位医生，杰出的阿尔弗雷德·卢米斯（Alfred Loomis）医生，他的诊断结果是父亲的病是担心在纽约取得落脚点的问题而诱发的消化不良。当更多一些的病人来找父亲看病后，他的病痛折磨就消失了。

与此同时，母亲为我们四兄弟在第69公立学校报了名，当时这所学校在第6大道和第7大道之间的54街。我还记得校长马修·埃尔加斯（Mathew Elgas），是他亲自将我送到老师那里，这是我最幸福的记忆之一。老师的名字是凯瑟琳·德弗洛·布莱克（Katherine Devereux Blake），很多人帮助我克服了纽约在心中搅动起的困惑，而她给我的帮助比其他任何人都多。我还记得，她对我说的最早的一段话："伯纳德，我很高兴见到你。我相信其他男孩子也很高兴。"

她安排我坐在前排，看上去没有在意我。但是在中午和一天结束的时候，她问道："在伯纳德认识往返学校的路之前，有哪个男孩子自愿带他回家，喊他一起上学？"一个名叫克拉伦斯·豪斯曼（Clarence Housman）的胖小子当即就表示愿意承担这个任务。14年后，我在华尔街成了他的合伙人。

凯瑟琳·布莱克给了我有生以来的第一份奖品——一本《雾都孤儿》（*Oliver Twist*），这本书仍然在我的书房里，上面有老师的题词："因绅士风度和综合最佳表现，特此奖励伯纳德·巴鲁克。1881年6月。"

我与她一直保持着联系，直到她1950年去世，当时我在约翰·海恩斯·霍尔姆斯（John Haynes Holmes）的《社区教堂报》（*Community Church*）为她发表了悼文。我想念她的时候，都会感受到我们的社会在整体上根本就没有去感激中小学教师所做出的贡献。

今日美国的风气正是我们的教师，尤其是那些教导幼童的教师一手塑造的。我们一直都要寄望他们向后代灌输一种正派的意识和尽力而为的决心。然而不久之前，我曾经阅读过这样的内容：一个中学生团体投票选出的他们最不愿进入的专业就是教学专业。

社会给予教师的薪水，应当让他们将来能够舒服地生活。他们对社会的巨大贡献应当得到公众荣誉的认可。我敦促过为我们最值得表彰的教师授予年度"奥斯卡"奖。社会定期授予男女演员、作家、球员和其他人许多奖项，将这类实际荣誉授予教师肯定是恰当的。

02

随着我们对纽约市变得熟悉，这座城市和卡姆登之间的一些差异就趋于消散了。例如，我们发现这座城市为少年们提供了娱乐的空间。如今广场大饭店（Plaza Hotel）所在的59街的场地，当年还是几片空地，只有擅自占地所建的一座小木屋，第6和第7大道之间的57街的北边也是空地，只能看到第6大道上的几间房子，此外，还有一个名叫加德纳（Gardner）的人经营的铁匠铺。他的儿子是我的同班同学，我们曾去目睹过他父亲的工作，羡慕他身上的那些肌肉。

这些空地是流动场地，也是格斗场，一般供附近的帮派使用。实际上，我们四兄弟不久就发现身处一种会让我们想起卡姆登的"市中心"帮和"市郊"帮战斗的氛围。在我们这片街坊里，"52街帮"最为强硬。

就像在卡姆登那样，为了维护我们几兄弟的立场，哈蒂承担了搏斗的主要压力。他击败了"52街帮"的几个人，包括长相英俊的爱尔兰少年约翰斯顿。哈蒂最后一次揍约翰斯顿是在校内的楼梯上，约翰斯顿向老师状告此事，哈蒂被停学了。后来他转到了另一所学校，然而那次搏斗解决了我们和约翰斯顿的麻烦。

每到夏季，我们会觉得特别快乐，因为那段时光可以在当时基本上仍是田园风光的"北面"的华盛顿高地（Washington Heights）度过。威廉·弗罗辛厄姆（William Frothingham）医生与父亲交好，谈妥让父亲在夏季的几个月接手他的诊所——这个约定维持了几年。我们就住在弗罗辛厄姆的宅子里，那是一座位于157街和圣尼古拉大道交界处的舒适宅子。

我记得我的房间是在后院，可以俯瞰如今马球球场的所在地。当时那里有大片密密麻麻的树木、黑莓、金银花、灌木，还有毒常春藤，当我认出这种植物的时候，离它已经太近了。

此外，我们花50美分就能租到一艘平底舟，非常适合乘着它进入哈勒姆河（Harlem River）沿线的浅水溪流和盐沼，当年那里随处可见软壳蟹。

在一次特殊的河上探险期间，我险些丧命。哈蒂和我用了一上午时间钓鱼捕蟹。中午吃完野餐后，我们就和几个少年一起玩耍。纽约中央铁路的轨道沿着哈勒姆河而建，他们就坐在铁路的支架上。我俩给新朋友们讲起了自己想象的在南海群岛的野人之中历险的故事。

当我们划船回家时，想起我们是怎样骗过那些少年的，不由得放声大笑。我就坐在船的后部，靠船舷的上缘保持平衡，正在这时，我们突然和另一条船撞上了。一支桨击中了我的头部，然后我掉进了浅水河里。

我挣扎着从泥泞的河底脱身，时间仿佛漫长了起来。今天我都记得当时闯进脑海的各种想法：

第一，我在因胡扯那些南海故事受到惩罚。

第二，我应该从来没有杀死过黑猫——每个人都知道这么做会带来厄运。

第三，母亲对我的悲剧结局会多么悲痛。

就在这个时候，我浮出了水面，脸上尽是黑色淤泥留下的污痕。刚才与我们相撞的那条船上的人正在用他们的桨试着向河底探查我的位置，而哈蒂正蹲伏在我们的船舷，准备跳下水营救我。他们开始为我的样子大笑，但是看到我因为喝下去河水变得非常虚弱时，就停止了笑声。他们将我拖到岸上，让我趴在一个桶上，把喝进去的水都吐出来。

在回家的路上，我和哈蒂唯一的念头就是母亲会不会发现我的衣服都湿透了。我们很晚才到家，母亲看见我们松了口气，什么都没问。

03

我们的父母在纽约同样满是各种愉快的经历。父亲稳步建立起良好声誉，这让他在医疗界获得了广泛的认可。他取得的最大名望或许就是成为美国的"科学水疗法之父"，即国内的第一位水疗法教授。然而在此之前，他就在倡导为穷人建造公共浴池，也是最先诊断出一例穿孔性阑尾炎病例，让该病症得以成功进行外科手术治疗的医生之一。

事情发生在 1887 年的圣诞周。当时，赫尔曼叔叔的合伙人塞缪尔·维特科夫斯基（Samuel Wittkowsky）的一个儿子在纽约游览，他患上了被称为"盲肠炎"的病。父亲找来两名外科医生桑兹（H. B. Sands）和威廉布尔（William T. Bull）商议，建议切除那少年的阑尾，却遭到桑兹医生的反对，他认为如果他们这样做，那少年会死去。父亲回答："如果我们不切除的话，他才会死去。"

发炎的阑尾在 1887 年 12 月 30 日被切除了，那少年随之康复。

1889 年，卓越的外科医生韦思（A. J. Wyeth）在纽约医学学会发表的演说中回顾了这个病例，宣称："在关于阑尾炎外科手术的发展过程中，巴鲁克医生在专业和人道方面的贡献要胜过所有人。"

在管理弗罗辛厄姆的夏季诊所的同时，父亲也负责纽约少年收容所，这或许激发了他对公共浴池的兴趣。当时，纽约城还维持着北河上被称为"浮动浴池"的机构。这些所谓的浴池就是将中部挖空的几艘木头驳船，年轻人夏天可以在里面游水。然而，在浮动浴池还维持着的时候，城里的污水也在排入北河。这让父亲将曼哈顿岛定义为"一片被污水环绕的陆地"。

父亲以纽约县医学协会卫生委员会主席的身份发起了一项长期运动，最终在纽约和芝加哥都建立了最早的市营浴池。1901 年开办的里文顿街（Rivington Street）浴池，后来为了纪念父亲重新命名。

母亲也对公共事务抱有热忱。她是一位出色的演说家，不同的俱乐部和慈善组织多次请她去演讲。她属于美国革命之女协会和南方邦联之女协会纽约分会，她愿意投身于每一种慈善活动——犹太教、新教和天主教等。只要是有价值的慈善事业，教会宗派背景都不会让她担忧。

一年夏天，母亲结识了胡德·赖特（J. Hood Wright）夫人，她是德雷克塞尔—摩根公司（Drexel, Morgan & Company）一位合伙人的妻子。赖特夫人组织了一次社交展示会为创建胡德·赖特医院提供金融支持时，发现母亲是一位有能力的助手。胡德·赖特医院后来成为现今的尼克巴克（Knickerbocker）医院，父亲则成为那里的一名访问医生。

纽约让母亲能够在一座犹太教堂里做礼拜，这令她十分满意。卡姆登没有犹太教堂，母亲只有偶尔去查尔斯顿旅行时才有机会参加犹太宗教仪式。

在纽约，母亲不仅去犹太教堂，而且经常与她的非犹太朋友一起参加教堂礼拜仪式。她喜欢聆听尊敬的托马斯·迪克逊牧师（Reverend Thomas Dixon）布道，这个性烈如火的南方人写下了《本家人》（The Clansman）一书。她经常去布鲁克林听亨利·沃德·贝歇尔（Henry Ward Beecher）布道。

有一首低俗的歌曲，讲的是尊敬的贝歇尔牧师和他卷入的一桩丑闻，街头帮派的孩子们曾唱过这首歌。我记得有一天我的一个兄弟走进房子里唱道：

亨利·沃德·贝歇尔，主日学校[①]的教师……

我的兄弟看到父亲脸上的表情，猛然就停下不唱了。

我曾回想起别人问母亲身为犹太人，怎会踏入一间部分教义崇拜基督的教堂。她的答复是："即便他（基督）不是神圣的，他的所有行动，他的生与死还是神圣的。"

04

冬日里的一天，哈蒂、两个姓德鲁克（Drucker）的少年和我正在加德纳的铁匠铺附近玩耍，另一帮的几个少年打起了雪仗。不多时，我们的对手就投掷起石块，因为我们人少被压制，便退向公寓的门廊。"追兵"没有走上台阶，而是站在路边的排水沟里，呼喊我们的名字。

那是我有生以来第一次听见"希佬（sheenie）"这个词。由于我们的南方口音，有些少年会模仿我们说话的腔调以示嘲讽，这往往意味着会打上一架。哈蒂和我都不知道这个词的意思，直到德鲁克兄弟解释这是对犹

---

① 主日学校是指犹太教堂或基督教堂在星期日为儿童提供的宗教教育。

太人的辱骂才明白过来。

我能看见折磨我们的"领头者"了—— 一个胖乎乎的大个子少年，有一双蓝眼睛，深色睫毛，婴儿肤色。哈蒂跟着他下了楼梯，他们打了起来。我去救援，却被打倒在地。哈蒂叫我跑到楼上去，把他的马车轮辐条拿来，就放在厅堂内侧。我拿来了辐条，哈蒂开始用它向四面八方乱打。他很快就让对手都站到一段距离之外。

哈蒂叫他们懦夫，要求与他们中的两个人打一架。一个大个子站了出来，哈蒂一对一单挑，随后哈蒂好好地教训了他一顿，从此哈蒂的名字成为这个地区的一个代名词。以后再也没有一个人敢叫我们"希佬"了。

那次打架是我体会到对犹太人偏见的一次序曲，但是在今后的人生中，我会经历许多次。

在南卡罗来纳，我们从来没有因为是犹太人受到不公平待遇。我们家是在卡姆登生活的 5 ~ 6 个犹太家庭之一。德·莱昂（De Leons）家和利维（Levy）家在独立战争之前就在那里定居了；鲍姆家和维特科夫斯基家后来也来了，他们都是受人尊敬的公民。德·莱昂家族尤其受人敬重，是一个人数众多的显赫家族，为南方邦联提供了一位军医总监和驻法国外交代表。我从未见过军医总监德·莱昂老将军，因为他是拒绝投降条件、后来流亡墨西哥的南方邦联军军官之一。多年后，他应格兰特总统之邀重返美国，在西部行医度过了余生。

因为卡姆登没有犹太教堂，母亲会在家里对我们念祈祷词。周六，我们会穿上最好的衣服和鞋子，但是不准跑到自家院子的外面去。这是一件令人痛苦的事情，因为周六在卡姆登是个"大日子"，周边数千米多座农场的每个人都会进入卡姆登城。

受邻里敬重的是，母亲会让我们在周六穿戴整齐，还让我们"举止规矩"。

总之，宗教信仰的差异孕育出的是一种相互尊重的感情。1913 年前后，在我们离开卡姆登 30 多年后，我重返卡姆登之时，相当清楚地感受到当地社区对父亲的评价如此之高。一个黑人司机从火车站载着我进城。在经过当年我们家所住的房子时，黑人讲道："过去有个医生住在那里。北方佬给了他许多钱，让他去了北边。他离开后，这周围的人病倒后都无法很好地就医，以至于死去的时候都像苍蝇一样。"

母亲是在一个严格遵守犹太教洁食戒律的家庭里长大的，犹太节庆仪式对她的意义要比对父亲更重要。在南卡罗来纳，父亲是希伯来慈善协会的领袖，我仍然保存着他前往纽约时写的辞职信副本。在信中，父亲敦促协会继续教导犹太教和《圣经》中的"高尚道德规范"。然而尽管父亲是一个品德高尚的人，我仍记得他对我说过："我不相信有一个立于众人之上的佩剑的复仇的上帝。"

一天，父亲将我的兄弟们和我叫进了他的书房。关门后，他要求我们承诺在他弥留之际，不要让母亲去召唤一位犹太教祭司做任何犹太教的临终祷告。"在这最后的日子里想要欺骗上帝是没有用的。"父亲说道。

父亲在 81 岁时得了中风，他知道自己日子不多了。母亲也病了，她在父亲去世后的 6 个月后也去世了。父亲躺在三楼的一个房间里，母亲则躺在二楼的一个房间里。

母亲叫我们进去，吩咐我们找来西 82 街犹太教堂的祭司弗雷德里克·门德斯（Frederick Mendes），为父亲做临终祷告。非常奇怪的是，就在几天前，父亲提醒过我们早先许下的承诺，又补充道："我们可以为你们做的最后一件事，就是让你们看到死亡的过程。"

我们不得不说道："不，母亲，你知道我们许过的承诺。"母亲半转过身去，柔声自顾自地哭泣。

父亲害怕他在弥留之际可能会歇斯底里或精神错乱，但是他几乎直到最后一刻都控制住了自己的情绪。我的弟弟赫尔曼是医生，就坐在床沿，为了检测父亲的状态，他说道："我是哈蒂，我是哈蒂。"父亲失去了说话的能力，但是眼睛转向了哈蒂，这表明他仍然能辨认出我们几个。父亲曾要求被火化，在母亲去世后，我们根据她的要求，将父亲的骨灰放进了她的棺材内，就放在她的脚边。

童年时，在宗教仪式事务上，我都效仿母亲，我的兄弟们更是如此。我在门德斯博士指导下学习希伯来语，我们的阅读能力不错，足以念诵祈祷文。我去犹太教堂上主日学校。直到大学本科毕业后，我都会参加每一个犹太教的圣日宗教活动，在赎罪日（Yom Kippur）[①] 这天都严格禁食。

在大学里，虽然我颇受欢迎，和几个同班同学一起被选为班干部，但

---

① 犹太历新年后的第 10 天为犹太教最神圣的节日之一——赎罪日，通常在公历 9 月。

是我从未获准进入所谓的"秘密协会"——如今被称为男大学生联谊会的组织。我在华尔街不得不接受类似的歧视,甚至一度在公职生活中也要忍受。

实际上,在我有了一些声望以后,就成了职业反犹太人士喜爱的目标。亨利·福特(Henry Ford)的《德宝独立报》(*Dearborn Independent*)一度用相当大的篇幅将我描绘成一个所谓的"国际犹太阴谋集团"的领袖。这些攻击后来得到三 K 党、查尔斯·库格林(Charles E. Coughlin)神父、杰拉尔德·史密斯(Gerald L. K. Smith)、达德利·佩利的响应(Dudley Pelley),更别提约瑟夫·戈培尔和阿道夫·希特勒了。

这些攻击对我的伤害,从来都没有像我的孩子们遭受的歧视造成的伤害多。我的两个女儿是在她们母亲的美国圣公会信仰熏陶下长大的。然而,她们都被母亲就读的同一所舞蹈学校拒绝接纳。甚至在她们的圣公会牧师干预时都被几所私立女子学校拒绝接纳。

要向我的孩子们解释她们为何要承受这样毫无意义的歧视不是易事。为了不让这些事情令她们发怒和沮丧,我告诉她们**将这些歧视当作奋发图强的鞭策——我就是这样处理偏见问题的**。

最重要的是,我告诉孩子们不要因为美国某些人的卑鄙行为就无视这个国家的伟大。起草《独立宣言》的那些人在这方面是明智的。在他们定义自己构想的不可剥夺的权利时,审慎选择了词汇——"**生命、自由与追求幸福(的权利)**"。

不是"幸福"而是"追求幸福"。他们没有许下乌托邦式的承诺。他们许诺的只是让一个人的生活变得更好的机会。

如果可以通过将会消灭偏执和偏见的法律,那该有多好啊!然而**人性没有那么容易被改变**。种族和宗教理解进步的关键在于承认个人努力奋斗的目的是获得自己的幸福和成就。

美国给予我们的无价遗产,美国的传统文化遗产,是这种能够通过个人努力奋斗让自己变得更好的机会。任何形式的政府给予一个人的都不会比这更多。只要这种遗产仍然是我们的,我们就将继续向更好的宗教和种族理解前进,同时我们每一个人也会越来越多地因为他或她本人的价值得到认可。

第 5 章

大学的日子

───── 01 ─────

我进入纽约市立学院那年只有 14 岁。需要补充的是，这不是我特别早慧的证据。这完全是因为在那个年代，还没有公立高中，一个人只要符合入学要求就可以从语言学校直接进入大学。

我心仪的大学是耶鲁大学。**为了筹集去耶鲁大学的费用，我打算去做服务生。**但是母亲认为我太年轻了，不能离家太远。

纽约市立学院至今都被简称为 CCNY，坐落在 23 街和莱克星敦大道的街区里。大学的旧建筑早已被拆除，同一地块现在成了商业和公共管理学校的所在地。我们家住在东 60 街 49 号，我往返学校经常要步行经过 30 多个街区。

家里每周给我 25 美分零花钱，步行上学让我每天还能得到 10 美分。在我毕业那年，父亲将我的零花钱加到每周 50 美分。但是我一个上午步行去学校肯定不是为了节省 10 美分，那是 1888 年著名的暴风雪之日。当天有轨电车停运，我不得不步行上学。第 3 大道 E1 街区算是抵御暴风雪的盾牌，我就在它下方的雪堆里步行赶路。那一天到校的学生和教师都不多。

我经常从家里带午饭，大学的前几年都穿父亲不穿的衣服。那段时间我的身高长得很快，仿佛吞下了童话故事《杰克与魔豆》里让杰克的豆茎疯长的魔豆。不久，我的腿就长到穿不下父亲的裤子了，但是母亲仍然会改裁他的外套让我穿。

当时就像现在这样，CCNY 是这样一所学院，一个少年想要接受教育，就能免费在学校里得到良好教育。我们不用付学费，学校会给我们书本、笔记本、铅笔等。学校要求的回报就是我们努力学习。入学要求很高，标准很严格，每学期要进行两次考试，那些跟不上进度的学生会被淘汰。

我进入的一个班级有 300 人，本科毕业的有 50 人，但是许多人被淘汰是因为经济原因而不是教学原因。班上许多少年放学以后要去打工，加诺·"金奇"·邓恩（Gano "Ginkie" Dunn）后来成为一名电气工程师，取得的荣誉足够填满一页打印纸。他一边在帕克大道酒店（Park Avenue Hotel）当夜间电报员，一边读完大学，还供养了他的寡母。我一直在为父亲做账，监管收集他的账目。

起先我入学主修科学课程，这一课程重点学习科学和现代语言。然而，我不久就改学经典课程，课程的重点是古典语言，我不得不雇了一位家教才能跟上。

大学的全课程时长超过 5 年，第一学年和第二学年相当于在学习高中课程，也是向更高知识领域攀登的过渡期。学校里没有"速成"课程，几乎没有选修制度。

在公立学校，我毕业的时候是全班第二，但是在大学里我基本上把机会都浪费了。我最糟的科目是绘图和科学。我对化学课仅有的记忆大概就是将硫酸加入某种难闻的调和物，还把它倒入了另一位学生的口袋。"某某学（ologies）"课程——生物学（biology）、动物学（zoology）和地质学（geology）是威廉·斯特拉特福德（William Stratford）教的，他身高 6 英尺 4 英寸[①]（约 1.93m），相貌英俊，蓄着飘逸的金色髭须。我认为他偏爱一些学生，而我不是其中一员。**我非常厌恶斯特拉特福德，以至于他的一个问题将我脑子里可能掌握的一点点知识都排除了。**

给我印象最深的教授是政治经济系的乔治·纽科姆（George B. Newcomb），他戴着一副金丝边眼镜，样子像一位老派的英国人。他的嗓音刺耳，曾想用吮吸食糖的办法改善。他经常用这种声音说："那些想下棋的先生可以坐在后排的座位上，那些想听我讲课的先生可以坐在前排的座位上。"

① 1 英尺 =12 英寸，1 英寸 =0.0254m。

我虽然爱下棋，但是一向都坐在前排的座位上，几乎从未漏过纽科姆教授的讲解。

我后来的成功，很大程度上可以归功于从纽科姆教授那里学到的东西。他永远都不会赞同今日的某些流行经济理论。他坚决认定**供求规律**并教导我们相信这一规律。在他的课堂上，我首次听闻：

"当价格上涨时，将会发生两件事情——产量提高和消费降低，这样造成的影响是价格会逐渐回落；如果价格变得太低，将会发生两件事情——产量降低和消费提高。这两种力量的结合可以确立正常的平衡状态。"

10年后，我因为记住这番话而变得富有。

纽科姆教授不仅教政治经济学，也教哲学、逻辑学、伦理学和心理学，这都归入一门课程。在今日，这些科目会由几位教授分别讲授。我相信同一个人教授所有这些科目是非常有好处的。太多教育者都忘记了自己无法教良好的经济学、良好的政治学、良好的伦理学或良好的逻辑学，除非将这些科目视为一个整体的组成部分。

一般来说，大学都教不好经济学。与过度特专化一同出现的一种趋势也在为教育提供错误的信息，**这样制造出来的"做题专家"死记硬背大量有用的细节，却没有接受过该如何思考的培训。**

此外，我认为希腊文和拉丁文不再是所有大学生的必修课是一个错误。在 CCNY，我阅读了希腊和拉丁经典的大部分原文，可以用拉丁语对话。学习这两种语言，我得以领会我们的文明的文化背景；不学习这两种语言，我永远都不能领悟这一点。

珀罗伊·米切尔（Purroy Mitchel）市长执政期间，纽约市政府是 CCNY 的受托方之一，当时人们发起了一场运动，想将这所学院转变为一所工业学校。有一天，几个受托方应召去市政厅见市长。我的思绪仍在我留在华尔街的企业上。我正凝视窗外，就听见有人说："第一步将是不再教拉丁文和希腊文。"

我从椅子上转过身来，问道："怎么回事？"

那个人对我解释了一番。

随后我开始发表演说。有人想让我安静下来，但是我不会停止发声。**我极力主张，一项教育的价值不在于人们在脑海里存储多少实际事物，而在于人们获得的约束性和通过了解伟大思想获得的人生的基本哲学。教育**

应当打开智力兴趣的新领域。让 CCNY 的学生们不再学习希腊文和拉丁文将会使他们的思想和精神贫乏。

与会者没有一个人料到一个金融从业人士会发声提出这一反对意见。无论如何，我的演说阻止了将 CCNY 转变为工业学校的计划。对于所有"自由化"全部课程的提案，我往往会成为各受托方里最保守的反对派。**我甚至反对引入选修制度，坚持认为"冷门课程"因为具备纪律价值对年轻人是有好处的。生活中我们不是总能称心如意。**选修制度还是像火车机车那样将我碾压了。

要是我今日是学校的一名受托人，就会为取消速成课程而奋斗，还会设法让"两种语言"恢复过去的重要性。

我的大学生时代盛行的另一个"老派"教学法可以复兴将会带来相当大的好处，那就是在学生团面前演讲。

每天上午我们都排队集合。校长亚历山大·斯图尔特·韦伯（Alexander Stewart Webb）将军会从朗读《圣经》开始，然后一名大二学生会登上讲台"朗诵"——朗读一首诗或一篇散文，一名大三学生或毕业班学生随后会朗读他为这一场合写好的"演讲稿"。

我在大二第一次"朗诵"的恐怖经历可以比得上"啊—图德尔—达！"那桩倒霉事儿了。我为大三演讲准备条纹裤、黑色外套和背心。**当我登上讲台的时候，我的膝盖在颤抖，心脏怦怦乱跳**，我先向韦伯校长和全体教职员鞠躬致敬，然后向学生团鞠躬。当某些学生想扮鬼脸和做出滑稽手势逗我大笑的时候，想要保持镇定可不容易。

我能回想起自己第一次演讲的全部内容就是开场白："有喜就有悲。"我记不清这一句是我从什么地方摘取的引文还是一句原创短语，但是我知道这句话说的是对的。

02

在大学时代开始时，我也成为一名歌舞杂耍表演迷。花费 25 美分就能在剧院顶楼包厢里观看表演。我们会在售票处门前排队，挤进我们的观众区，然后飞快地上楼梯，希望能在前排就座。

尼布洛花园（Niblo's Garden）剧场和西 32 街的一座剧场是我记得特

别清楚的戏院。当新剧场在市中心相继建成，而家庭财务状况也得到改善时，我们也会去这些新剧场游览。母亲和父亲一直都想让我们去看当时第一流的莎士比亚戏剧演员表演。但说来遗憾，我对莎士比亚这些戏剧的记忆不如对《恶徒子》(The Black Crook)① 那么深刻。

我们家几乎对国家政治没有太多兴趣，但是我隐约记得在格罗弗·克利夫兰(Grover Cleveland)② 的游行活动中手持火炬曾得到 50 美分的报酬。当然，我们对大学政治事务满怀热情。在我毕业班学年的前半年，我当选为班长；下半年，我当选为班干事。我的密友迪克·莱登(Dick Lydon)后来成为纽约高等法院的法官，当时与我轮流出任这两个职务。此外，我还是毕业班日间活动项目的主席。

希腊文字协会或兄弟会在我的大学里扮演着重要角色。虽然许多犹太人在这所大学留下了自己的印记，但是这些协会还是将犹太人拒之门外。每年我都会被提名加入协会，然后为此会进行一番激烈辩论，但是我从未被选入。或许值得提及，尤其是对那些认为南方没有北方那么宽容的人值得一提的是，我的弟弟赫尔曼在上弗吉尼亚大学时，就已经准备好加入一个兄弟会了。

仅次于"秘密协会"，在我的大学生涯里，"兴旺"的是文学和辩论协会。我参加了两个协会，限于毕业生参加的艾伯尼亚(Eiponia)会，还有菲莱诺克斯米亚(Phrenocosmia)会。

艾伯尼亚会的会员们在各自的家里聚会，听各自朗读研究霍桑(Hawthorne)、爱默生(Emerson)或梭罗(Thoreau)③ 的论文，然后为这样的场合指派的评论者就会对朗读者的写作和朗诵进行深入批评。相关

① 这是公认的在纽约百老汇直接起源的最早的一部音乐剧，于 1866 年 9 月 12 日起在尼布洛花园剧场上演。

② 美国政治人物（1837—1908 年），美国第 22 任和第 24 任总统，曾经出任布法罗市长和纽约市长。这里作者所说的应该是克利夫兰出任纽约市长时的经历。

③ 都是 19 世纪的美国文学人物。纳撒尼尔·霍桑（1804—1864 年）是美国作家，代表作为长篇小说《红字》和《福谷传奇》、短篇小说集《雪影》等；拉尔夫·沃尔多·爱默生（1803—1882 年）是美国思想家、文学家、演说家，代表作为《论自然》等；亨利·戴维·梭罗（1817—1862 年）是美国作家、哲学家，也是著名的废奴主义者，代表作为散文集《瓦尔登湖》。这三位作家往来密切，经常聚会。

记录说明我在这些聚会上发表了论威廉·迪安·豪威尔斯（William Dean Howells）[1] 的文章，批评过另一位艾伯尼亚会会员评论奥利弗·温德尔·霍姆斯（Oliver Wendell Holmes）[2] 的文章。

辩论协会菲莱诺克斯米亚会，甚至更加鄙视"浅薄"的主题。在我毕业那年，辩论的"话题"有：

> 辩题：为达目的，可以不择手段。
>
> 辩题：写作莎士比亚戏剧的是培根。
>
> 辩题：托拉斯对美国的最佳利益有害。

我无法想起曾参加过什么辩论。当别人知道我是辩论协会会员的时候我很高兴，但是当我想起要当众演讲时还是很害怕，于是会避免所有参加实际辩论的机会。

虽然我在大学里不那么羞涩了，但是我在社交聚会或者大型集会上还是会觉得不自在。有一次我们家去参加一个远房表弟的婚礼，经过一段烦躁的时间以后，我溜出了客厅，到地下室藏了起来，直到婚礼结束。

我也永远忘不了首次参加大型社交聚会的恐慌感。那是为迪克·莱登三个可爱妹妹里最年长的玛丽初进社交界举办的。迪克经常来我家，我也经常去他家，我和莱登家的三位姑娘都很熟，但是要出席正式的社交聚会的念头还是会让我紧张出汗。迪克知道我羞怯的一面，便告诉我母亲他邀请我参加聚会的事情，建议她确保我一定会去。母亲非常肯定地对我说，她希望我去莱登家。我提醒母亲我没有晚礼服。她回答说，父亲的燕尾服就非常合适。这一年正是我在大学的最后一年或者倒数第二年，虽然父亲身高 1.83m，但是我当时已经长得更高了。

在这场社交会当晚，母亲拿出了父亲的西服、一件衬衫、衣领和领带。我把这些都穿戴整齐。可是，裤子太短了。这条裤子就是我们这些少年所说的"高水位（短裤管）"。母亲用了几枚别针将吊裤带拼合出来，让裤子

---

① 豪威尔斯（1837—1920 年）是霍桑等三人后一代的美国小说家和文学批评家，被誉为美国现实主义文学奠基人，代表作为长篇小说《塞拉斯·拉帕姆发迹》和《新财富的危害》等。

② 这里指老奥利弗·温德尔·霍姆斯（1809—1894 年），美国著名诗人、医生，其子小奥利弗是美国著名法官和法学家。

尽可能长一点，从而让裤管能落到我的鞋面。西装背心也太短了，母亲就将它和我的衬衫别在了一起，这样一来这一缺陷就不会太惹人注意。

我那双骨头突出的手长长地垂在外套的袖子外面。母亲想不到任何办法来解决这个问题。每次我的双臂一动，外套的后背部分就会提起来，这个问题也没法改进。当我照镜子的时候，豆大的汗珠正在前额发光。我的脸白如一张床单。

母亲最后检查了一次，确认所有别针都挂住了，然后就用手拉着我来到前厅，将我的头拉低，亲吻了我。

"你是世界上最英俊的小伙子。"她说道。

这句话让我的心情好了一点。

她补充道："记住，你有王侯血统。"（母亲常说她是大卫王的后裔。如果她说了什么话，那么就一定是真的。）"**没有人比你更优秀，但是在证明这一点之前，你不会比别人更优秀。**"

我穿上了大衣。母亲拍拍我的后背，向我保证每个人都乐意看见我。我关上门，轻快地启程了。但是没走出多远，我的勇气就开始泄了。当我来到莱登家时，夕阳的余晖像华盖一样笼罩在他家的前门上，我被吓到了。我几次走过这座房子，后来总算鼓起足够的勇气走了进去。

仆人让我进去的时候，我留意到他的装束。他的衣着比我合体太多了！

"先生，二楼后间。"他指引道。

我找到了那一间，脱下外套。我独自一人。显然其他所有宾客都在楼下，我听见那里传来音乐和笑声。我在一面镜子里匆匆瞥过自己苍白的脸颊和不合身的衣着，根本无法抬脚走下楼去。

我不知道在更衣室里待了多久，这时听见一个少女的声音：

"伯尼·巴鲁克！你在这儿干什么？"

这是迪克的二妹贝茜·莱登。

她拉住我的手，拖着我下了楼。我觉得自己一路上都把安全别针弄脱落了。贝茜将我介绍给一位美人时，我仍然恍恍惚惚的。这位美人看起来仿佛在淡蓝色的云层中飘浮着一般。无论如何，她在我困惑的脑海里留下的就是这个印象。

接下来我意识到的事情就是跳舞。更多的安全别针落在地板上发出叮叮当当的声响，但是看来没有一个人在意。虽然我当时跳得非常笨拙，但还是出色地跳完了一曲。

随后我享用了一顿精美的晚餐。我饿了，这一番可怕的磨难让我连续几天都吃得很少。

或许我夸大了那天晚上我怪诞的样子，但是我那身衣服明显很不合身，然而那些迷人的宾客让我忘了这一点，帮助我首次在大型社交聚会上找到乐趣。后来，我看到有人置身于陌生的社交集会并感觉尴尬时，无论是年轻的还是年老的，我都会回想起那天的事情。这时我一定设法做些什么让那个窘迫的人放松些。

03

除了羞涩之外，我个人的主要麻烦是脾气问题。母亲见到我怒火上升，就会伸手放在我的肩上制止。她经常劝告我：**"除非你有什么高兴的事情要说，不然就让你的舌头留在牙齿中间。"**

我那火暴脾气的根源或许是孩童时期经常被人追打造成的。无论如何，随着年龄的增长，我的自控能力也在稳步提高。

上大学的时候，我在卧室里安装了一套双杠，每天都会练习。我在希伯来青年友谊会（YMHA）的健身房里也用了许多时间锻炼。

当时的流行运动项目之一是七天制的"想赛就赛"，参赛者会自行选择跑步、慢跑或步行运动。我经常努力成为环绕中央公园跑步和慢跑或步行的优胜者。

到了毕业那年，我已经是一名出色的运动健儿了。我发育完全的时候有 6 英尺 3 英寸（1.90 ~ 1.91m）高，体重大约 170 磅①（77kg）。奇怪的是，我的大部分重量都集中在上半身。我的双腿细得就像烟斗柄，这双细腿和我相当宽阔的胸膛的反差，在我穿上棒球服或者运动短裤时，经常会引起别人惊奇的尖叫。

我是校曲棍球队队员，也是拔河队队员，在这两支运动队里，我可以用精神弥补自己在体重上的不足。我一度也很想成为一名竞走运动员或短

---

① 1 磅 ≈0.45359kg。

跑运动员，但是当我发现自己 100 码 ① 短跑的最好成绩只有 13 秒时，就放弃了这个念头。

我有时还是会抑制不住自己的怒火，在大学的一天，我正在爬楼梯，走在前面的一个学生骂了我，有几句话提到了我的母亲。我纵身跃了上去，将他打倒在地，于是我们两人都被韦伯校长叫了过去。校长曾在葛底斯堡战役指挥北方军的一个旅，在我们看来是军纪的典范。

我打的那个同学出了不少血。韦伯校长严肃地盯着我，厉声道："你是一位绅士并且还是绅士的儿子，竟然会打架斗殴！"

"是的，校长先生！"我气冲冲地答道，"我想杀了他。他用极其卑鄙的名号来称呼我的母亲。"

韦伯校长让我到校长办公室的里间。片刻后，他走了进来，说道：

"你是那种应该去西点军校的年轻好汉，但是我不得不让你休学。"

根据韦伯校长的建议，我决定设法争取西点军校的入学名额。父亲给我做了全面的体检。让大家吃惊的是，他将钟举在我的左耳边时，我听不见指针的嘀嗒声。我的左耳几乎聋了。

我随即想起我们校队与曼哈顿学院进行的一场棒球赛，我相信比赛是在今日的莫宁赛德高地（Morningside Heights）上的一座棒球场举行的。在第九局，我们队有两到三人在垒上，我出场击球定胜负。一些小伙儿开始大叫："本垒打，矮子！本垒打！"

我第一棒就准确击中来球。我还能感受到击打到球的那股冲击力。已上垒的跑垒员都安全跑回本垒。球来到曼哈顿学院队守垒员手中的同一刻，我正好到达本垒板。我一头冲进守垒员怀里。他掉了球。裁判员大声道："安全球！"

双方开始打架，有人用球棒猛击我的左耳。虽然那时我还不知道，但那一击损坏了我的耳膜，当然也就断送了我去西点军校的希望。

第一次和第二次世界大战期间，和陆军军官们在华盛顿为动员问题一起工作时，我就会讲起这个故事，如果不是因为那场棒球赛，我有可能已经成为将军了。

当我大学毕业的时候，想成为政治家和运动员，并开始憧憬自己成为

---

① 1 码 =0.9144m。

纽约城的名人。

大学毕业后，我继续健身项目，成为约翰·伍兹运营的一座体育馆的常客。伍兹的体育馆位于第 5 大道和麦迪逊大道之间 28 街上的车马行，同时也是一个体育俱乐部，非常受人们欢迎。体育馆的客户里有当时的一些头牌演员、律师、经纪人、牧师、职业拳击手和各个运动项目的职业运动员。

我在伍兹体育馆打了许多场手球，然而我的大部分精力都用在打拳击上了。在伍兹体育馆锻炼的"职业拳手"有鲍勃·菲茨西蒙斯（Bob Fitzsimmons）、乔·乔恩西基（Joe Choynsiki）、比利·史密斯（Billy Smith）、塞勒·夏基（Sailor Sharkey）和汤姆·莱恩（Tom Ryan）。我按小时观看他们打拳，设法获得一些领悟。如果职业拳手心情舒畅，有可能指出我们的短处，以及又该如何克服我们的笨拙。

菲茨西蒙斯说，我的主要问题在于出拳不够用力。他建议道："当你击打一个人的下巴时，努力打他的整个头部；当你击打他的腹部时，努力让拳击手套给他重重来一下。"菲茨西蒙斯也曾告诫过我："**当你在搏斗时，不要失去理智**。"

伍兹体育馆里的一场拳击赛一直是我最惊险的记忆之一，那是我和一名红发警察的拳赛，他的管区就在第 5 大道一带。他和我差不多高，但是体重比我重好多磅。他也是个很棒的拳击手。

没多久，他就将我打得满场乱转。血顺着鼻子和嘴巴流了下来，但是我坚持着，用上了我学会的每一种招式和策略，但是看上去没有什么用。

我的感官意识开始模糊了，可能对手变得有些大意了。无论如何，他有一瞬间没有防护好，我用尽了能用上的每一股力气，一记左拳重重击中了他的腹部，紧接着一个右拳正中他的下巴。

大个子警察倒在了拳台上，我迎来了这辈子最令人吃惊的时刻。在那个年代，一个拳击手被击倒后，不会被勒令回到自己的区域。我因为筋疲力尽晃着双肩，就站在对手旁边等着他起来。但是直到一整桶水浇在他脸上，他才有了动静。我感觉有人拍我背，转身看见一张长了雀斑的脸，鲍勃·菲茨西蒙斯正咧着嘴笑。

他大笑着说："你没有进入职业拳击界真是可惜了。你被好一顿打，但是坚持住了。这是你一直想去做的事情。你知道自己的感受是怎样的，或许你感觉非常糟糕，但是你不知道另一个人的感受。他可能感觉比你还要差。"

他着重强调："在一个人出局之前，战斗就没有结束。只要你不是那个出局的人，就还有机会。**要成为强者，你就必须懂得把握机会或者不能放弃机会。**"

我尝试将这一哲理带入离拳击场颇遥远的领域。这一哲理并不总是将我带上巅峰，但是它让我赢得了离开这一哲理就会输掉的许多战斗。**无论在什么领域想要登顶，你都必须懂得甜的要吃，苦的也要尝。你要体会其他同伴的奚落和嘲笑，其他男子的讥笑、威胁和不眠不休的反对，还有你本人的种种失望带来的辛酸苦恼。**

直到今日，我仍是一名热情的职业拳击迷。在更早年的岁月里，我收集杰出拳击手的画片，甚至在婚后，我房子的地下室里都保留着一座拳击台，我会在那里练习击打沙袋。

我一直都坚持进行某些健身项目，这无疑帮助我拥有一个好身体。然而我从拳击获得的主要益处是控制脾气的能力，增强我因为体魄变得强健而获得的自信。有人对我说过，我也同意——**当你懂得控制脾气和自信的时候，就比较容易达成谅解，如果做不到，你就会碰壁。**

大概在我 22 岁的时候，我摆拍了一张照片，当时我留着髭须，一头几乎翻卷的黑色卷发，肌肉发达的双臂交叉抱在裸露的胸前。这张照片仍放在我的起居室的桌上，每当看到它的时候，我就会想起一个初到纽约的小个子胖男孩儿发生了怎样的变化。

第 6 章

找工作

01

像大多数家庭那样，我的父母对孩子们最初抱有的梦想没有完全成真。母亲和父亲希望四个儿子都能接受大学教育，但结果只有两个人愿意上大学——赫尔曼和我。

家里的老幺塞林在 12 岁或 13 岁那年被送去了军校，但是他在和另一名学生打架后就被迫离校。后来，他尝试过许多不同的工作，做过好几种生意——从百货公司巡视员到经营服装厂，但最终跟着我走进了华尔街。

家里本来要培养赫尔曼成为律师，结果他成了医生，获得了美国大学优秀生（Phi Beta Kappa）资格，在哥伦比亚大学医学院毕业时拿到了第一名。他行医有些年头，后来也入驻了华尔街，最终成为美国首任驻葡萄牙大使，后来出任驻荷兰大使。他 1953 年去世，终年 81 岁。

母亲想让大哥哈蒂成为一名犹太教祭司。他的名字是随外曾祖父哈特维格·科恩起的，外曾祖父曾经就是一名犹太教祭司。哈蒂还是个孩子的时候病得非常厉害，母亲为他祈祷，向神许愿，只要他能康复就让他成为犹太教祭司，但是哈蒂最终登台成了演员。

哈蒂相貌英俊，身高 6 英尺（约 1.83m），看上去像舞台剧的主角。他拥有人猿泰山般的体魄和力量，能做几个空翻，在单杠和双杠上像专业运动员那样做体操动作。我曾经看到他将一个人举起来，扔出了 42 街附近百老汇一家咖啡馆的转门。

就算到了 79 岁，哈蒂也依然强壮，可以经受一次截肢手术。可他最终在 84 岁那年去世了，只比我弟弟赫尔曼早两个星期。

我还记得哈蒂的舞台剧首演，实际上，我尽力帮助这次首演可以正常进行。这次经历没什么好吹嘘的，我很少谈起。然而，第一次世界大战期间，威尔逊总统提起了这件事情，让我大吃一惊，显然他认为这件事情非常有趣。

约翰·戈尔登（John Golden）是一位戏剧制作人，也是哈蒂的密友。戈尔登曾向威尔逊总统说过这个故事，"如果不把这部戏说成伯尼·巴鲁克身为戏剧制作人的华丽登场"，他更乐于将其描述为"伯尼·巴鲁克的戏剧性退场"。

当时，我大学毕业刚满一年，仍然是让哈蒂关心的令人惊叹的弟弟。他正在迪翁·布希高勒（Dion Boucicault）戏剧学校①学习，在那里遇到了一位较年长的女士，此人给他的印象是她将会成为一位伟大的女演员。她让哈蒂相信一片光明的未来正在等候着他们二人。他们需要的是有人赞助一场演出，让他们有机会向等候着的世界展现天赋。

哈蒂和他的女演员朋友带着他们的计划来找我，这位女士成了戏剧魅力的化身。此外，她是马克·吐温笔下的马尔伯里·塞勒斯（Mulberry Sellers）上校②的真正信徒。她轻快地向我描绘了艺术家的赞助人是如何发财的。一座剧场里有数百个座位，一个座位可以卖多少次票，这会带来许多钱。一场演出的费用是多少，扣除费用后的钱都会落入制作人的口袋。事情就这么简单。

我当时的周薪是 5 美元，但我还是想办法筹集了一些钱。我们将会在新泽西州森特维尔（Centerville）的歌剧院开演《东林恩镇》（*East*

---

① 这所戏剧学校是以 19 世纪著名的爱尔兰裔美国剧作家兼演员的名字命名的。迪翁·布希高勒（1820—1890 年）生于爱尔兰都柏林，曾在伦敦戏剧界从事演员和剧作家职业，1853 年前往纽约。他一生留下了 100 多部戏剧作品，大部分为改编作品。

② 塞勒斯上校是在马克·吐温的多部小说里出现的人物，马尔伯里是《自封贵族的美国人》（*The American Claimant*）中的塞勒斯上校的名字。这位上校生活并不宽裕，却一直都在做发财梦。作者形容这位女演员是塞勒斯上校的真正信徒，显然是在讽刺她夸夸其谈。

Lynne）[1]。我们聚齐了一支演出团队，但是没有排演过。对于如此优秀的艺术家团队来说，排演这么一个不必要的细节显然是被无视了。

演出当晚，我尽可能早地下了班，就在轮渡斜引道与演出团队会合。在我们过境到达新泽西后，我将火车票分派给了演出团队人员。当我找到男主角时，他向我要10美元。因为提出的这个要求带有最后通牒性质，他得到了这10美元。

在那个令人难忘的春夜，帷幕升起，观众坐满了三排，真让人舒服。他们向我保证过演出团队的每个成员都是艺术家。我们甚至还找来了一个真正的婴儿，女主角会抱着婴儿在第三幕登场。不是每个出演《东林恩镇》的剧团都有真正的婴儿出场。然而，到头来这个婴儿没有给我们带来多少好处。这场戏仅仅维持了两幕。

或许那些演员真像他们描述的那样是艺术家，如果是这样的话，他们也不是知道《东林恩镇》台词的艺术家。第一幕上演时，观众时而愤怒，时而被逗乐；第二幕上演时，观众就只有愤怒了。

虽然观众的人数少，但还是比演出团队的人数多，于是我让售票处的售票员将观众的钱退还了。就像《哈克贝利·费恩历险记》里的公爵那样，我到了后台告诉剧团，幸运的是我买的是往返票，只要走很短一段路，就能穿过一条阴暗街道到达车站。

我们到了火车站以后，观众才意识到第三幕不会上演了。一列火车正好开进站台。我们甚至没有注意这列火车开往哪里就已经上去了，万幸火车是开往纽约的。

哈蒂没有因为这次挫折而感到沮丧。他继续在布希高勒的指导下学习表演，后来去了波士顿兰心剧院（Boston Lyceum）学习，在兰心剧院结识了约翰·戈尔登，当时他也是个有抱负的演员。他们俩成了非常亲密的朋友，母亲曾称戈尔登是她的第5个儿子。

在巡回演出剧中扮演了几次小角色后，哈蒂迎来了在纽约的戏剧首演，

---

[1] 根据亨利·伍德夫人原著的同名小说改编。小说最初在1860年1月至1861年9月的《新月刊》（New Monthly Magazine）连载。小说将悬疑、注定成空的爱情、丑闻和悲剧性悔恨等元素熔为一炉，取得了巨大成功，一直是作者最著名和流传最广的作品。这部小说的书名也译作《空谷兰》或《东林怨》，后来被多次改编为戏剧和影视作品。

以纳撒尼尔·哈特维格（Nathanial Hartwig）的艺名出演《科西嘉兄弟》（*The Corsican Brothers*），扮演男主角的是罗伯特·曼特尔（Robert Mantell），后来哈蒂加入了玛丽·温赖特（Marie Wainwright）的剧团，成为一系列好剧目的男主角，包括《茶花女》（*Camille*）、《造谣学校》（*The School for Scandal*）和其他几部莎士比亚剧。

哈蒂也在《卡门》（*Carmen*）中与奥尔伽·奈瑟索尔（Olga Nethersole）演对手戏，为让"奈瑟索尔之吻"出名出了把力。哈蒂的大场面到来时，他扮演的唐·何塞站在吧台边，卡门就在他面前起舞。哈蒂挥动双臂将奈瑟索尔小姐揽入怀中，抱着她上楼，双唇与她如胶似漆般的长吻，在广告中，这一吻被称为舞台剧中最长的一吻。在后来的剧目《萨福》（*Sappho*）中，奈瑟索尔小姐甚至演绎了一次时间更长的亲密拥抱，导致警方突击检查了这次演出，但是彼时哈蒂已经为华尔街放弃了舞台。

02

至于我，家里给我安排的计划是追随父亲的脚步去当个医生。然而，母亲不久就改变了主意。她的这个决定是用有点非传统的方式作出的。

我们家搬到纽约没多久，我的叔叔赫尔曼的生意伙伴塞缪尔·维特科夫斯基为了一次采购旅行从南卡罗来纳北上来到这里。在与母亲谈论我们家四个少年未来的职业时，维特科夫斯基先生建议母亲带我去见一位骨相学家福勒（Fowler）博士，这个人的办公室就在斯图尔特（A. T. Stewart）的商店对面。那家商店后来成了约翰·沃纳梅克（John Wanamaker）的店。

我记得福勒博士是一个戴着金边眼镜且举止令人印象深刻的人。他仔细查验了我的头部，然后将手指滑过我眉毛上方的突出部位，问道：

"你打算让这个年轻人干什么工作呢？"

母亲答道："我想培养他当一名医生。"

"他会成为一名好医生。"福勒博士赞同道，"不过我建议你，将来让他从事人们做大事的行业——金融或政治。"

母亲后来告诉我，这次咨询的结果是她打定主意我不会成为一名医生。

1889年从CCNY毕业后，我就开始阅读医学书籍，打算在秋天进入医学院校。然而我对这个抉择感到不安。在提到我将来从事的行业时，母亲就想起骨相学家说的那番话。父亲辨识出这是她敦促我从商的方式，但他只是说道："儿子，除非你热爱医生这项工作，不然还是别干。"

我遵从了母亲的意愿，开始找工作。这是令人抛弃幻想的经历，就像普通的本科毕业生那样，我不愿从底层开始做起。在对费时费力地根据"员工招聘"信息应征逐渐失去耐心，主动求职等待答复无果以后，我列出了父亲的患者名单，想要打动其中一个人得到一份工作。

我找的第一个人是著名的古根海姆家族的丹尼尔·古根海姆（Daniel Guggenheim），19 岁那年，我比丹（Dan，丹尼尔的昵称）先生大概高了 1 英尺（30.48cm），这是唯一能提升自我意识的条件。

丹先生令人愉快的微笑让我恢复了一些镇定。在我放松以后，丹先生告诉我古根海姆家族正在进军采矿业和冶金业，接着问道："你愿意为我们当个矿石采购员去墨西哥吗？"

然而母亲阻止我去墨西哥。尽管她一直在激发我的雄心，却希望几个儿子能留在家乡。她认为我们兄弟几个应该就在她身边生活。有一天，我们沿着第 5 大道步行时，她指着 57 街拐角威廉·惠特尼（William C. Whitney）的大宅对我说："有朝一日你会住在那里。"

多年以后，我告诉她我已买下 86 街和第 5 大道拐角的房产时，她回想起了这次谈话。

于是，我去找父亲的另一位患者，巴克莱（Barclay）街 86 号惠特尔塔图姆（Whitall, Tatum & Company）公司的查尔斯·塔图姆（Charles Tatum）。这是一家药用玻璃器皿批发公司。塔图姆先生是费城贵格会教徒，1889 年秋初录用我为一名办公室学徒，我的这第一份工作报酬为周薪 3 美元。

一天，塔图姆先生吩咐我到"摩根先生的办公室"选一些证券。"摩根先生的办公室"是德雷克塞尔摩根公司的银行大厦。我走进了华尔街上的这座旧建筑，那里现在是摩根大厦的所在地，在摩根先生本人面前没有丝毫耽搁，也没有任何例行公事的客套。

我不记得摩根先生是否对我说过些什么，但是我好好打量了一下他的鼻子和茶色眼睛，那只鼻子和那双眼睛让我感受到了他的巨大力量。

那时我已经练过拳击，脑海里跳出来的第一个想法是摩根先生这样的人物在拳击台上会取得怎样的成就。然后我想到他要是像查理曼那样骑上马、手提战斧，看上去会多么像那位伟大的法兰克国王。

要是能够说这次与 J.P. 摩根先生的难忘的见面激励我进入华尔街的话，会制造出美妙的效果。实际上，成为我进入华尔街的主要事件不是通常会被收入励志文集的小故事，而是我去一家赌场拜访的经历。

03

就在那几年，我的父母都在新泽西的朗布兰奇市（Long Branch）度过暑期，那里是划船、钓鱼、游泳和赌博的著名度假胜地之一。

父亲是西边酒店（West End Hotel）的住院内科医生，他在酒店有两个房间，一间诊所和一间卧室。工作周我都留在纽约城里，但是在周六下午，我和哈蒂会去朗布兰奇度过周末。我们晚上睡在父亲诊所的两张帆布床上。

我偶尔也会去新泽西小银城（Little Silver）的一所公寓投宿，经营公寓的是迪克·博登大叔（Uncle Dick Borden）。欢乐湾（Pleasure Bay）的帆船比赛是迪克大叔那里的一项热闹运动。我记得曾驾驶博登公寓的独桅帆船"艾玛 B"经什鲁斯伯里（Shrewsbury）过了普莱斯码头（Price's Pier）。我身着常穿的帆船服——一条帆布裤，不穿衬衫，不戴帽子，也不穿鞋。

我手上操作舵柄和主帆索，尽可能贴近码头而过，炫耀了一回，此时听见了一位女士的声音。我抬头看去，见码头上有个艳丽动人的女人，就站在运动员弗雷迪·格布哈特（Freddie Gebhardt）身旁。她正在对我的外表做一番鉴赏评论来让格布哈特开心，我在这里就不多复述了。

然而，我在那一刻很感激她的评论，现在依然。在一瞬间，我放松了对帆船的注意力。一阵风直吹到了船帆上。其他参加比赛的帆船运动员加重语气的呼唤将我的思绪拉了回来。我刚好有足够的时间放开主帆控帆索，放慢速度。那一天我几乎没什么好表现的了。回家时，我仍有些心不在焉，一心想着那个女人对我的称赞。后来我才知道，她是著名女演员莉莉·兰特里（Lily Langtry）。

回到博登公寓的时候，我想为了多留下 50 美分当赌注，步行 3 英里到蒙茅斯（Monmouth）赌马再走回来。当年正是"摆腰"特尼、汉诺威和纠正这些名马扬威的时代。奥古斯特·贝尔蒙（August Belmont）、弗雷迪·格布哈特、洛里拉德家族（Lorillards）、莫里斯家族和德怀尔（Dwyers）家族是当时的杰出马主，德怀尔家族可能给自己的马下了最大的赌注。我记得的赛马骑师有墨菲(Muphy)、麦克劳林(McLaughlin)和加里森(Garrison)，"反败为胜"这句谚语就是因为加里森而得名的。

朗布兰奇城内就有几家赌场，让这里变得生机勃勃。西边酒店附近的是菲尔·戴利（Phil Daly）的赌场。由于那里最小额的筹码都要1美元，我要成为那里的"选手"真的不行，但是可以在那里转悠，看别人赌博，那真是一幅壮观的景象，有赌注登记经纪人、票贩子、运动员和体育爱好者（两者之间有区别）、经纪人、商人和银行家，但是没有女人。那里有个雅间，供那些不愿让人看到他们在公开赌博的人使用。

一天晚上，我正在观看轮盘赌和法罗牌，帕特·希迪（Pat Sheedy）走过来说："年轻人，我想跟你说几句话。"我们就向门廊走去，他在那里继续说道：

"年轻人，我注意到你一直在这里闲逛。听听行家的话，别到这种地方来了。我见过你那相貌温柔的母亲，也见过你那仪表堂堂的父亲。其实有那么一天晚上，我肚子痛，你父亲给我治疗过。你要是不远离这种地方，他们会伤心的，这对你也不会有什么好处。"

然而帕特·希迪的劝说没有打动我，几个晚上以后，迪克·邦萨尔（Dick Bonsal）建议我们去戴利开的另一家赌场，那里一枚筹码只要50美分。邦萨尔和我年纪相仿，父母都较为富有，在金钱方面对他很大方。我换了两三枚筹码，就在轮盘桌前小心下注，只买颜色。不多时我面前就有了2美元，这让我感觉很棒。突然间，屋子里一片死寂，转轮盘的人也停了手。我抬头看去，父亲就站在门口。如果在那一刻可以许下一个能立即实现的愿望，那就是开个地洞让我钻进去。

父亲曾给钱让我这辈子首次下赌注。那是赌马，我对他说我觉得叫"帕夏"（Pasha）的马会赢。父亲递给我2美元，说如果我押下"帕夏"会赢，就应该更好地支持自己的判断。结果"帕夏"证明它中看不中跑。

然而在父亲看来，赌马和进赌场可不是一回事。他走到桌旁，以最彬彬有礼、最平静的语调说道："儿子，等你准备好的时候，我们就回家。"

我即刻就准备好了。我抢在父亲前面走出了门口。哈蒂正在外面等候。我的羞耻感变成了愤怒。我低声道："你到底为什么让父亲找到这儿来？"

哈蒂解释他没有打小报告。家里担心我可能溺水了。哈蒂说他在海滩上走来走去，叫我的名字，吹口哨找人。

回到酒店，哈蒂和我默默地睡觉去了。等我们躺在帆布床上，父亲说了一番话："想一想到了我这个年纪，你会不得不去赌场把儿子带回来。"

过了好一会儿，我正迷迷糊糊地想入睡，却被坐到我帆布床边的母亲弄醒了。她将我抱在怀里，附耳说了几句安慰的话。

那个夜晚我再也没能入睡，觉得自己给家里带来了耻辱。早晨5点我起床后，悄悄穿好衣服，蹑手蹑脚地走出了房间。我去了火车站，在一间酒吧里吃了早餐，里面有几个马车夫和驯马师，然后搭上第一班火车去了纽约。太阳升起的时候，我的精气神也随之高涨。一个年仅19岁的健康的小伙儿不会消沉很久。

当我抵达纽约时，已经忘记离开朗布兰奇是为了逃离耻辱。我去看望表兄弟马库斯·海曼（Marcus Heyman），他正在贝尔维尤学院（Bellevue College）学医，我发现他和另外几个年轻人正准备打一场全天扑克。我提议说我家现在没人，是个打牌的好地方。我们正在地下室打扑克，马库斯突然跳了起来，大喊道："上帝啊，那是贝尔姨妈！"

千真万确，母亲正沿着前面的梯子走来。母亲走进房间时，我们正穿上外套，将打扑克的证据都清理干净。在昨天晚上逃跑以后，我认为母亲肯定会将我当成一个无可救药的赌徒放弃了。但是她显然没注意到打扑克的事情，跑上前来把我抱在怀里。

"见到你我真是太高兴了！"她喜极而泣道，"你那么敏感，我都害怕会发生什么严重的事情呢。"

我真为自己羞愧得无地自容，但是这让我更加爱我的母亲了。随后她告诉我有个好消息。在回纽约的火车上，她经人介绍认识了朱利叶斯·科恩（Juilus A. Kohn），一位已经进入华尔街金融界的退休服装商人。他告诉母亲，他正在寻找一个愿意从底层做起，就像那些在法兰克福受训的年轻人一样接受银行业务培训的人。他想要找的人态度要严肃认真、为人可靠、工作努力，他还强调这个人"不能有坏习惯"。

母亲对他说自己认识他正在找的这样的一个年轻人。

"他是谁？"科恩先生问道。

母亲根本没想过我赌博的事情，答道："我的儿子伯纳德。"

第二天，我去拜访科恩先生。他解释说在欧洲新手要工作相当长一段时间都没有报酬，因为，他们在这一行没有价值。他不准备付我薪水，但是如果我想成为一名商人的话，他会教会我应当了解的事情。随即，我向惠特尔塔图姆公司递交了离职通知书。这就是我初入华尔街的事情。

04

我的新雇主要求严格，但并非不善。从一开始，这份工作就令我着迷，给我提供了学习更多技能的方法，这是我在惠特尔塔图姆公司没有感受到的。

科恩先生教会我许多事情，包括错综复杂的套利业务。例如，同一只证券同一天在纽约、巴尔的摩、波士顿、阿姆斯特丹和伦敦的报价可能有些许不同。通过在阿姆斯特丹买入和在波士顿卖出，或者在巴尔的摩买入和在纽约卖出，就能赚取收益。

虽然我只是个办公室勤杂工，兼做跑腿人员，但是得到了可以计算多种外币套利的机会。这就要求计算不同国家的汇率时反应敏捷，因为汇率间的一点点差值就可能意味着获利。经过训练，我成功自学了几乎能在瞬间就根据可能的需要，将一定数量的金额从荷兰盾换算为英镑、从英镑换算成法郎、从法郎换算成美元、从美元换算成马克。在第一次世界大战和凡尔赛和会期间，我不得不去处理许多国际经济问题时，这一即时汇率换算技能成为一项决定性的优势。

当铁路公司重组时，会发行新债券来代替旧债券，科恩先生的公司也交易这些新铁路公司债券。如果重组后的资产收益提高，新债券的售价会比旧债券高得多。在新债券发行代替旧债券时买入旧债券卖出新债券就能够获利。当然，如果重组没有顺利完成，旧债券就会让你被套住。

就这样，即便身为不起眼的小职员，我都能第一时间目睹套利交易、外汇交易、资产重组和投机交易。记录这些操作的账簿成了我最爱看的资料。我似乎拥有了进行这些交易的才能。来日，我终于因为在大西洋的西岸成为积极从事套利交易的主要人物之一成名。

我来到科恩先生身边工作不久，他就在公司的工资单上将我的周薪定为3美元。那年夏天，父亲在迁居美国35年后首次前往欧洲。赫尔曼叔叔、母亲和我们兄弟几人到汉堡船务公司的哥伦比亚号上为父亲送行。我一直是赫尔曼叔叔最喜欢的人之一，他问父亲："你为何不带上伯尼一起去呢？"

父亲说，只要我能回家收拾好行李箱，然后及时赶回船上来，他就带我去。当时是深夜，正在运营的有轨电车也不多，但我还是回到了家又及时赶回了船上。我被安排进了一间小客舱，和3个古巴人一起。我们4个人一上来就晕船，一路晕到目的地。

我在前文已经叙述过德国祖父母留下的印象。去施韦森茨二老的家中探亲之后，父亲带我去了柏林。我对这座城市记忆最深的是勃兰登堡门（Brandenbrug Tor）和街上随处可见的军官。

父亲厌恶德国的军国精神，他的情感可能影响到了我。看着那些自负的军官，身穿制服装腔作势，我气不打一处来。当时我的拳击正达到相当的火候，认为能和看到的任何军官较量一下。我对父亲说了一番话，大意是如果在街上再遇上哪个军官将我推到一旁，我就请他吃一拳。父亲劝告我说，停止这种愚蠢的想法。

母亲跑去找科恩先生，解释了我为何突然出发去了欧洲，结果当我回到美国，他就和善地让我回到公司，但是我没有在他手下干太久。**我耐不住性子，一心想要闯荡。**迪克·莱登和**我决心要到科罗拉多的金银矿试试快速致富**。我们本以为母亲会劝阻，但是她并没有反对。

我们乘坐日间座席客车长途跋涉来到丹佛，然后乘驿站马车继续赶路，到达克里普尔溪（Cripple Creek）镇。这是一个露天采矿集镇，酒吧、舞厅、赌馆等一应俱全。我们在镇上最好的地方——皇宫酒店住宿，被分配到一个大房间，里面满是帆布床。我们深夜进来时，不得不从熟睡的人们身上跨过，才能到自己的床上去。

这里有各种各样暴富的故事流传。我可以回想起来的是，拥有最大富矿之一的人来到镇上的时候还是个木匠。当然，我听说过汤姆·沃尔什（Tom Walsh）发迹的故事，他是希望钻石（Hope diamond）[1]的所有者伊芙琳·沃

---

[1] 因为这颗钻石泛着蓝灰色光辉，又名希望蓝钻石，是一枚颇具传奇色彩的钻石，据说是从法国国王路易十四曾拥有的大钻石"法兰西之蓝"上切割下来的。传说法兰西之蓝和希望蓝钻石的拥有者都会遭遇不幸，但是这类故事往往非常夸张，其实不少拥有者都得以善终。伊芙琳·沃尔什·麦克莱恩在1911年购入这颗钻石，后于1947年逝世。1958年，这颗钻石被一位纽约珠宝商捐给了史密森尼博物院。

尔什·麦克莱恩（Evalyn Walsh Mclean）的父亲。我到华盛顿出任公职时期，麦克莱恩夫人成了我的好友。

我决定用我的"资本"投资被称为"旧金山矿业"公司的股票。这是我生平购买的第一只股票。莱登和我剩下的钱不够在皇宫酒店住下去了，于是我们搬到了一间公寓。我将在纽约穿的正装搁到一旁，就在旧金山矿业邻近的一口矿井里像个粗汉一样当起了采掘工。

在一座矿上，采掘工是工作量最大和技术含量最低的体力劳工。采掘工跟着爆破队，将爆破炸下的矿石堆积起来，装进将会传送到地面的大筐和矿车里。我干了没多久，就有一个魁梧的矿工开始欺负我。我断定迟早要跟他打上一架让他知道我的厉害，**一旦交手，最好先发制人**。不等那个矿工再次惹恼我，我就揍了他，这一击我倾尽了全力，将他揍趴下了。以后我再也没有遇到过麻烦。

莱登和我一起干活。我们做日班，这样晚上就可以去赌场玩两把。我爱去皇宫酒店联营的一家，这是镇上最豪华的场所。每天晚上牌桌上都有小笔财富在换手。

我在对各种轮盘如何布局经过批判性的调查后，断定轮盘可能被人做了手脚。至少在下注大的时候，轮盘一直都会被设法停留在对对方有利的位置。我开始在有人下大注的时候，反着下小注。我用这个办法每天晚上都能赚些小钱。

正当我认为发现了一个稳定可靠的收入来源时，赌场的老板将我叫到一旁，说他不会再招待我了。同一时期，我在矿上被提拔进了爆破队。工作的时候，我握着钻子，另一个人举着铁锤敲钻子。这活儿比采掘工轻松。然而，我的主要兴趣还是在邻近的旧金山矿业。

我和在旧金山矿井工作的人长谈了几次后认定，我购买的这家矿业公司的股票与原先的良好憧憬无法匹配，当初那个将股票卖给我的人就是个吹牛大王而已。**我在赚钱方面吸取的第一个教训就是，想要靠采矿发财的人丢进地下的钱往往比从地下取得的财富更多**。

我开始认为纽约看来非常好了。迪克·莱登也是这种感受，于是我们就放弃了采矿工作，回家去了。吸取了一些教训后，我重返华尔街，这次我安心留在了那里，直到伍德罗·威尔逊让我离开。

第 7 章

学会脚踏实地

—— 01 ——

股票市场对世人始终有着神奇的魔力，这一直让我觉得很奇妙。

年轻的时候，我是华尔街积极的证券投机者，很快就发现人们为了获得市场的"内幕消息"，会使出怎样不寻常的花招。他们会请你吃饭、看戏、去他们的俱乐部和乡间住宅，目的无非是从你这里得到消息。他们经常会故作漫不经心地提出精心设计过的话题，想要捕捉你无意间漏出的口风，或者在交谈中抓住最细微之处发挥，诱导你不由自主地透露内幕消息。

了解这种招数后，我就在涉及交易事务的谈话中保持沉默，一位特拉普派（Trappist）修士[①] 这样做会赢得荣誉。我发现，就连这样的缄默都经常被人们解读为一种市场内幕消息。

我经常会看到很多人写信给我，请求我提供建议。这类信件经常像潮水般涌入。连我正在写下这段话的同时，都有邮件送来，其中有一位寡妇的恳求邮件，随件还有 15000 美元现金，她问："我应该现在投资还是等到以后投资，从而能让我积累好资本，在退休后靠这笔钱生活？"

其他向我提出的问题中，最常见的是以下这些问题：

"一个年轻人现在白手起家，能做到像您这样在华尔街发财吗？"

"你是怎么预测 1929 年的股市价格太高的？"

"我的年纪越来越大，不容易找工作了，能不能告诉我一项能将积蓄

---

① 罗马天主教中的特拉普派强调缄口苦修。

投入进去的安全投资呢？"

"我有一些余钱，赔了也能承受——您建议我拿这些钱干什么呢？"

当然，**我从经验中总结出了一些投资和投机的指导准则，这些准则至今仍然是适用的**。然而从这些等候我答复的询问中可以看出，好像对许多人而言，股市对他们的诱惑颇为奇异，类似中世纪炼金术士去寻找某些魔法，将普通金属变成黄金一般。只要一个人拥有"魔法石"，得到准确的内幕消息，贫穷就能变为富有，财务不安全感就会变为轻松自在。

无论我写什么，都不见得能改变人们的这种看法。对于许多人而言，华尔街将一直是一个下注赌博的地方。然而，股市绝非一个安装了空调的室内跑马场。

其实，**股市可以被称为我们文明社会的晴雨表**。股价以及商品和债券的价格真的会受到这个世界上发生的每一件事情的影响，从新发明和美元币值的变化到气候出乎意料的莫测变幻和战争的威胁等。然而世间发生的这些事情在华尔街不是以无人情味的方式产生影响的，而是像测震仪上出现的急速波动那样自动让人察觉。**股市波动记录的不是事件本身，而是人类对这些事件的反应，是数以百万计的男人和女人对这些事件可能对将来会产生何种影响的感受**。

换言之，股市首先就是人，想要努力阅读未来的是人，正是因为人类这种执着的特性，将股市变成了十分戏剧化的竞技场。**男人、女人在场上用他们相互矛盾的判断较量，用他们的希望与惧怕竞争，用他们的力量和虚弱对决，用他们的贪心与抱负一争高下**。

当然，我初入华尔街当办公室勤杂工兼跑腿人员时，对此还一无所知，甚至没有任何感受。我犯了能犯的所有错误——野心勃勃、横冲直撞，可能犯下的错误超过了应该犯的数量。你可以说**我在华尔街的整个生涯其实就是一段接受人性教育的漫长历程**。

后来，随着转入公职生活，**我发现从过去的投机者岁月里学到的关于人的知识，对于所有的其他人类事务都是适用的**。无论站在股票报价机旁俯身查看股价还是在白宫发表演说，无论出席军事会议还是参加和平大会，无论关心赚钱还是设法管理原子能的使用，人性终究是人性。

02

1891 年，我在华尔街的事业正式开始，当时，我在交易街（Exchange Place）52 号的豪斯曼公司（A. A. Housman & Company）工作。与得到在华尔街的第一个职务一样，**我能去豪斯曼主要是靠母亲的努力**。她在慈善工作期间结识了德福雷斯（A.B. deFreece），当时此人正在负责一次展销会，为蒙特菲奥雷之家（Montefiore Home）募集资金，那是雅各布·希夫（Jacob Schiff）创立的许多慈善基金之一。我从科罗拉多回到纽约后，母亲安排我与德福雷斯先生见面，他带我去见了亚瑟·豪斯曼（Arthur A. Housman）。

当年，我初到纽约上文法学校，豪斯曼的弟弟克拉伦斯上学和放学都给我带路，这证明了这个胖少年性格温和。克拉伦斯的工作是为公司记账。我的工作是出任办公室勤杂工、校对员和总务，周薪为 5 美元。

早晨我打开办公室的门，先看看豪斯曼先生办公桌上的墨水池、钢笔和记事本是否摆放整齐。然后，我从保险柜里取出账簿，放到克拉伦斯的桌上。我誊抄信件，在抄本上为信件编制索引，还要帮助编写公司的月度报表。当其他公司的跑腿人员到来时，我还必须随时检查有什么事情待办。

在那些日子里，还没有证券清算所。所有卖出的股票都要在次日下午 2 时 15 分以前交割完毕。在交易街西北角靠近百老汇大街的地方有一幢几层高的楼，里面挤满了经纪人事务所。我们这些年轻人在楼梯上跑上跑下交割股票，踩得楼梯咔嗒作响。我会将一捆股票推进出纳窗口，大声道："给豪斯曼开支票。"再匆匆出去进行下一次交割。

一天，我将一些股票交割给杰维特兄弟（Jewett Brothers）公司之后，出去和其他公司交割，再回到杰维特兄弟公司取豪斯曼公司的支票。一些其他公司的跑腿人员已经站在出纳窗口前了。而我的身高在这群人里面也占尽了优势。

"豪斯曼的支票在哪儿？"我就在前面的跑腿人员头顶上唤道。

没有人应答，我再度高声叫道："出纳先生，快一点儿，给我豪斯曼的支票。"

出纳从他的小笼子里抬起头，看了看我，只是说道："从凳子上下来。"

"我没站在什么凳子上。"我答道。

他说："你要是再对我无礼，我就出来给你几个耳光。"

"是吗？"

他开门出来了，后面跟着两个公司合伙人。出纳看着身高足足有 6 英尺 3 英寸（约 1.91m）高的我，失声惊呼道："好家伙！"三人都放声大笑，又回去了。我成为纽约证券交易所会员时，杰维特兄弟公司的两个合伙人偶尔还会对我说声："从凳子上下来。"

我想晋升的第一个职务是记账员。虽然我曾帮助父亲打理账目，但还是决定上夜校，学习簿记与合同法课程。就算现在，我还能捧着一套十分复杂的账簿，不用外人帮忙就能看出账目究竟是怎么回事。

当初还在科恩先生的公司时，我已经懂得如果要进行证券交易，了解发行证券公司的信息十分重要。如今在豪斯曼公司，我开始定期阅读《金融年鉴》（*Financial Chronicle*）。只要有机会，我也会打开《普尔手册》（*Poor's Manual*）阅读，将不同公司的各种信息都灌进脑海里。

当年没有提供价值 64000 美元的问题来让人回答的电视智力竞赛节目太糟糕了，不然我不用费事就能赚到一大笔钱。**我能脱口说出美国所有主要铁路公司的路线和让这些铁路公司取得主要收入的商品和农产品。**我不用查询地图册就能知道哪家铁路公司在美国的某个地方会受到干旱影响，在另一个地方会受到洪涝影响，哪家铁路公司会因为发现某座新矿或者开辟某片新定居地区获益。

我的右耳听力正常，用它仔细聆听周围人们的谈话。我成了一位出色的聆听者，因为与许多见过面的相当重要的人相比，我对"街上"正在发生的某些事情知道得更加清楚。

没多久，我就在办事员和一些公司的初级合伙人中出名了，他们知道我是一个准备好大量有用信息的小伙子。我脑海里存储了大量的信息，也引起了一些长者的关注，他们经常会问我而不是从书中寻找答案。

我靠提供消息认识了米德尔顿·斯库尔布莱德·伯里尔（Middleton Schoolbred Burrill）。据我所知，他几乎是唯一一个能在股市投机中长期赚钱的非专业人士。米德尔顿是约翰·伯里尔的儿子，老伯里尔律师的法律客户中包括范德比尔特家族（Vanderbilts），米德尔顿就在其父的律师事务所当律师。他是豪斯曼公司的客户，时常会在我们办公室里逗留片刻问我问题，而不会去查阅《金融年鉴》和《普尔手册》。

为他们答疑解惑，我既光彩又能得到益处。这件事让我更加清楚地认识到市场交易者需要的信息，也激发了我获取信息的热情。有时，伯里尔先生会请我吃午饭。我们就坐在午餐吧前的凳子上，交易所街和新街（New Street）的拐角是旧联合交易所，餐吧就在这栋建筑的地下室里。伯里尔请客，我就会吃上一份烤牛肉加土豆泥的美餐。在其他日子，我独自吃午饭时，就只能吃得起一份三明治加一杯啤酒了。

在我的记忆中，当时其他跑腿人员不是哈佛和耶鲁的本科毕业生，就是知名金融家的儿子，他们都能为自己点一份全餐，而我只能靠一份三明治打发午饭，这让我有些妒忌。

通过伯里尔先生，我结识了詹姆斯·基恩（James R. Keene），此人的水平轻轻松松就比我认识的所有其他投机客高出一大截。基恩是狂热的赛马迷，他拥有一匹马，后来取名"多米诺"，正准备让它在康尼岛赛马场（Coney Island）参赛。他想给这匹马下注，但是不希望泄露赌注来源让赔率大跌。伯里尔告诉基恩认为我能为他下注。

基恩先生将我叫到他在百老汇街 30 号的办公室里。我回答了一两个问题，显然让他深信我对赛马下注足够了解，然后他交给我几千美元现金。我从前为一匹马下的赌注不过几美元而已。我登上去康尼岛的火车，用这些钱投注，没有让人怀疑这些钱的来源。

基恩的马轻松赢得了比赛。我在 34 街摆渡回纽约城区，几个口袋里都塞得鼓鼓囊囊的。一路上我都在担心什么人会给我当头一棒，再把钱都抢光。

我记得当大浪拍打船头时，我以为会翻船。我将外套的纽扣扣紧，决定要是船沉了，就坚决游水远离人群，这样就没有人能将我拖下去。后来，我意识到这个想法太蠢了，但是这也反映了我想要安全将钱交付给基恩先生的决心，不会在见到他的时候为丢失了他赢下的钱找什么借口。

03

我已开始用自有资金投机买卖股票了，就在百老汇街的霍尼曼和普林斯（Honigman and Prince）公司有一个小小的保证金账户。今日交易买入股票，必须实付买入价 70% 的保证金，但是在股市早年，只需投入 10% ~ 20% 的保证金，其余买入成本由经纪人垫付。当然，如果买入的那只股票下跌到保证金都亏完的价格，经纪人就会将我的股票全部卖掉，除非我能筹到钱追加保证金。

一般情况下我在联合证券交易所（Consolidated Stock Exchange）一次买卖 10 只股票。我的操作基本限于买卖处于破产监管状态的铁路公司股票和一些工业股。

当然，有时我也会赚钱。**任何"新手"都会赚到钱，可悲的是这种事经常发生，结果会鼓励不懂行的人陷得更深。**一旦我有了几百美元的利润，就会赔个精光，包括原始本金。

我不但赔掉了自己的钱，还赔掉了父亲的一些钱。有一次，我很有把握地认为，买入一只高架有轨电车运营公司的股票能大赚一笔，这家公司运营的线路将陆地和伊利湖上普廷贝（Put-in-Bay）岛的一家酒店连接了起来。1890 年，我和父亲在从欧洲回国的轮船上认识了约翰·卡罗瑟斯（John P. Carrothers），这位富有人格魅力的承办商让我注意到了这个风险经营项目。**我为这个项目十分着迷，甚至说服父亲投资 8000 美元，这占了他积蓄的相当一部分。到头来却赔了个精光。**

虽然父亲从未责怪我，但是这笔损失就像我心头上压着的一块大石头。我想到了我会对这次交易损失比父亲看得重很多，**因为相比金钱，父亲更加关心的是人的价值。**

在投资有轨电车项目受挫不久，我对母亲说，如果手头有 500 美元，在田纳西煤铁公司（Tennessee Coal & Iron）的股票上就能赚些钱。

"为什么不向父亲要钱呢？"她敦促道。

我坚决表示，在普廷贝岛投资惨败后我不能再向他要一分钱了。

几天后，父亲来找我，带来了一张 500 美元的支票。记忆会微妙地捉弄我们，我不记得自己有没有收下这笔钱了。事情的更大意义让这个细节变得模糊了，**我让父亲损失了那么多积蓄之后，他仍然信任我，得知这一点让我的自尊心大为提升。**

毫无疑问的是，父亲是一位出色的心理学研究者，明白我内心正在进行激烈的思想斗争。我的精神处于这样一种状态，一只手轻触就可能让我改变方向，从而可以决定我职业生涯的走向。

在这样的情况下，有些人会变得不顾一切。我却变得小心谨慎。我开始养成一个后来终身未改的习惯——**分析自己的损失就要确定曾经在什么地方犯了错误。**今后随着我操作资金的增长，会将这种做法发展得更加系统化。**在每次重大交易之后，尤其是当事情变得不顺时，我会暂时离开华尔街，出**

发去某些安静之所，在那里回顾我做了些什么，在什么地方做错了。在这样的时候，我从来不给自己找借口，而是只关心如何避免自己犯同样的错误。

无论处理私人事务还是商政事务，这种定期自我检讨是我们所有人都需要的。 个人行动暂停一下，询问我们像过去那样盲目狂奔是否总是明智的，是否已经出现了新情况，要求改变方向？我们是否没有看到关键问题，只是在引人分心的事情上浪费精力？我们学到的什么知识可以帮助我们避免重犯老毛病呢？还有，我们对自己的错误了解得越多，就越容易了解别人，了解他们为何会那样行事。

我在华尔街最早的那些日子里，要弄明白自己正在做的什么事情是错误的不算太难。几乎所有业余股民在股市都会犯以下两个主要错误。

第一个错误是，对正在交易的证券没有正确的认识，对于一家（上市）公司的经营、收入和未来的成长前景知之甚少。

第二个错误是，超出自己的财力做交易，想要以小博大发横财。 这是我在起步阶段遇到的主要问题。我几乎没有"资本"起家投资。当我投资股票的时候，投入的保证金数额很少，只要股价出现几个点的变化，就会让我亏光。我在做的交易其实比起下注押一只股票会涨还是会跌来赌博没有多大区别。我的买卖有时可能是对的，但是任何较大的波动都会让我亏光。

就在我从事这些股票投机的同时，我已经成为豪斯曼公司的一名债券销售员兼客户代理。当时正值美国金融相关产业的一段重要时期，1893 年，金融恐慌让许多工厂和矿山关闭，让国内的大部分铁路公司转入破产清算状态。然而，到了 1895 年，人们已经可以察觉到市场进入一段金融景气期的最初吉兆。

我以前从未经历过衰退期，然而即便在那时，**我也能隐约领悟到从衰退期转入经济出苗期会提供赚取金融利润的稀有机遇。**

身处衰退期，人们会觉得更好的时代永远不会来。他们不能透过自己的绝望看到藏在云雾后面的充满阳光的未来。 在这样的衰退期，如果有人购买证券，持有到重返繁荣期的话，对国家未来的基本信心就能让他获利。

从我所见、所闻和阅读的信息和资料中，我知道金融业和工业巨头正在这样做。有些上市公司陷入违约风险，但是只要妥善经营和管理，一旦经济环境恢复正常即可获利，业界巨头就是这样悄悄买入这些公司的股份的。我努力用自己有限的资金去做同样的投资。

我对铁路公司的违约证券特别感兴趣，我认为这一定程度上是因为从童年时期就吸引我的对铁路的浪漫幻想造成的，当年货运列车经过温斯伯勒的外祖父家时，车上的司闸员让我产生了这样的憧憬。然后，当时也是这样一个时期，在此期间美国的许多铁路过度建造，造成资源浪费，于是这类铁路公司被效益更好的公司吸收合并。

问题在于确定哪些证券会在这样的资产重组过程中存留下来。能顺利完成重组的公司证券会变得非常有价值，而那些无法重组的公司证券会因为毫无价值而变成废纸。

起初，我在选择正确的证券期间犯了错误。这鞭策我更加仔细地去研究牵涉到的铁路。

我编制了一份重组铁路公司表，表内铁路公司发行的证券在我看来都可能会成为可靠的投资。为了自我测试，我将对这些铁路公司证券的预期都摘要记录在了一个黑色小笔记本上。

我的一则记录提出的建议是卖出纽黑文铁路的股票，买入里士满和西点终点站公司的股票，后来后者重组并入了一家公司，也就是现在的南方铁路系统公司。其他记录提到过艾奇逊、托皮卡和圣达菲（Atchison, Topeka & Santa Fe）铁路公司与北太平洋铁路公司，都体现了一些先见之明。**我的黑色小笔记本里还有另一个成功的前瞻案例，即预料到以当时的价格买入，在该公司脱离破产清算，得到充分发展以后，这笔投资将会获利100%。**

通过研究这些铁路股票，我的下一个问题就是让某人愿意买下它们，这并不容易。豪斯曼是一家小公司，时世依然艰难。我推荐的所有铁路证券的上市公司都面临违约，持有者已损失惨重。**投资公用事业时要小心，当价格便宜时总是这样。**

因为我认识的人里几乎没有一个有钱投资，于是，我就在商业人名地址簿里搜寻起来，我仔细写了十几封信，用标准书写体誊写好，然后寄出。收到的回信几乎是百分之百否定。

每天下午证券交易所关门后，我就在百老汇街头漫步，一间办公室接着一间办公室停下脚步，想等到愿意听我的投资建议的人。**我不知道站过多少门口，走过多少英里的人行道，才做成我的第一笔生意。**

我对自己的第一笔生意记忆犹新——客户是一流的绸缎尼龙纺织品商人詹姆斯·塔尔科特（James Talcott）。塔尔科特身材高大，仪表堂堂，蓄着花白的络腮胡子，长了一副新英格兰商人的标准相貌。在被塔尔科特的秘书拒绝多次后，我坐下来等候，直到他离开办公室。他在门口现身时，我做了自我介绍，跟随他走上了人行道。他朝我点头致意，算是向我打了招呼。

我们在街上行走的时候，我尽其所能礼貌且有说服力地讲话，不顾塔尔科特明显不耐烦的示意。为了这笔生意我用上了自己全部的说服能力。塔尔科特说了好几次对我想要出售的东西没有兴趣，但最终还是下单向我买了一只单利债券，6% 利率的俄勒冈跨大陆（Oregon & Trans-Continental）铁路公司的债券，我记得当时的售价约为 78 美元。

我卖出的每一张债券都可以从豪斯曼公司提取 1.25 美元的佣金。但是比起即时到手的佣金，更重要的是我正在展望的未来。如果我的投资建议最终有利可图，那么我希望将临时买家转为稳定客户。

当时正在进行的重组对塔尔科特先生购买的债券没有产生不利影响，甚至增值盈利了。这项业务成为我们公司为塔尔科特先生所做的一笔大生意的开端。

与此同时，我还赢得了其他客户，我会观察我推荐的证券，并不时建议应变以保障和改善他们的投资。然而，如果说我为顾客服务时小心谨慎的话，那么在用自有资金投机时我依然胆子很大。

一件趣事让我明白了这种两重金融生活的矛盾性。在证券交易所白天收盘后，我会被各种不同的消遣娱乐活动吸引。这些消遣项目也在吸引城里的其他年轻人，桑迪·哈奇（Sandy Hatch）是证券交易所的会员，也是一个真正的运动健将，他有很多斗鸡。斗鸡赛当时就在一家小酒馆举行，从那里可以俯瞰 175 街附近的哈德逊河段。

一天晚上，一场斗鸡赛正激烈进行中，此时突然有人大叫："警察！"

众人争先恐后地从窗户和其他几个出口逃走，我溜得还算快，逃过一劫。到头来虚惊一场，大多数观众都结伴回去继续看斗鸡，但是我回家了。

我断定，因为看斗鸡被带去见市治安官，要是传扬出去，可不会为一个年轻的经纪人在客户之中赢得可靠稳健的美名带来什么帮助。此后，我不记得我是否又去看过斗鸡。

当然，我内心深处正在努力解决的是一种由来已久的冲突，**每个雄心勃勃的青年都经历过——是鲁莽冲动地孤注一掷，还是怀着谨慎的态度为长久之计积聚财力。**于我而言，走谨慎之路将会成功，但是也要经过多次激战，经历一些挫折。

第 8 章

我结婚了

01

在华尔街工作 4 年后，我几乎没有什么实体资产来证明自己是经过努力奋斗的。我的周薪逐渐从 5 美元涨到 25 美元，但是这只会提高我投机亏损的能力。我一心想在股市谋取利益，于是大胆向亚瑟·豪斯曼提出涨薪要求。我的要价很高，周薪 50 美元。

"我不能给你 50 美元的周薪。" 豪斯曼先生告诉我，**"不过我会让你成为公司的第 8 位合伙人。"**

其实这样安排等于将我的周薪至少涨至 33 美元，因为公司上一年的利润是 14000 美元。此外，如果效益更好的话，我净赚的利润甚至可以超过每周 50 美元。

我同意了这一提议，以 25 岁的年纪成为华尔街一家公司的合伙人。

既然成了一家经纪公司的初级合伙人，我就决定要求提高一些自己的个人开支预算。我要求做一套双排扣的男士长礼服（Prince Albert）外套、一顶蚕丝帽子，还有全套配饰。在那些日子里，人们认为在天气晴朗的星期日上午到第 5 大道散步是应该做的事情。一到星期日，我就一身华服，提上手杖，然后外出。

我不会说当时在星期日散步都是令人愉快的，有别的年轻人去，我在华尔街就知道他们是新手，或者是经纪人和银行家的儿子，因此有钱用于消遣享乐，而我花不起这样的钱。他们坐在漂亮的马车里，拉车的都是高头大马。当我沿着第 5 大道步行时，他们的马车会从我身边飞奔而过。这让我时常很妒忌。

这是我还年轻的时候内心不得不打赢的另一仗，要防止妒忌心驱使我作出不顾后果的决定，或者说要防止对那些比我当时更成功的人产生嫉妒侵蚀心灵。

豪斯曼先生提出让我成为合伙人之前，问我为什么需要那么大笔的收入。对此，我解释说想要结婚了。

正在等我结婚的姑娘是安妮·格里芬（Annie Griffen）。大概在大学本科毕业的时候，我首次见到她。当时我和一个名叫戴夫·申克（Dave Schenck）的小伙子一起散步，他的继父经营一家酒店。我们路过酒店，他和两个特别有魅力的姑娘攀谈起来。戴夫说，一位是露易丝·金登（Louise Guindon）小姐，另一位是她的表亲格里芬小姐。

一眼就足以让我对身材颀长的格里芬小姐产生好感。

我竭尽所能地了解她和她的家庭。我发现，格里芬小姐和父母本杰明·格里芬（Benjamin Griffen）先生和太太一起生活，就住在西 58 街 41 号的一栋褐砂石房子里，我每天去第 6 大道上班的路上都会经过。她的父亲是一位圣公会牧师的孙子，是 CCNY 的毕业生和联谊会成员。他的儿子是我弟弟赫尔曼的同班同学。

格里芬先生在名为范霍恩与格里芬公司（Van Horne, Griffen & Company）的玻璃进口公司工作。范霍恩家族与格里芬家族是表亲。格里芬夫人是一位猪油商人的女儿，几年前，我见过他的大型炼油厂全部被焚毁。此外，格里芬家养马，有一辆四轮马车。

我弄清这一切是希望找到什么办法和格里芬家的女儿约会。因为这些信息，甚至我们俩的弟弟在同一所大学念书，看上去都不能成为我更接近目标的理由，我的调查并没有产生作用。

一天，我正在格里芬家附近散步，见到格里芬小姐正走过来。我鼓足全部勇气，走到她家的门廊，她刚好也到了。我脱帽行礼，询问她是不是安妮·格里芬小姐。

"不，根本不是！"她摇头矢口否认，然后登上了阶梯。

这让我碰了一鼻子灰，但是最后戴夫·申克通过他认识的金登小姐安排我们见了一面。

此后，我就成了格里芬家的常客。安妮的父亲反对我追求他的女儿，他认为我们的宗教差异会成为幸福的不可逾越的障碍。幸运的是，格里芬夫人比较喜欢我。

安妮和她的母亲经常去马萨诸塞州的皮茨菲尔德（Pittsfield）避暑，而格里芬先生则留在纽约城。此后，我每逢周末就会去皮茨菲尔德。我们会拜访安妮的朋友，去跳舞，但大多数时候我们会一起骑自行车长途旅行。

在纽约城里，我每天上班都经过格里芬家，安妮几乎一直都会在窗口向我招手示意。我们也有接头暗号。如果窗帘挂起来了，说明她的父亲外出了，我就可以去拜访。如果窗帘落下了，那么我下次再来。

其余的时候，安妮和我会在中央公园见面，就坐在公园的长凳上。我会告诉她只要我赚到足够的钱支持我们一起生活，就会结婚。当我的小小证券投机买卖看上去兴旺时，我们的希望就很大。然而，第二天，我们的希望就会随着市场的下跌而落空。

1951年，罗伯特·摩西（Robert Moses）告诉我在中央公园有个地方，他想在那里建一座棚子，供人们在下面下棋娱乐。摩西问我是否会资助建造这座棚子，我看了一眼那个位置，就同意了。我这么快就决定让摩西大吃一惊。我没有告诉他，他选的那个位置就是当年安妮和我曾坐过的地方。

02

在我成为合伙人的第一年，公司的纯利润为48000美元，我分得的份额为6000美元。这笔钱比我预料会赚到的更多，如果我收好这笔钱的话，可以让安妮和我结婚。但是我仍在做超额保证金交易。当我获得一条投机信息，我的判断告诉我结果将会很好时，我就会在财力范围内投资股票或债券。有些市场波动会随之而来，让我疲于应付。只有当这种情况一再发生后，我才从中吸取了教训：**量力而行，保留部分资本当作预备金。如果我能早点吸取这个教训，就能避免多次在行将破产的时候伤心了。**

1897年春，在我成为豪斯曼公司合伙人快满两年时，我设法筹集了几百美元做保证金交易投资100股美国制糖公司（American Sugar Refining）的股票。这次交易标志着我投机方法的一次重要变化。我在对美国制糖公司的前景进行了全面研究之后，才投资了这些糖业股票。有人会说我仍在赌博，但是这一次我在仔细分析了多项数据和结果后，对将会发生什么事情形成了自己的判断。

当时，美国制糖公司控制了美国食糖产量的 3/4。这家公司拥有 2500 万美元的公积金，而且一直分派高额股息。然而，公司的未来被不确定性蒙上了阴云。

这家被人们称为"食糖托拉斯"的公司正在卷入一场与咖啡商阿巴克尔兄弟（Arbuckle Brothers）公司的商战，两者都入侵了对方的领域。

其面临的另一个难题是国会调查的威胁。原糖进口当时征收从价关税。有流言说美国制糖公司的原糖进口价被低估了，最终国会进行了一次调查，调查发现指控是有一些根据的，美国制糖公司被勒令缴纳 200 多万美元补税。

尽管如此，在我买入食糖股的时候，最重要的决定性问题是关税。在农场主之间，尤其存在对"食糖托拉斯"的很大敌对情绪，但是众议院已经通过了降低食糖关税的法案。因为，此举会让我们的制糖厂直接面临外国竞争，美国制糖公司的股价暴跌。

之后，法案正在参议院辩论的时候，我断定参议院会继续维持目前的关税税率，因为农业化的西部会感到这样的关税会让本国的甜菜种植者获益。这是华盛顿的制糖业代表的主要论点，而且这一论点长期盛行。法案的通过，使食糖关税税率大体上维持原状，美国制糖公司的股价暴涨，1897 年 9 月初触及 159 美元大关。

我让自己的收益"利滚利"，即当制糖公司的股价上涨时，用我的收益买入更多股票。在我卖出的时候，全部利润大约为 60000 美元，这让我成为自己眼中的富豪[①]。

接下来，我的头等大事是打电话给安妮·格里芬，告诉她我们终于能结婚了。起初她不信，还在说："你赚的钱来得快去得也快。"我向她保证："这次我把赚的钱留下了。"我对她说当晚我就会去见她父亲谈论婚事。

格里芬先生非常客气地接待了我，但是拒绝婚事的态度依然坚定。他说我只要来到他家就是一个讨人喜欢的年轻人，但是我有自己的宗教信仰，安妮也有她的信仰。他坚持认为这一差异对幸福的婚姻来说是一个很大的危险。

---

① 原文为 Croesus，指公元前 6 世纪的吕底亚国王，公元前 560—前 546 年在位，以豪富闻名，在西方语境中就成为大富豪的代名词。

我将这个问题对安妮说了,但是这没有改变她与我结婚的心意。于是,我们将婚礼定在 1897 年 10 月 20 日举行。

03

我几乎刚刚将操作美国制糖公司股票的收入抛出兑现,就决定购买一个证券交易所的席位,这要耗费 19000 美元。我将此事告知母亲,记得那时她满心欢喜,也记得她对我说:"好,你还会有更大成就的。"

那天晚上,母亲和我玩起了纸牌接龙。根据习惯,母亲洗牌的时候,我用牌接龙。当我正好快结束玩牌的时候,哈蒂进来了。时间已经过了午夜。哈蒂正在和奈瑟索尔小姐就更新合约的事情进行漫长的讨论。而这次谈话并不那么愉快。

我给哈蒂想了个办法来摆脱困境,我尚未使用证券交易所的那个席位,如果他想要的话,就给他。他接受了,就此结束了演员生涯。

直到我躺在床上想要入睡的时候,我才意识到自己做了什么。如果我将自己的心脏掏出来,放在一张桌子上使其跳动,我就会看到自己不会感受到更大的痛苦了。辗转反侧大半夜之后,我最终断定只有一件事情要做——为自己弄到另一个证券交易所的席位。

在格里芬先生的一位牧师亲戚理查德·范霍恩博士(Dr. Richard Van Horne)的主持下,我和安妮在她家里成婚了。范霍恩博士个子矮小,蓄着浓密的白色长髯,一副典型的牧师相貌和风范。在举行仪式之前,他对我说打算从圣公会婚礼祝词里省略掉一些提到圣父、圣子、圣灵的内容。我感谢他能体谅我,努力适应我的信仰形式,但是我请他安心,就我来说,他大可以像往常一样宣读婚礼祝词。[①]

我们夫妇俩为了度蜜月,到华盛顿进行了一次惬意之旅,然后乘船去切萨皮克湾沿岸的"悠闲老店"(Old Point Comfort)。然而,我从来不是个好水手,结果是我晕船了。然后我们南下去了我的出生地卡姆登。

---

① 作者巴鲁克是犹太人,信奉犹太教。犹太教只承认上帝,不承认圣子耶稣,而基督教认为圣子耶稣是救世主。从作者的这一段叙述可以看出他和主持婚礼的范霍恩博士对宗教信仰的态度是比较灵活的。

当时，我的父母已经在西 70 街 51 号有了自己的房子，我们夫妇俩回到纽约，就和他们一起生活了一段时间，然后我们在西区大道（West End Avenue）租了一间小寓所，1899 年 8 月，我们的第一个孩子贝尔，就在新泽西父亲的夏季小别墅里出生。父亲亲自为她接生。

我们夫妇俩拥有的第一所房子是西 86 街 351 号的一座 4 层高的宽敞褐色砂石建筑，我的儿子小伯纳德就在那里出生。我们家正好位于有轨电车终点站附近，一位有轨电车司机彼得·明诺（Peter Minnaugh）成了我们的朋友。在寒冷的冬日，我们经常会准备一杯温热的咖啡等他。每年 3 月 17 日，小伯纳德生日那天，彼得会穿戴整齐来家里串门，给我儿子一枚金币。

后来，我们从那里搬到西 52 街 6 号的另一座宽敞褐色砂石建筑里，最后搬到 86 街街角附近的第 5 大道。

我记得妻子等了我好几年，我一直都想送各种礼物给她惊喜来补偿她。有一次我给她买了一枚昂贵的戒指，她说："别再给我更多东西了，我已经拥有了想要的一切。"这话让我非常欣喜。

格里芬先生直到最后都拒绝同意让我娶安妮，没有参加我们的婚礼。然而，随着时间的推移，他与我们和解了。听到他承认曾经认为我们的婚姻因为宗教信仰差异而不会成功是错误的，我感到很欣慰。

我们的婚姻能够幸福的一个原因或许是我们尊重另一半的信仰。我们结婚数年后，妻子会陪我去犹太教堂参加周五的晚间仪式。我一直会庆祝犹太圣日——至今依然如此。我妻子会去自己的基督教堂，我也表示认可。

我们一致同意两个女儿——生于 1899 年的贝尔和生于 1905 年的蕾妮（Renee）应当接受洗礼，皈依她们母亲的信仰。至于我儿子，我们夫妇俩决定让他在成年时选择自己的宗教信仰。

我对宗教信仰的许多方面都没能让自己满意。**我一直坚持的一项原则是永远不去问一个人的信仰，或者想要用任何办法去影响他人的信仰。**在我看来，一个男人或女人的信仰是一件非常个人化的事情，每个人都应当自行决定的事情，无论是什么决定，别人都应当尊重。

第 9 章

我的第一笔大生意

01

回首往事，现在看来很清楚的是，我投资美国制糖公司股票赚来的利润标志着我接受教育的开始，正是这种教育让我成为一名成功的投机者。

当代的习惯用法让"投机者（speculator）"成了赌徒和冒险家的同义词。实际上，这个词源于拉丁文词汇 speculari，意思是探出或观察研究。

我将一名投机者定义为一个观察将来并在将来的事情发生之前行动的人。要能够在这方面取得成功，这在所有的人类事务中都是一种无价的能力，包括缔结和平和发动战争，这就要求必须做三件事：

第一，一定要了解一种形势或问题的各种事实。

第二，必须对什么是那些事实的预兆作出判断。

第三，必须在为时太晚之前及时行动。

许多人在谈论某件事时会表现得十分聪明，但是在按照自己的意愿行动的时候只会看见他们的无能为力。

这种及时行动的需要可能指向民主社会最严酷的窘境。在一个民主社会，大多数人的意志被认为应当受到制约，但是，对于许多关键问题，如果一定要到必要的时候再行动，将会为时太晚。人所共知的是，我们不控制住危险的话，它就会失控。

如果要解决某些问题，我们必须等候时机成熟。但是对于许多其他行动而言，消极被动可能是最糟糕的处境。

例如，我在 1914 年左右出任战时工业局局长的经历教会我，如果要在战争中阻止通货膨胀和牟取不正当利益的话，就必须在紧急状态刚刚开始的时候对所有的价格、薪金、租金和利润都硬性规定上限。但是第二次世界大战开始的时候，富兰克林·罗斯福总统和国会都决定"观望"。战争进行了两年都没有实施必要的全面限价，只有到了通货膨胀加剧的时候才施行。

如果在那场战争的一开始就采取有效措施遏制通胀，我们的国债负担就几乎不会到达现在的一半。我们就不会被许多现在困扰我们的问题折磨。

与之类似的是，在其他政治事务中，当行动推迟得太久时，一度可行的事情就变得不可行或者代价太大。每当我回想起伍德罗·威尔逊大声疾呼要去做的事情，就会为多年以来缔造和平的代价如何暴涨而惊骇。1919年，当威尔逊提议美国加入国际联盟时，对许多美国人来说此举太过激烈。但是，此举与我们已经为了和平事业的号召而去做的事情相比何其之少，而我们和我们的孩子们仍然必须做的事情又何其之多。

战争期间，我们听到许多政策是为了"争取时间"。我们却没有扪心自问："我们争取时间是为了什么？时间对和平真的有好处吗？如果没有的话，我们又怎能坐视事态那样发展呢？"

在股市，人们很快就懂得迅速行动是非常重要的。这让我想起了一次难忘的经历。

我正在新泽西的朗布兰奇市与父母度过周末假期。星期天深夜，亚瑟·豪斯曼打电话告诉我，施莱（Schley）将军的舰队摧毁了圣地亚哥（Santiago）港的西班牙舰队。杜威（Dewey）将军的舰队在马尼拉湾大获全胜之后，圣地亚哥大捷消息的到来预示着美西战争将会取得胜利。

次日，美国的证券交易休市，但是伦敦的交易会开市。在伦敦交易市场开市的时候下单买入在那里上市的美国股票，就会赚得可观的利润。要买伦敦美股，我们就必须去纽约，在天亮时守着电报线。

然而，在周日夜间的这个时候，火车并不通往那里。我找了几个铁道员，租了一辆机车带一节车厢载我去哈德逊河新泽西岸边的渡口。当我、克拉伦斯·豪斯曼、弟弟塞林在夜色中急火燎地赶去纽约时，大概是在凌晨两点钟。

这是我首次乘坐"特别"的火车。这次经历真是太令人兴奋了！**传说故事描述过纳森·罗斯柴尔德（Nathan Rothschild）在滑铁卢战役时取得**

的金融成就，当我们的特殊专列呼啸着驶过村镇时，在我看来，我正在较小规模地重现这一成就。

当年英国政府都还未能肯定威灵顿的作战方案，罗斯柴尔德已大加赞赏，将他的财富都押在了拿破仑战败上。威灵顿在比利时的战事开局十分不利，让英国的证券市场低迷。据说当滑铁卢战争的形势对拿破仑不利时，罗斯柴尔德越过英吉利海峡去获得滑铁卢战场事态的第一手消息。**罗斯柴尔德比官方信使早几个小时将这个消息带到伦敦，得以在股价反弹之前大笔买入。**

当我们的火车在黑夜中快速飞驰时，浪潮也在我心中翻涌，我脑海里还没有想到一个"美利坚帝国"在未来的岁月中可能带来的问题和责任。

当我们来到曼哈顿下城的办公室时，我发现匆忙之中忘记带钥匙了。好在气窗开着。塞林体重大概只有 150 磅，于是我向上推着他翻过了气窗。日出之前，我已守在电报线旁。

伦敦股市开盘几分钟后，未来画面的重点已经在我们眼前了。亚瑟·豪斯曼稍晚一点也来到办公室，用曲柄转动电话机拨号，打断我们客户的假日休眠。他一直是一个乐观主义者，拥有天赋，适合这份工作。我正忙着打电报，他振奋人心的话语飘了过来。"伟大美国的胜利……合众国（是）世界强国……新领地……新市场……与大英分庭抗礼的帝国……多年最大的股票牛市……"

我们几乎从每个他打电话的人那里都得到了交易订单。**大笔买入在伦敦上市的美国股票满足这些订单，同时自己也买入持仓。第二天上午纽约的股票交易开市时，股价全线上涨**，我们在伦敦买入的股票收益立竿见影。我们几乎完胜其他纽约证券经纪公司，除了赚得大笔利润，还让豪斯曼公司赢得了知道何时采取行动的机警公司的名声。

—— 02 ——

我不知道是不是因为我们公司赢得的新声誉的缘故，几个月后有人向亚瑟·豪斯曼提出了一个建议，这后来成为我事业的转折点之一。

这一建议将促成我从业至今最大的一笔生意，将我送进股市操作的一条新道路。这也标志着我与托马斯·福琼·莱恩（Thomas Fortune Ryan）

长年亲密友谊的开始。此人是当年声名显赫的金融巨头之一。

莱恩是一个不凡的人物，身高 6 英尺 1 英寸（约 1.85m），说着一口慢条斯理、彬彬有礼的南方话。当他想要给人留下特别的印象时，会低声耳语。但是他讷于言而敏于行，也是我在华尔街的熟人里见过的最足智多谋的一个。好像看上去没有什么事情能让他吃惊。

莱恩是弗吉尼亚一个贫农的儿子，一路披荆斩棘变得有财有势。许多人苛刻地谈论他心狠手辣，不足以让人信任。大都会街道铁路公司（Metropolitan Street Railway Company）垮掉后，一个大规模陪审团对他在这家公司扮演的角色做了调查，得出的结论是不能确定存在任何不法行为，但是发现"许多事情应当予以严厉谴责"。然而，我发现他与我做的所有交易都一丝不苟。

在我首次与莱恩见面时，他让人确信自己在坦慕尼协会（Tammany Hall）中有着举足轻重的作用，他控制了纽约市交通系统（New York City Transit System）。他有着将要入侵詹姆斯·杜克（James Duke）烟草帝国的企图。

杜克不是易与之辈。一个讲述他的故事表明了他的真实性格力量。有一次，他的几个合伙人用詹姆斯·基恩去收购美国烟草公司的控股权。于是杜克直截了当地告诉他们，虽然他们可以拥有公司，却不会拥有他，他会离开公司并开办一家新的烟草公司来竞争。最终，杜克的对手败了。他们很聪明，不会要没有杜克头脑的美国烟草公司。

随后，杜克一个接一个地吞并竞争对手，直到 1898 年，除了他的烟草托拉斯之外仅有三个值得注意的独立烟草公司了。一家是布莱克威尔公司（W. T. Blackwell & Company），是让达勒姆公牛（Bull Durham）成为那些自己动手卷烟的人钟爱的商标而闻名的公司。另外两家独立烟草公司是国民烟草公司（National Cigarette Company），生产的海将牌（Admirals）卷烟对杜克旗下的甜蜜卡波拉尔牌（Sweet Caporals）卷烟紧追不舍，以及利格特与迈尔斯（Ligget & Myers）烟草公司，生产的星牌（Star Brand）嚼烟销量超过了杜克旗下的战斧牌。据报道，后来杜克每年花费 100 万美元为战斧牌嚼烟做促销。

当然，今日纸烟占烟草销售的绝大部分，但是在 1898 年，我们仍然是一个以嚼烟、烟斗、雪茄和鼻烟为主的国家。在三家独立烟草公司中，利格特与迈尔斯公司和旗下的嚼烟是最重要的资产。当年，女性烟草消费者基本上都是南方的乡下妇女，她们爱用纸管抽烟或者用鼻烟或嚼烟。当时，教会和主日学校正在发动一场如火如荼的反对卷烟的运动。我要说的是这种高尚的宣传运动有相当大一部分得到嚼烟和雪茄烟企业的暗中资助，这些企业在利用无辜的禁烟运动人士。但愿我这样说不会损害任何人对禁烟运动的信任。

我本人因为嚼烟过敏便不再这样享用烟草了，而是用达勒姆公牛牌卷烟纸自己动手卷烟草。

利格特与迈尔斯公司、布莱克威尔公司和国民烟草公司都拒绝了杜克主动提出的友好合并。杜克连续不断地发动价格战和广告战，想要将这三家公司赶出烟草业，但是每一次都以失败告终。

到了1898年，三家独立烟草商之一的国民烟草公司被以托马斯·福琼·莱恩为首的一个辛迪加财团收购。然后，国民烟草公司被并入一家新组建的联合烟草公司（Union Tobacco），在特许状上虽然不易察觉，但是这家公司的实控人是莱恩、威廉·惠特尼（William C. Whitney）、怀德纳（P. A. B. Widener）、安东尼·布雷迪（Anthony N. Brady）、威廉·艾利金斯（William L. Elikins）和其他同一级别的大亨。该公司的董事长是威廉·巴特勒（William H. Butler），曾任美国烟草公司副董事长，但是和杜克闹翻了。

大约这个时候，我们豪斯曼公司得到了烟草公司正在竞争的一条宝贵线索。向我们提供线索的是哈泽尔廷（C. W. Hazeltine），我们管他叫哈泽尔廷海军上尉。哈泽尔廷毕业于安纳波利斯海军学院，为了从事报酬更丰厚的生意离开了海军。他为了美国与西班牙的短期战争恢复现役，现在再度脱下海军制服。

一天，他来到公司见亚瑟·豪斯曼。两人经过简短交谈后，将他们的椅子拉到了我的办公桌前。哈泽尔廷解释道，他得知联合烟草公司正在计划收购利格特与迈尔斯公司，这会让新公司成为可以与杜克的美国烟草公司相匹敌的竞争对手。哈泽尔廷强调他很熟悉利格特与迈尔斯公司的人，他认为我们可以去联系他们。

我首先拜访的是一度出任美国烟草公司执行副董事长、现任联合烟草公司董事长的威廉·巴特勒的兄弟乔治·巴特勒，然后拜访莱恩先生，我与这二位都素未谋面。

一开始他们与我交谈都很谨慎，但是根据他们在言谈间透露的信息，我发现哈泽尔廷所说的他们想要收购利格特与迈尔斯公司的事情是真的。此外，根据哈泽尔廷给我的信息，我能够让这几位先生相信我在收购事宜上是有用处的。

在与巴特勒和他的兄弟交谈后，我得知这场收购将会是对付杜克的一场真正的战争。巴特勒的目的是将三大独立烟草商在联合烟草公司旗下团结成联合体，这个联合体会让杜克很难受。

不久以后，1898 年 12 月初，联合烟草公司宣布得到布莱克威尔烟草公司及其著名的达勒姆公牛牌卷烟纸。这让利格特与迈尔斯公司成为唯一不受杜克或莱恩控制的大型独立烟草商。

无论杜克以前怎样看待巴特勒在烟草业发动的起义，现在都已意识到自己马上要背水一战。持有利格特与迈尔斯公司股票的大多数都是圣路易市民。杜克的代理人急匆匆前往圣路易，开始向利格特与迈尔斯公司的股东提供具有吸引力的报价。

莱恩将我叫到他的办公室，在那里介绍我认识威廉·佩奇（William H. Page）律师。莱恩让我们去一趟圣路易，设法给杜克一个教训。于是，我和佩奇一起乘火车出发。

和我一样，这是佩奇首次为莱恩先生办重要的事情。到了圣路易，我们在南方酒店（Southern Hotel）落脚。乔治·巴特勒已经先到了。我们先去拜访利格特与迈尔斯公司的董事长摩西·威特莫（Moses Wetmore）上校。

威特莫上校是一位有趣且不同寻常的人物，他和蔼而精明。他是普兰特斯酒店（Planters Hotel）的主人，在那里有间套房，我们就在里面度过了几个愉快的夜晚。

另一个经常见面的人是威廉·斯通（William J. Stone），绰号是"胶底鞋比尔"，是利格特与迈尔斯公司或者威特莫上校的法律顾问，我记不清他具体是为谁服务了，"胶底鞋比尔"曾任密苏里州州长。后来，他成为美国参议员，美国参加第一次世界大战以前，威尔逊总统努力武装我们的商船，他是 11 名阻挠这一议案的"有志者"之一。

奇怪的是，我对持续数周的非正式会谈几乎记不起什么。如果说我们有什么策略的话，那么策略就在于首先在社交方面要和蔼可亲。

圣路易至少在当时是一个准南方城市，高压方式并没有用武之地。巴特勒是威特莫上校的老朋友,玩牌很拿手,讲故事也很好听。佩奇也是如此。他们几乎每晚都在普兰特斯酒店的套间和威特莫上校见面,友好地喝酒打牌。哈泽尔廷海军上尉和我分派到的任务是与公司大股东利格特家族的几个继承人保持联系。我用佩奇的一句话描述整个收购行动,他说:"我们用和蔼可亲的态度让威特莫上校认输了。"

关于谈判的不同传闻有很多,我此生首次发现自己站在了聚光灯下。当然对于一个正在做第一笔重大生意的28岁的人来说,这没什么不愉快的。第一天,报纸上都报道烟草托拉斯的代表大获全胜。第二天局面被报道为"拿不准的"。又过了一天,故事会变成威特莫上校将公司卖给我们了。

当地民众的反应非常强烈。圣路易为利格特与迈尔斯公司感到自豪,希望公司维持其独立性。那里有一种对烟草托拉斯的特殊成见。有一次,大约100名本地食品杂货协会成员身上佩戴着"反对托拉斯"的徽章和标志,集体列队前往利格特与迈尔斯公司的工厂。摩西上校亲自会见了他们,没有作出任何承诺就让他们高高兴兴地回去了。

这笔生意的结果是利格特家族的继承人和其他股东给予威特莫上校为他们的股份做主的选择权。这一选择权加上威特莫上校本人的庞大持股量,让他处于决定事件进程的位置。他选择跟我们合作。双方拟定了一份协议,让我们获得利格特与迈尔斯公司一半以上总股本的购买选择权,价值高达600多万美元。

当登载消息的报纸正在印刷时,出现了一个问题,即应当由谁支付法律费用,金额大约20万美元。佩奇和斯通州长决定猜硬币决定。结果我们输了,但是我相信出这笔钱是值得的,因为我们已经在圣路易的烟草业人员里建立了友好关系。

03

此时,莱恩团队和杜克之间的战役已经在一条更加宽阔的战线上蔓延了。这场激战的一个部分是,杜克设立了一家新的子公司大陆烟草公司(Continental Tobacco Company),该公司的股票在场外交易所(Curb Exchange)交易。

当年场外交易所位于纽约证券交易所前门的露天街道上。场外交易所的经纪人们在百老汇街聚集，露天交易，风雨无阻，即使是严寒酷暑也不在话下。他们经常根据邻近办公室里的职员发出的信号下单买卖。当订单送入成交时，经纪人就会发信号回复办公室里的职员。

为了干扰杜克，让他牢记联合烟草公司的力量和资源，莱恩决定采取行动"狙击"大陆烟草公司的股票。我被从圣路易召回，负责此次行动。在圣路易，我是团队的一员。在这里，我是总指挥，只听从莱恩的指令。

我每天早上都会见到他，他家住在西72街，离我们家只有几个街区，我在去市中心的路上会在他家门口停留。我进入他家时，他经常还没起床。通常会有人将我引入他的卧室，有时他一边刮脸一边和我说话。

几年后，许多人在谈论莱恩和他妻子失和，但彼时他们看来是一对恩爱夫妻。莱恩看上去确实除了生意别无他顾。相比之下，他的妻子一心扑在家里，只关心人丁日益兴旺的家庭。她的孩子们都是男孩儿，经常把家里弄得鸡飞狗跳。那年冬天，她为我们家年幼的女儿贝尔织了一件羊毛夹克衫。

大陆烟草公司股票的交易是我在场外交易所的第一次大规模操作，也是我在那里的少数行动之一。说实在的，我当时不是一个一流的交易厅交易人，一直都不是。不知怎的，我就是缺乏那种天赋。幸运的是，我很早就发现了这一点。许多充当本人经纪人的人会节省几美元佣金，最终却会损失成千上万美元。

为了这次操作，我雇了两个经纪人。**莱恩先生只允许我损失20万美元。**1899年新年后不久，我便开始进行这次操作。

大陆烟草公司的卖出价为45美元，我在6周内将股价压低到30美元。能够将这只股票的股价压低到这个地步，完全是因为市场担心一场迫在眉睫的烟草大战会让大陆烟草公司损失惨重。

通常在市场做空头交易的一个经纪人，当一只股票正在下跌时，其会卖出这只股票，努力让它跌得更低。我采取的策略却是在市场疲软的时候买入，等到价格回升的时候再卖出。这使我能让大陆烟草的股价在暴跌的同时，可以赚取纯利。

一天，就在我比往常更加成功时，莱恩先生冲进我的办公室，吩咐我停手。他问我到底让他亏了多少钱。我告诉他一点都没亏，反而让他的账户里多了一大笔钱。

"我想让你惹恼他们，而不是想让你毁了他们。" 他温和地轻责我，但是我知道他很高兴。

通过突然"狙击"大陆烟草公司，莱恩显示了他撼动美国烟草托拉斯的力量。街上风传杜克和莱恩阵营之间达成了谅解后不久，莱恩告诉我停止操作。

1899年3月1日，两大烟草业巨头管理层会晤后，美国烟草公司董事会授权收购联合烟草公司。联合烟草公司带着布莱克威尔公司的达勒姆公牛牌卷烟纸、国民烟草公司和利格特与迈尔斯公司的购买权投奔美国烟草。莱恩、怀德纳和布雷迪被选为美国烟草公司董事。整个交易的结果是莱恩和他的手下几乎让美国烟草公司的垄断地位臻于完美，让自己赚得盆满钵满的同时，甚至也打入了杜克先生的核心集团。

巴特勒兄弟创建联合烟草公司是为了建立一个联营公司让杜克的托拉斯称臣，但是莱恩看到了另一种解决方案，而且他有自己的办法。有人谴责莱恩从一开始就在暗中和杜克串通一气。我不知道事情的真相，但是鉴于莱恩指示我对大陆烟草公司的股票所做的操作，这个假设是很难证实的。

随着烟草股大战的结束，美国烟草公司及其各子公司的股价一路急升，以至于杜克和莱恩两人的全盘交易在弥补先前的所有暂时性损失之后，还是收大于支。

有件后事值得一提，那就是后来政府不顾杜克的强烈反对，强制分拆了烟草托拉斯。数年后，我碰巧与杜克会面。他告诉我："就像我为反对解散烟草托拉斯去艰苦奋斗一样，我甚至更加艰苦地反对想让托拉斯重归一体的任何举动。在我们被拆分，展开竞争后，我们赚了更多的钱。"

这往往就是垄断企业的必经之路。就连那些运作垄断企业的人都不知道垄断的各种弊端。

04

这次烟草业的商业冒险是我和托马斯·莱恩生意伙伴关系的开始，直到他1928年去世都一直是我的朋友。莱恩不是一个容易看透的人。他向某些人表现出一种奇特的不协调性，有时慷慨大方，有时严苛无情。

我惹恼过他几次，因为我除了进行具体的商业冒险行动不想和他绑在一起，而且我坚持要根据我看到的规则，而不是他或者别人看到的规则那样做生意。

当莱恩和威廉·惠特尼想要将詹姆斯·基恩送进监狱时，我的这种态度让我与莱恩的友谊迎来了一些考验。莱恩和惠特尼想起诉基恩暗中损害他俩投资的一家银行。在他们让我去做证时，我拒绝了。

那些旧式商战是残酷而难和解的，身处其中的敌手既不会宽容对方，也不要求对方宽容。

我觉得拒绝为指控基恩做证将意味着与莱恩的友好关系结束，但此后他看起来比以往更加信任我。甚至在莱恩和基恩互为劲敌的时候，都能让他俩信任我，这让我感到有些自豪。

在合作早期的那些日子里，莱恩先生曾经让我到他在新组的莫顿信托公司（Morton Trust Company）的办公室。他的办公桌在里屋。我问他对因为大都会街道铁路公司的事情受到的抨击有何感想。他用一贯平静、慢条斯理的低沉嗓音回答："好吧，你没发现有什么公开辱骂从那扇窗户进来吗？"

然后他起身走到一个大保险柜前，说道："这里有许多东西，我希望你拿去卖掉。"

保险柜里满是佐治亚太平洋公司的第一期、第二期和第三期收益债券。这些债券被随意地扔进保险柜，仿佛根本不值钱。**据我回忆，当时他们的均价大约是 9 美元。**

我上了一辆出租马车。债券堆满了车厢底，我坐在座位上都没地方落脚了。就这样，我一路来到自己的办公室。我开始研究佐治亚公路，设法让人们对这些债券感兴趣。

一天，当这些债券的价格达到 30 美元左右时，莱恩打电话来想要知道我为什么不卖了它们。我告诉他正在遵照他的指示，在我认定价格最好的时候卖出，我认为这些债券价格还会升到更高。**他听从了我的意见，于是我在 50 美元左右将债券卖出。**最终，这些债券都涨到接近票面价值[1]了。

在收购利格特与迈尔斯公司交易后不久，莱恩先生给我指令让我去收购诺福克和维斯特恩（Norfolk & Western）公司的控股权。我设法在股价

---

[1] 票面价值即 100 美元。

大涨前就为莱恩买下了该公司大笔的股票，但是没能拿到控股权。

下一次，莱恩先生要求我取得沃巴什铁路（Wabash Railroad）公司的控制权。当时，我正在以自己的名义大量买入这家铁路公司的股票，可以为别人执行买入指令而不会让人产生怀疑。实际上，有时候向我下买入订单的那个人想要蒙蔽别人好奇的目光，会说："我很好奇巴鲁克到底正在为谁买下这家公司的那么多股票。"

这次沃巴什收购战值得一提的一个方面，可用作实例来说明经纪人是如何团结工作的。正当我走向沃巴什股票交易席位时，看到戴夫·巴恩斯（Dave Barnes）坐在那里。戴夫是我在朗布兰奇就认识的好朋友，**他和一些朋友喜欢一路游到大海远处，在他们的脖子上挂上威士忌小酒瓶，时不时就着瓶子喝两口来预防感冒。**

这一天，戴夫正在报价售卖沃巴什铁路的普通股，大约每股 3 ~ 4 美元，优先股则在 17 美元左右。如果我买下戴夫的股票那么他就会掉转方向，然后买入沃巴什的股票并以更高的价格卖回给我。

我走了过去，在他身边坐下，说道："戴夫，听我的建议别卖这只股票，收工，离开众人吧。"

"好的，巴里（Barrie）。"他答应后起身离开。出于某个我不明所以的原因，巴恩斯一直都叫我巴里。

于是，我着手买进沃巴什的普通股和优先股，而巴恩斯从不会干涉我。如果我想以智胜过他，就有可能要花费客户成千上万的美元。我只是让戴夫暂时停工，让我执行买入指令。他知道某一天我也会为他这样做的。那个时代的股票经纪人彼此了解和信任时，就是这样一起工作的。

我参与利格特与迈尔斯公司收购交易为公司赚的佣金是 15 万美元，鉴于交易金额和重要性，不算数额非常大的佣金。但是当时我对佣金还不像后来那样了解得那么多。尽管如此，15 万美元对豪斯曼公司可是个大数目。这笔钱对我们那一年的利润贡献相当大，我们的年度利润为 50.1 万美元。这笔利润的 1/3 归我，亚瑟·豪斯曼慷慨地将我的份额从 1/8 提高到了 1/3。如今，我们在百老汇街 20 号的大办公室里，正走在成为金融区最大经纪公司的康庄大道上。

第 10 章

我犯了错误

01

我在那个好年头分得公司的大笔利润，并以 39000 美元的价格买下了纽约证券交易所的另一个席位。两年前，我用 19000 美元买入了一个席位，然后送给了哈蒂。这次买席位的价格是上次的两倍多，不过，我不在乎费用的增长。

看见自己的名字被列入纽约证券交易所的会员名单，我如饮香露般精神百倍。我十分自豪，成竹在胸，开始寻求新的金融投资项目。但是我不久就懂得赚钱是一回事，守住钱则是另一回事了。实际上，赚钱往往比守住钱容易。

我当时犯的错误甚至对于股市里的最业余的新手来说都是不可原谅的。我听说美国烈酒制造公司（American Spirits Manufacturing）的股票是应该投资的好股票。托马斯·福琼·莱恩发表过这样的看法，或者是一位与莱恩先生的关系比我和他的关系更密切的人告诉我有这么一说。我非常信任莱恩先生的判断力，于是，就投资了这只股票。

美国烈酒制造公司是旧蒸馏与牛饮协会（Distilling & Cattle Feeding Association），或者说"威士忌托拉斯"的残余。1893 年，"威士忌托拉斯"在金融大恐慌期间垮了。在我买进美国烈酒制造公司的股票时，它仍然是美国最大的烈酒制造商和分销商。听说有人提议让美国烈酒制造公司和另外三家大型酒类公司合并，此举如果成功将会垄断美国的威士忌生意，我便将全部财产都投入美国烈酒制造公司的股票里去了。

美国烈酒制造公司和其他三大酒类公司将合并的消息变得众人皆知，

但是与预期相反，美国烈酒的股价不涨反跌。**因为我没有留下现款准备金，就被迫卖出其他持股去补足持有美国烈酒制造公司的保证金。**结果，我这回是拿钱打了水漂。

利格特与迈尔斯公司的操作成功让我高估了自己，几周之后，我就跌入了谷底。

美国烈酒制造公司投资失败是我蒙受的速度最快的损失之一，按照我全部财产的比例来算，也是最大的一次损失。我曾为妻子买了一辆闪亮的黑色敞篷单马双轮轻便车，是带平板玻璃灯的，由两个穿号衣的男仆驾驭。我只能告诉妻子我们不得不放弃我们的"两个男仆驾驭的马车"，推迟其他梦想了。

我相当愧疚地向莱恩先生承认了我这次失势的原因。

"我对你说过要买进那只威士忌股票吗？"他问道。

我回答，没有，我从来没问过他这件事，但是听说过一个像我一样与他关系密切的人说过莱恩认为买进那只股票很好。

"永远别理会传闻中提到我对别人说的事情。"莱恩用他平静的声音回应道，"许多问我问题的人无权得到答案。但是你有这个权利。"

这次对威士忌行业厄运般的冒险让我学到了很多。**这件事教会我关于内幕消息的一件事，即人们有时会传开一些经过算计的话语，去让小米诺鱼落入为大鱼准备的渔网。**这次，我当了一回小米诺鱼。

我在华尔街操作越久，就变得越不信任各种各样的内幕消息。我相信迟早有一天，内幕消息会是从英格兰银行或者美国财政部泄露出来的。

这并不是说内幕消息往往只是制造出来去误导轻信之人，而是哪怕内部人员知道自己的公司正在做什么事情，他们也可能正因为知情而犯下严重错误。

内幕消息看上去会麻痹一个人的理性思考能力。首先，人们会对知道别人不知道的事情特别重视，哪怕这件事情并不属实。一个没有特殊信息通道的人会研究一种形势的各项经济事实，非常冷静地以此为基础来采取行动。让同一个人得到内幕消息，**他就会认为自己比别人聪明得多，以至于会忽视十分明显的事实。**我见过了解内幕的人坚持持有自己的股票，而其他每一个人都知道这些股票显然应当卖出。

从长远来看，我发现一个人依靠自己对经济事实冷静的判断行动会更好。著名的库恩洛布（Kuhn, Loeb & Co.）银行的奥托·卡恩（Otto Kahn）喜欢提起那么一天，联合太平洋（Union Pacific）铁路公司股票的市场交投活跃之时，他是如何与我会面的。他开始告诉我一些事情，我说了一番话让他打住："请别告诉我联合太平洋铁路公司正在发生的事情。我不希望自己的判断被你所说的话影响。"

美国烈酒制造公司的整部编年史满是财富毁灭的记录。后来詹姆斯·基恩对我说，与这家公司有关的一些人非常不诚实，想要用这种手段摆脱困境。我提基恩的这一评述不是为自己找借口，也不是为了解释我损失惨重的原因。**我的亏损只能怪自己判断失误。**

我的这次操作违反了合理投机的每一项规则。我的调查流于表面并根据未经证实的信息行动，结果就像成千上万这样做的人那样，只能自作自受。

02

在"威士忌托拉斯"股票投机受挫后，我经过几个月才恢复勇气，勇气回来得正当其时。我到处寻找良机，开始注意前任州长罗斯威尔·弗劳尔（Roswell P. Flower）。

亨利·克卢斯（Henry Clews）曾经说过，弗劳尔让他想起吃得很好并身着节日盛装的农场主。这样的描述恰如其分。弗劳尔最早的确是在纽约州北部的一座农场里生活，幼年丧父不仅使他要自谋生路，而且在家里要承担男主人的角色。值得一提的是，他出任过国会议员和纽约州长。

弗劳尔先生是一位经验丰富的公司总经理，在芝加哥煤气公司（Chicago Gas）和芝加哥罗克艾兰太平洋（Chicago, Rock Island and Pacific）公司，他都证明了自己能够接管一家不景气的公司，引入合适的管理方法扭亏为盈。弗劳尔州长的威望甚高，据说，他只要强调对华尔街的朋友们说某只股票应该涨，该只股票的价格果然就会在公告板上大涨。

在我注意他的那段时间，弗劳尔州长接管了布鲁克林捷运公司（Brooklyn Rapid Transit Company，以下简称 B.R.T.）。这家公司的股价在20美元左右，州长宣称 B.R.T. 公司管理不善，日后得到妥善管理的话是能够盈利的，预计让它的股价达到合理的75美元。他开始整顿公司内的事务。公司的收入在增长，股价上涨了。

1899年春，B.R.T. 的股票是市场上的领头羊。在这只股票上涨期间，我出手投资了几次，便开始为它担忧了。**公司的各种报表变得不那么清晰**

明了，我预感到有什么事情不太对劲儿。

然而，到目前为止，弗劳尔州长的每次预测都是对的。B.R.T. 的股价在 20 美元时，他宣称会涨到 75 美元；股价在 50 美元时，他预测会涨到 125 美元。这两次预测都成真了。

1899 年 4 月，股价触及 137 美元高位，然后开始走弱。市场上有人谈论，说这只股票被人推升得太快太高，任何合理的盈利预期都难以支撑这样的股价。我赞成这种看法。

1899 年 5 月 12 日的晨报刊登了一份声明，末尾有弗劳尔州长的名字，称 B.R.T. 公司的盈利正在稳步增长，前景大好。这一消息对股价产生了刺激效应。

然而到了下午，这只股票就大跳水了，当时利空消息传到交易所，我不知消息从何而来，说是弗劳尔州长病危。当天傍晚，交易所收市后，《华尔街日报》用大字标题"前州长弗劳尔安好"刊登了一份安抚人心的社论。社论说他突发消化不良症，但是当报纸送到华尔街时，弗劳尔州长的病情进一步恶化，已经奄奄一息了。

弗劳尔因疲劳过度，打算去长岛乡间垂钓一天放松。**天气暖和，州长就像平时那样吃了一顿丰盛的午餐后喝了一大罐冰水。然后马上就病倒了。当晚 10 点 30 分，媒体宣告了他的死讯。**

次日上午，证券交易所弥漫着一片无形的恐慌。弗劳尔之死可能让 B.R.T. 公司的股价紧接着出现灾难性的暴跌，但是为了减缓市场震荡，大资金组织了有力的护盘行动。参与护盘的有摩根、范德比尔特家族、达柳斯·米尔斯（Darius Mills）、约翰·洛克菲勒（John D. Rockefeller）、亨利·罗杰斯（Henry H. Rogers）和詹姆斯·基恩。

这只股票下跌到 100 美元，随着大亨投入资金护盘的消息传开，股价反弹，缓缓爬升到 115 美元。**随后几位大亨成功避免一场严重的金融恐慌爆发，就悄悄地将 B.R.T. 的股票抛出**。当股市的其他股票都上涨时，B.R.T. 的股票跌到了将近面值——100 美元。为了让股价维持在面值的价位，I. 与 S. 沃姆泽公司的一位合伙人的运动健将儿子艾利·沃姆泽（Allie Wormser）就以面值的价格买入 2000 多股。转瞬之间，我就卖给了他。

B.R.T. 的股价再也未能以那个价格卖出。新年将至，B.R.T. 的股价跌到 60 多美元。**我在 B.R.T 的全盘交易中大约获利 6 万美元。于此，我开始重拾自信。**

03

我新回归的自信不久就迎来了一次考验。1901 年春，我当时 31 岁，联合铜业公司（Amalgamated Copper Company）的发起人一致推高该公司股票的市价。1899 年组建的联合铜业是一个集团公司，想要像洛克菲勒公司的美孚石油公司垄断石油业那样垄断铜业。**1905 年，托马斯·劳森（Thomas Lawson）出版的图书《疯狂金融》（Frenzied Finance），讲述了这个集团公司聚集起来的奇怪方式。**

联合铜业的发起人开始第一步行动，出价 3900 万美元从马库斯·戴利（Marcus Daly）手中收购安康达铜业（Annconda Copper）公司和其他资产。据劳森所述，戴利和他的朋友们收到一张国民城市银行签发的 3900 万美元的支票，达成之后将凭支票兑现的约定。

接着，联合铜业股票的认购证开始发行，核定股本 7500 万美元。劳森负责吸引公众兴趣。美国金融业最耀眼的几位人物——亨利·罗杰斯、威廉·洛克菲勒和国民城市银行的詹姆斯·斯蒂尔曼（James Stillman）——被广告推介为该公司的保荐人。结果，公司股票以每股 100 美元的价格发行，获得了超额认购。**劳森在书中继续说道，公司发起人得到了这 7500 万美元，就告诉戴利先生可以将支票兑现了。**

戴利这样做了，联合铜业的账户上留下了 3600 万美元，公司的发起人没有拿自己的一分钱来冒险。然而，1901 年春，这些细节尚无人知晓，当时联合铜业的发起人开始着手垄断全世界的铜材供应。同年 7 月，他们已经将公司的股价从 100 美元的面值抬高到 130 美元。华尔街悄然风传股价将会涨到 150 美元或 200 美元。

不过，就在这段时间前后，我正好与赫尔曼·西尔肯（Herman Sielcken）进行了一次长谈。他是一位有名的咖啡商人，拥有人们在所有生意问题上都孜孜以求的判断力。当时他刚过中年，元气满满，身体健壮，一双眼睛目光犀利。他喜欢在股市投机，但是操作限定在相对较小的金额，更多是为了验证自己的判断力而不是为了赚钱，因为他的咖啡生意已经非常成功了。

这天下午，西尔肯先生就在居住的华尔道夫酒店里对铜业形势进行了透彻的分析。他认为当时铜价普遍高企，让全世界都在削减铜材的使用。铜材市场正在超量供应，美国的铜出口量在下降。再者说，数年前法国发生的铜价操纵未遂事件余波依然未平。西尔肯先生预测联合铜业公司抬高铜价的种种努力，甚至会像当初的法国垄断铜价事件一样失败。

我仔细思考西尔肯先生的这一番话并亲自进行了一番调查。结果证明他的担忧是合理的。果然，联合铜业的股价开始下跌。1901 年 9 月 6 日，威廉·麦金利（William McKinley）总统在布法罗出席泛美展览会时遭枪击。完全靠 J.P. 摩根的能力和名望才让证券交易所没有发生金融恐慌。股票大跌后反弹了。大致上就在此时，我决定做空联合铜业的股票。

当然，我做空联合铜业就是在用行动支持自己的判断，无论这家公司的发起人会用什么方式拉升股价，这只股票都会下跌。如果股票继续上涨，那么我做空的每一股都会付出很大的代价。

我刚刚开始做空操作，托马斯·福琼·莱恩就来找我，对我说："伯尼，听说你在做空联合铜业。我只想让你知道，公司的那些巨擘想要收拾你。"

那些正在与联合铜业合作的巨擘里有詹姆斯·基恩。莱恩的一番话和基恩的做多立场自然让我暂停行动并思考一番。但是，经过重新仔细考虑后，我仍然深信联合铜业的发起人正在做的事情违背了供求规律。**我想起纽科姆教授在纽约市立学院的教导，认定既然铜可能供大于求，那么联合铜业的股价必定下跌。于是，我继续卖空。**

起初，就在摩根影响股市使股价反弹后不久，联合铜业跌到 106 美元左右，我盈利了。然而，联合铜业很快再度上涨。

1901 年 9 月 14 日，麦金利总统去世了。这对市场产生了不利影响。在华尔街，有传言称联合铜业的一些内部人员正在设法卖出股票。我增加了空头仓位，但是十分小心。

听说联合铜业的内部大人物知道我在做空时怒声叫骂，我便对自己做空立场的基本力量更加自信。有人对我说，要是我继续做空联合铜业，就只会激起那些巨擘的敌意来对抗；对这种威胁，我以年轻人的气盛心态，用鲍勃·菲茨西蒙斯的一番话答道："他们体量越大，就摔得越重。"还有人一直对我说，做空股票将一家建设性企业搞垮的话，实在是缺德。

当然，这都是胡说八道。如果联合铜业的发起人没有过高募集股本，后来也没有操作股价制造泡沫，该股绝不可能涨那么高，后来也绝不会跌那么深。**正在让联合铜业下跌的正是经济引力不可抗拒的力量在寻求股价的合理水平。**

我不是在说他们怀有邪恶的动机。很多时候，这种经营企业的人，都怀有建立行业帝国的愿景，如果这种愿景真的合理，那么他们可能已为企业付出的高昂代价就是合理的。但是，**事实证明联合铜业的那些人所做的事情用合理的经济因素无法证明是正确的**。我认为他们刻意推高股价是不明智的。我用自己的钱来支持自己的观点，没有用别人的一分钱。

面对这些攻击，我保持沉默。

我保持沉默的态度可能是个错误。或许，我应该对批评者以牙还牙，根据我亲眼所见的事实揭露他们的错误，甚至像他们那样进行人身攻击。但是，**我在华尔街事业期间一直都以沉默应对**。可能我沉默过了头，但是我希望用自己的方式独自进行投机交易，不希望因为自己可能说了什么影响其他人的操作。

所有人的眼睛都盯着联合铜业行将举行的董事会会议。他们会继续派发 8% 的分红吗？还是会减少分红或是不分红？

如果他们继续派发 8% 的红利，那么，我们这些"空头"可能就麻烦了。这是令人兴奋而又难以捉摸的一周。1901 年 9 月 19 日，周四，纽约证券交易所因为麦金利总统的葬礼休市。纽约的财经记者一致认定联合铜业的分红不会有变化。

1901 年 9 月 20 日，周五，联合铜业举行董事会会议。股市收盘后，重大消息传来，该公司的分红从 8 美元降至 6 美元。周六的短暂交易时间内，联合铜业股价下跌了 7 个点①，收盘价仅比 100 美元略高。我料到下周一全盘操作的紧要关头即将来临。

此时发生了一桩奇事，此事让我不运用智慧和洞察力就能很快赚到一大笔钱。我的母亲打电话说："儿子，你知道赎罪日就快到了吗？"赎罪日正好是周一，也就是下个交易日。我的心一沉。我知道母亲盼望我过这个犹太教圣日里最重要的节日，那就意味着当天完全不能理会俗事。

我决定在赎罪日这一天过节，尽力应对可能发生的事情。我为大举做空联合铜业一直在用的经纪人是埃迪·诺顿（Eddie Norton），我告诉他继续这样操作，然后在联合铜业的股票涨到某一价位时，就开始买入。虽然我断定这只股票会下跌，但是谁也不敢确保那些强大的利益相关人士暗中做些什么。于是，**我要设法保护自己应对每一种意外**。

---

① 英文财经报道里所说的股票涨跌的几个点就是几美元的意思。

然后我向外告知，周一生意上的所有事情无论如何发展，任何人都别为这些事来找我。

然而，星期一找我的电话铃声还是照常响起。我们一家还在新泽西州南埃尔贝隆（South Elberon）的消暑别墅里。他们在纽约找不到我，就要求朗布兰奇的经纪人找我。然而我拒绝接收任何消息。下午，我和妻子到大约 1 英里外的母亲家里探望她。电话也跟着我到了那里。

直到太阳落山，我才得知发生的事情。联合铜业当天以 100 美元开盘，1 小时内股价跌了 2 个点。后来股价反弹，正午维持在 97 美元上方，随后股价再度下跌。如果当时我在交易大厅，可能已经清仓了，赚到相对较少的利润，股市就到此结束。但是这只股票下午一路连续下跌，最后以 93.75 美元收盘，让我赚到一笔可观的利润，为应对股价的反弹拥有很大的安全边际。

至此，我坚定了信念，确信联合铜业的股票必然还会继续大跌，使利润越滚越多。12 月，该股下探触及 60 美元。

我不记得究竟是在哪个价格平仓结束这次交易了，但是记得利润在 70 万美元左右。这是我在一次操作中赚得最大的一笔钱。这主要归功于两件事——我默认了母亲的要求，遵守一个宗教节日的各种规定；联合铜业的那帮人犯了想要违反供求规律的错误。

我在威士忌股票上的失败和在铜业股票上的成功，都说明了一个原则——重要的是掌握一种形势的各项事实，而不受各种消息或主观臆想的影响。如果一个人正确掌握事实，就能自信地岿然不动，去对抗人们所谓的突发奇想。

后来，我在公职生涯中发现这一原则同样有效，也同样适用。每次政府交托给我任务的时候，我都会坚持不懈地寻找这一任务所处形势的事实。威尔逊总统习惯称呼我"事实博士"。**我会努力根据事实来建构自己的建议。**许多次，如第二次世界大战期间及之后，我在与通货膨胀进行长期斗争期间就是这样做的，朋友们总是会来与我争辩："伯尼，你为何不能更理性些？你提议的内容在政治上是不可行的。"

然而，即使处于这样的形势，我还是坚持自己的立场，认为如果事实要求采取某些措施就足够了。我依然相信，总统和国会都不能让 2 加 2 不等于 4，而是其他结果。

第11章

当恐慌来袭

01

经常有人问我，世纪之交（19世纪和20世纪）有一些主导华尔街的金融巨头，为何今时今日就没有可与之相比的人物呢？美国真的变成了一个新的更软弱的民族了吗？

当然，这个问题的答案是今日的股市与摩根、洛克菲勒、爱德华·哈里曼（Edward H. Harriman）和其他巨头所处的时代已迥然不同。哪怕1929年通行的许多做法，放到如今来说都是非法的。在托马斯·福琼·莱恩与詹姆斯·杜克的烟草大战中，**我为莱恩操盘的交易在今天就是不可行的；我对联合铜业股票的做空交易放到如今也不可行。**

当然，还有一个问题，根据今日的税率政策，意味着你无论赚了多丰厚的一笔利润，其中相当大一部分都要送去国库。

只不过，我相信，华尔街失去在我青年时代的标志，即个人戏剧化金融冒险活动的特征，主要原因还是这个因素：各种市场活动涉及的经济利益在范围和领域上都发生了令人称奇的拓展。这种变化反映了一个同样令人惊诧的转变，即美国从一个不断拓境、主要关注称霸美洲大陆的民族转为稳定整个西方文明的首要力量。

人们可以将这种转变视为从几乎全无拘束的个人主义时代变为承担全球责任的时代。我将在下文详述这种转变的意义，因为这一转变在美国的历史中涵盖了许多方面，在我们理解未来时，仍是可以帮我们打开未来之锁的钥匙之一。

我本人的职业生涯几乎跨越了这两个时代，在华尔街做过金融，后来从政，这不是因为我预料到了将会发生的事情，而是因为我被推入了时代转变的恢宏画卷中，不由自主地为这一转变做出贡献。我步入生意场和金融界的时候，正好目睹那些金融巨子的势力巅峰。**他们是叱咤风云的个人奋斗榜样，同样经历过艰苦奋斗**，在这样的金融大环境中，我突然被推入另一个大环境，第一次世界大战期间奉命出任战时工业局局长，需要面对美国承担全球责任面临的所有问题。

第一次世界大战结束后，别人设法回归"常态"，我却在相继出任的几个职务上继续与这些问题搏斗，从在巴黎和会上出任伍德罗·威尔逊的顾问到成为联合国原子能委员会的美国代表都无法脱身。

实际上，在40多年的岁月里，我发现自己都在努力将早年从生意上学到的东西与一个不断变小的世界强行赋予我们的新需要进行调和。

50年前的华尔街如果不说被少数几个人统治，也可以说向这几个人的势力称臣。当时的华尔街与今日天差地别，因此那样的统治或势力达到什么程度，今人可能是很难意识到的。**那个时代出现的魅力人物基本上是金融家**，所有报纸和增刊对他们正在做的事情制造出了许多神秘感和引人入胜的复杂情节。其中具有代表性的有摩根家族、哈里曼家族、莱恩家族、洛克菲勒家族和其他金融"巨头"。

当年的股市看似可以被某个人物监控，但事实并非如此，有一个引人发笑的例子，我想起的是丹·雷德（Dan Reid）的故事，他是美国钢铁公司的董事，但还是很喜欢不时在股市上扮演"巨熊"的角色。

在一次严重的股市衰退期间，雷德"狙击"了一只又一只股票，直到他看来已经控制住整个市场才停手。实际上，他可以这样多次"狙击"市场，是因为一个不安定的市场给予了一个浑身是胆的人进行"狙击"的有利条件，但是这个条件只是暂时的。雷德最精通个中诀窍。然而，就连最强大的银行家都会惧怕雷德可能在做的事情。

雷德很喜欢亨利·戴维森（Henr P. Davison），此人当时正是 J.P. 摩根最重要的初级合伙人之一。一天雷德打电话给戴维森，问道：

"哈里（亨利的昵称），你知道我将会干什么吗？"

"我不知道。"戴维森说。

"你想知道我要去干什么吗？"

"想知道。"戴维森热切地说道。

"你真想知道？"

"真想。"戴维森说道，准备等着雷德说出什么事情。

"好吧。"雷德答道，"我不会再继续干那些破事了。"

股市立即自行矫正，恢复正常。当然，今日任何人都无法在几天内操纵市场使其大幅波动，或者打一通电话就能稳定市场。

昔日股市重要参与者之间存在这样紧密的联系，在老华尔道夫酒店里是常见的，或许比前文雷德和戴维森的例子揭示得更加清楚，这家酒店当年就位于帝国大厦如今的所在地。在那个时代，证券交易所的收市锣声敲响后，大多数交易员会在华尔道夫聚集。一个人属于"华尔道夫群体"就代表已经在这一行中获得成功。我在利格特与迈尔斯烟草公司收购战中获得了良好声誉，以此让这个圈子接纳了我。

你在华尔道夫酒店度过一两个下午，可能会与许多名人擦肩而过，如理查德·哈丁·戴维斯（Richard Hading Davis）、马克·吐温、莉莲·拉塞尔（Lillian Russell）、"绅士吉姆"科贝特（Gentleman Jim Corbett）、杜威海军上将、马克·汉纳（Mark Hanna）、昌西·德普（Chauncey Depew）、"钻石吉姆"布雷迪（Diamond Jim Brady）、埃德温·霍利（Edwin Hawley）[1]，

---

[1] 理查德·哈丁·戴维斯（1864—1916年），美国19世纪末和20世纪初的著名新闻记者、浪漫主义小说家和剧作家，代表作有《加拉格尔及其他故事》《命运战士》；莉莲·拉塞尔（1860—1922年），美国19世纪末和20世纪初的著名音乐剧女演员；"绅士吉姆"科贝特（1866—1933年），美国传奇拳击手，原先是银行职员，参加过许多业余拳击赛，后转为职业拳击手，成为最早的世界重量级拳王，因为相貌英俊，在拳台上依然保持潇洒风度，赢得了"绅士吉姆"的雅号，吉姆是他的本名詹姆斯的昵称；马克·汉纳（1837—1904年），美国著名实业家，19世纪末全力为共和党的竞选活动提供财力支持；昌西·德普（1834—1928年），美国政治家；"钻石吉姆"布雷迪（1856—1917年），美国商人、金融家，生活豪奢，酷爱钻石，故被称为"钻石吉姆"；埃德温·霍利，19世纪末的美国铁路业大亨。

还有不计其数的银行和铁路公司的董事长。就像查理·施瓦布（Charley Schwab）① 和詹姆斯·基恩那样，美国钢铁公司的首脑埃尔伯特·加里（Elbert Gary）② 法官也住在华尔道夫酒店。就在华尔道夫的一次私人晚宴上，我目睹了约翰·盖茨（John W. Gates）玩百家乐纸牌游戏时一注就下了 100 万美元。

人们几乎能在华尔道夫酒店找到每一个华尔街的重要人物，此地成了一个透明度很高的研究人性的实验室。有一次，我利用这一事实做了一次心理实验。在实验中，一家公司仅仅出示了一张保兑支票③ 就得到了融资。具体的，我会在下文叙述。华尔道夫酒店有各种不同的房间——帝国间、孔雀巷、台球室、男士咖啡屋，里面设有著名的四边桃花心木吧台，就像众多的展览会场，供不同人士展示。

一个人坐在这些房间里，设法从吹牛大王里识别出实干家，去伪存真，这一直都是一场非常有趣的试练。我也永远不会忘记那天晚上金融恐慌是怎样袭击华尔道夫酒店的，将它从展示一切时尚的精心修饰之所变成惊恐的一群动物躲藏的巢穴。

那是我首次目睹金融恐慌，这场恐慌仅持续了一个晚上。后来我经历的其他金融恐慌，如 1907 年和 1929 年的股灾，对经济的灾难性影响要深远得多。然而，1901 年 5 月 8 日的独特金融恐慌，看起来更加能揭示人性，这或许是因为恐慌来得快去得也快，也或许是因为我通过这个偶然机会仿佛能够像旁观者一般，而不是像一个不幸的受害者那样去观察一切。

02

就像大多数金融恐慌一样，不切实际的希望和"一个新时代"的言论提前为 1901 年的恐慌大戏布置好了舞台。美西战争中美国的大获全胜也

---

① 查理·施瓦布（1862—1939 年），查理是查尔斯的昵称，他的姓氏也译作施瓦伯，是美国著名的钢铁业经营管理者，第一个年薪百万美元的总经理。

② 埃尔伯特·加里（1846—1927 年），美国法学家，曾经出任法官，所以被尊称为加里法官，1901 年与摩根联合创办美国钢铁公司，一直是这家钢铁巨头内部举足轻重的人物。

③ 也译作保付支票，是支票的一种。签发支票的银行向收款人保证出票人账户中有足够的资金可供兑现或转账，同时保证出票人在支票上的签字真实可信。

激起了各种帝国主义的美梦，人们开始对海外市场光辉前景有所期待。公众前所未有地热切投入股市。

我相信，女性最早大量参与股市正是在此时。在华尔道夫酒店四周围着玻璃的棕榈间，她们一边品茶，一边谈论美国钢铁公司、联合太平洋铁路公司或联合铜业公司肯定会做什么。信差、男招待、理发师等，每个人都在传递"内幕消息"。由于股市高涨，每个看涨的内幕消息都成了真，每个传递内幕消息的人都仿佛成了股票先知。

有几次，股市看起来走上了正轨，健康的市场反应业已出现。然后一只新股上市，又出现气球升空般的暴涨。1901 年 4 月 30 日，美国股市迎来了历史最大单日成交量——3270884 股。这说明在证券交易所开盘交易的 5 个小时内，平均每分钟就有价值 100 万美元的股票换手，仅仅股票经纪公司当天收到的交易佣金就达到 80 万美元。

5 月 3 日，股市里的股票跌了 7 ~ 10 个点不等，包括我在内的许多人都认为这是一个长期以来预测的下跌趋势来临的信号。然而，接下来就在周一，即 5 月 6 日，股市里出现了一个奇怪的新现象——北太平洋铁路公司（下文简称"北太铁路"）的股票惊人般地上涨。

我记不起在证券交易所的整个生涯里见过与这只股票类似的开盘。北太铁路的第一笔卖价为 114 美元，比上周六的收盘价跳空高开 4 点；第二笔卖价再度跳到 117 美元。此后，当天这只股票不时突然急涨，华尔街与诺顿经纪公司（Street & Norton）的场内交易员埃迪·诺顿（Eddie Norton）买下了市场上能见到的每一股北太铁路股票。

看来没有一个人能够看透这只股票暴涨的原因。北太铁路公司的董事们无法解释，银行家们[①]也无法解释。埃迪·诺顿正在不断买入，却不谈个中究竟。

拜难得的好运所赐，我是少数了解内情的人之一。这几个人在这个极其重要的星期一上午，已经知道北太铁路公司股票令人费解的大涨行情背后的核心事实——这样的市况不是只说明有人在操纵证券市场，而是库恩

---

① 美国的《1933 年银行法》颁布实施之前，主要从事信贷的商业银行业务和主要从事证券中介的投资银行（证券承销和经纪、公司并购等）业务并未明确区分，所以 1933 年之前的美国银行往往混业经营，银行家也并不专指商业银行家，同样包括投资银行家和混业银行家。

洛布银行和摩根银行分别代表爱德华·哈里曼和詹姆斯·希尔为争夺这条铁路的控股权进行的一场股市大战。

我会在下文详细说明得知这个消息的奇特方式，现在先概述一下两大巨头财团竞争的始末。

爱德华·哈里曼初到华尔街只是一个办公室勤杂工，他的发迹多年来都是 J.P. 摩根先生的肉中刺。哈里曼在崛起的前期，就不止一次，而是两三次与 J.P. 摩根正面交锋，将其击败。两人之间的个人敌意日增，**J.P. 摩根先生从未减轻对哈里曼的恨意，习惯称呼他为"那个 2 美元佣金的破经纪"**。

19 世纪 90 年代后期，联合太平洋铁路公司看来是全国最无望的铁路公司之一，在摩根拒绝重组这家公司后，哈里曼收购了它的控股权，使这家铁路公司重获新生并拓展了铁路里程。他不仅让这家铁路公司的盈利可观，还将它变成了大北（Great Northern）铁路公司和北太铁路值得重视的对手，这两家铁路公司都是由希尔—摩根集团控制的。

之后，哈里曼又收购了南太平洋铁路公司，动作一如既往迅捷而悄无声息，等到目的达成，他的竞争对手才如梦方醒。**"那个 2 美元佣金的破经纪"就此成为世界上名列前茅的铁路大亨。**

顺带一提，我们经纪公司曾为哈里曼先生做过一笔大生意，一开始由亚瑟·豪斯曼操盘，后来由克拉伦斯·豪斯曼接手。1906 年，查尔斯·埃文斯·休斯（Charles Evans Hughes）与威廉·兰多夫·赫斯特（William Randolph Hearst）竞选纽约州长，哈里曼让豪斯曼兄弟下重注押休斯会胜出。豪斯曼两兄弟押了几十万美元后，便停手了。哈里曼听闻此事后拨通了电话。

"我不是告诉你们下注吗？"他要求道，"现在继续下注。"

克拉伦斯·豪斯曼告诉我，他在获准进入哈里曼办公室报告已经下注多少钱时，见到了"芬吉"康纳斯（"Fingy" Connors）。康纳斯在那里为了谈进行布法罗码头运输的生意合同问题，但我们解释他出现在那里的原因时表达了更多的嘲笑意味。

哈里曼收购南太平洋铁路公司主要也是靠豪斯曼公司操盘的，大部分操作由埃德温·霍利主持。然而，我没有参与这次交易，当时也不认识哈里曼。

我记得有一天，在证券交易所的交易厅看到一个略有些罗圈腿的小个子男人，戴着一副硕大的圆框眼镜。我转向一个交易员："那个想要收购联合太平洋铁路公司全部优先股的小个子是谁？"交易员告诉我，他就是爱德华·哈里曼。我一直不明白那一天他为何正好会来到交易现场。后来，我再也没在那里见过他。

哈里曼控制了联合太平洋铁路公司和南太平洋铁路公司的同时，希尔—摩根集团的铁路事业需要能够前往芝加哥的入口。于是他们收购了柏林顿（Burlington）铁路公司，哈里曼也盯上了这家铁路公司。哈里曼提出收购柏林顿 1/3 的权益，摩根拒绝了。**哈里曼的回应是采取华尔街历史上最大胆的行动之一 —— 就在公开市场上秘密收购北太铁路总值 1.55 亿美元的多数普通股和优先股。**

1901 年 4 月初，J.P. 摩根拒绝哈里曼参股柏林顿铁路公司后，乘船前往欧洲。哈里曼和库恩洛布银行的高级合伙人雅各布·希夫（Jacob H. Schiff）开始收购北太铁路的股票。

在这样的大手笔买入刺激下，北太铁路股票上涨约 25 点。不过，由于股市整体在大涨，也就几乎没有人会思考北太铁路股票为何大涨了。讽刺的是，人们的普遍看法是公众预期收购柏林顿铁路会让北太铁路处于优势地位而在不断买进，甚至连熟悉摩根银行和北太铁路的一些人也为高价所惑，卖出了持有的北太铁路股票。

4 月底，大北铁路公司久经风雨的董事长詹姆斯·希尔虽远在西雅图，都察觉事情不对劲了。他定了一趟专列和一条专属铁路线，快速前往纽约。5 月 3 日（星期五）上午，他赶到纽约，就像往常那样在荷兰宾馆下榻。当晚，希夫先生告诉他哈里曼已经控制了北太铁路。蓄着一头杂乱长发的希尔拒绝相信这个消息，而希夫先生一直是一个精明练达的人，向他保证此事属实。

然而，后来事实证明希夫不是完全正确的。哈里曼已持有明显多数的优先股，在普通股和优先股合计的总股本里也占明显多数，但仅算普通股的话，没有持有多数。次日是星期六，哈里曼打电话给库恩洛布银行，让他们买进 4 万股北太铁路的普通股，只要买进就能让他持有多数普通股。接到这个消息的一位合伙人等着征求希夫先生的意见，希夫回复说今天就不收购北太铁路股票了。

到了星期一再收购就为时已晚。原来，在与希夫谈话后，希尔就设法找到摩根银行的罗伯特·培根（Robert Bacon），培根打电报给在欧洲的 J.P. 摩根。5 月 5 日（星期日），J.P. 摩根先生回电，授权在市场上购买 15 万股北太铁路的普通股。希夫忽略了一个重点，忘记北太铁路的董事有权赎回优先股，因此，摩根一方只要控制普通股就能保住该铁路公司的控制权。

就在这个关键时刻，我得到消息知道双方正在为北太铁路的控股权大战。

03

我还在科恩公司当办公室勤杂工的时候，就养成了习惯——每天都在纽约证券交易所开盘前 1~2 小时赶到市中心，以便看一下伦敦股市的报价是否会提供套利机会。我在星期一尤其会更早些赶去，希望利用周末可能出现的新情况来套利。

这个星期一上午，北太铁路的股价开始了一天令人困惑的行情，我正站在交易所的套利交易台旁，这个交易台会收发伦敦股市的行情电报。在我身边的是较为优秀的经纪人、詹姆斯·基恩的女婿塔尔伯特·泰勒（Talbot Taylor）。摩根集团要进行麻烦的市场操作经常会交给基恩负责。

我让泰勒注意这个事实，在伦敦可以用比纽约的当前价低好几个点的价格买到北太铁路的股票。泰勒的一双棕色眼睛专注地盯着我，面无表情。

"伯尼，"他边说话边用铅笔的粗端拍着双唇，"你是不是想在北太铁路的股票上做些什么？"

"是的，"我答道，"我告诉你怎么从这只股票上赚些钱。在伦敦买进，在这里卖出，就可以套利赚到利润了。"

泰勒继续用铅笔拍着双唇，接着拍了拍额头。等了好一会儿，他才说道："如果我是你，就不会做套利。"

我没问为什么。如果泰勒想让我知道，他会对我说的。我主动向他提出，此前在伦敦买进了股票，如果能帮他，可以卖给他一些。

"好的。"泰勒同意道，"你可以在伦敦买进北太铁路的股票，但是如果我需要这只股票，希望你用我设定的加了些利润的价格卖给我。"

我答应了。泰勒在原地站了一会儿，然后拉着我的胳膊，领我到了别人不会听见的地方。

"伯尼，"他附耳低语对我说，"我知道你绝不会干扰我执行买入指令。今天会有一场争夺北太控股权的激战，基恩先生正在为 J.P. 摩根操盘。"

"小心些。"泰勒最后说道，"别卖空这只股票。我买的股票必须马上交割，在伦敦买的股票不会有用。"

因为知道这条无比宝贵的信息，后来得知埃迪·诺顿在当天大举买入北太铁路的股票，我当然不会觉得有什么神秘了。我可以告诉别人正在发生的事情，如果我真说了，后来发生的事情有许多就绝不可能真的发生。但是我这样做就违背了泰勒的信任。一旦消息传开，他要执行公司里收到的买入指令就会更加困难。

不少经纪人常常暗中告诉我他们接到的买卖指令，因为他们知道我会保守秘密，不会干扰他们操作。我通常都会躲避这些信息，因为这样的谈话可能会造成尴尬局面。例如，我有几次被迫放弃了决定要做的交易，因为这样看来就不是在利用机密信息和向我透露消息的人进行对抗了。然而，这次是一个关系很好的经纪人暗中告诉我，将会有一场引起大震动的大交易。

我离开了交易台，心里权衡基恩的女婿告诉我的大事。J.P. 摩根和哈里曼都在急切收购每一股可能买到的北太铁路的股票，那样这只股票很可能很快会形成轧空①行情。预计这只股票要下跌的交易员会做空头交易，遭遇轧空就无法回补股票。他们会被迫出高价竞购北太铁路的股票。为了弥补这样的损失，他们将不得不压价卖出其他股票套现。换言之，北太铁路的股票出现轧空行情后，将造成股市全面崩盘。

于是，我决定做空市场上的另外几只重要股票，在这些股票被压价抛售时获利。我打定主意根本就不做北太铁路股票的交易。**结果证明，要观察纽约证券交易所迄今为止所知的最狂野的局面，最好还是站在场边旁观。**

次日，北太铁路的股票遭遇轧空。任何人几乎都不想在市场上卖出北太铁路的股票。交易期间，北太铁路的股票上摸 149 美元，收盘报 143 美元。但是对这只股票的疯狂争夺是在下午 3 点钟的收盘锣声敲响之后。

根据当时纽约证券交易所的规则，所有买卖的股票都必须在次日交割。如果某人卖空某只股票，做法就是必须向某个经纪人借入该股票的股权凭证，如果有必要，为使用该凭证要支付一笔额外费用。如果一名交易员无法借到所需的股权凭证，那么从他手上买入股票的人可以进入市场为股票支付任一价格。被轧空的卖空交易员就不得不接受这一价格，照价支付欠款。

但是，就北太铁路股票当天的情况来说，市场上没有足够的股权凭证

---

① 美国股市一直有做空机制，"轧空"一词指的是垄断股票来源而对股市形成挤压效应。

供已做空的所有交易员补空。收盘锣声响起，焦躁的交易员围在北太铁路股票的交易席位周围，竞相加价要得到任何可能到手的北太铁路股票。

我查看了《纽约先驱报》的旧档，从而让我更加清晰地回想起当时的情景。如果我的记忆可作评判标准的话，这份报纸描绘的那天疯狂争抢北太铁路股票的局面丝毫没有夸张。

一个交易员走进人群，其他交易员认为他可能有些北太铁路的股票，就向他冲去，将他顶在了栏杆上。"放我过去，行不行？"他咆哮起来，"这只股票我一股都没有。你们以为我会把股票揣在衣服里吗？"

然后，赫兹菲尔德与斯特恩（Herzfeld & Stern）公司的阿尔·斯特恩（Al Stern）大步走进绝望的人群。他是一个年轻而充满活力的经纪人。库恩洛布银行正在代理哈里曼操盘买入北太铁路的股票，他是以库恩洛布银行特使的身份来到这里的。斯特恩漫不经心地问道："谁想借北太铁路的股票？我有一批可以出借。"

一群交易员听说后，发出了震耳欲聋的叫喊，嚷嚷着要股票。人群中出现了极短的瞬间停顿，随后绝望的经纪人冲向斯特恩。他们争先恐后地挤近斯特恩，希望他听见高声喊出的借入价，一台接一台股票自动报价机被撞翻了。强壮的经纪人猛地将体弱的推到一旁。一双双手在空中挥舞、颤抖。

斯特恩在一把椅子上被挤得弯下了腰，脸紧挨着一本便笺，开始记下出借股票的交易。他会对一个人嘟囔："好了，你借到了。"下一刻对另一个人抱怨："请别把你的手指戳到我的眼睛里。"

有一个经纪人突然倾过身子，扯下斯特恩头上的帽子，急促敲打着他的头，想要引起他的注意。

"把帽子戴回去！"斯特恩尖叫起来，"别这么激动，这样我或许会对你好些！"

但是一众交易员继续推挤、你争我夺，有些人几乎爬到了别人的背上，只为靠近斯特恩。他们就像一群口渴到发疯的人抢水那样，最高大健壮、声音最响亮的人就能喝到最多的水。

不多时，斯特恩就借出了最后一笔股票。他面色苍白，衣服被弄得皱皱巴巴的，想尽办法才得以脱身。

次日（5月8日），北太铁路股票出现轧空的消息人所共知，金融恐慌迅速蔓延。空头们都知道必须在当天收盘前弄到股票来弥补卖空头寸，就狂野地报出高价。这只股票开盘价是 155 美元，比前一个交易日的最后一笔报价高出 12 个点。不多时，股价就劲升至 180 美元。

当天，希夫先生公开宣布哈里曼已经得到北太铁路的控股权。但是希尔—摩根阵营拒绝摇旗认输。他们仰仗詹姆斯·基恩——那个时代最杰出的股市操盘手的判断。

基恩在此次操作期间一直没有在交易现场出现，其他操作期间也不会在交易厅见到他。其实，他不是纽约证券交易所的会员。北太铁路控股权争夺战全程，他留在塔尔伯特·泰勒公司的办公室里，闲人勿扰。为了将行情报告交给基恩，埃迪·诺顿会传话给哈里·康滕特（Harry Content），康滕特便会在房间附近徘徊片刻，然后来到泰勒身边，将交给基恩的信息告诉泰勒。

在交易厅，人们的恐惧完全替代了理性。多只股票遭受疯狂抛压，股价都急跌 10 ~ 20 个点。市场传言其他几只股票也出现轧空行情。

在一场金融恐慌中，要想避免被疯狂的浪潮扫进实在不易。然而这一次，我事先就已定计，能够从容闪到一旁，冷眼旁观。**股票被压价抛售，我就买进股票平掉做空头寸，当天的纯利润比我此前此后的任何一天在股市赚到的都更多。**

我还断定别的任何股票都不会出现轧空行情。我的推论是两路联手行动的铁路大亨和银行家就快受够了，不久就会设法让这一轮金融恐慌结束。依我来看，全局都掌握在两路收购"大军"手里，他们迟早会妥协，我觉得会较早妥协。

不过那天下午，在交易收市的锣声响过之后，市场上的情景从表面上看，没有显示出收购战的两大派系之间有议和迹象。

下午 3 点到 4 点多钟，借入股票的交易员之间群情骚动。阿尔·斯特恩再度在交易厅出现时，大群交易员向他蜂拥而去，将他抵在一根柱子上，让他续借前一天借出的股票。斯特恩登上一把椅子，向交易员们大声疾呼，让他们退开，听清他接下来要说的一番话。

一群交易员终于安静下来，斯特恩爆出了一个毁灭性的消息——已从他手中借了股票的人必须交还，因为他不能再续借了。

我可以解释一下，斯特恩此举不是要挤压空头，想让他们将最后 1 美元都掏出来，1872 年，杰伊·古尔德（Jay Gould）逼空芝加哥西北公司（Chicago & Northwestern）股票时就是这种做法。斯特恩此举的原因，是哈里曼和摩根双方的北太铁路控股权之争已经到了最后摊牌的关头。双方都说不清各自已持有多少有投票权的股票，只有等实实在在掌握了股权凭证才会明白。

当晚，华尔道夫酒店的所有公用休息室和走廊都挤满了人，但此时的人群与几天前完全不同，根本就无法在这宫殿般的场所营造舒适和欢乐的氛围。女士们都离开了，男人都顾不上身着体面的正装了。

你注意过在晴朗的日子，没有危险的威胁时，动物的行为是怎样的吗？ 它们或是舔弄自己的皮毛，或是用喙整理自己的羽毛，昂首阔步，每一只都想要比同伴表现得更加出色。人类这一点和动物没有区别，每当恐惧冲击内心，他们就忘记了优雅举止，有时甚至连普通的礼貌都丢在一旁。

当晚，一个人只要在华尔道夫酒店内部看一眼，就足以领悟到人类与动物的差异终究微乎其微这一道理了。 华尔道夫从一个宫殿般的场所变成了惊恐得陷入困境的一群人藏身的巢穴了。人群一个接一个地兜着圈子，焦急地想要抓住任何形势有变的消息。有些人太过害怕，酒已喝不下去；另一些人则非常惊恐，只顾借酒浇愁。简而言之，那是一群乌合之众，一群被所有非理性的恐惧、冲动和激情控制住头脑的乌合之众。

只有最顽强的人才能维持表面的镇定。我看到了亚瑟·豪斯曼和"一注百万美元"的约翰·盖茨在一起。盖茨是一个直率豪爽、乐天自信的芝加哥人。他否认了自己在北太铁路股票开仓做空的所有传闻，说他没有损失1美分，哪怕他真做空亏了，也不会长声尖叫。

如果盖茨所说的这番话前半部分不真实，那么后半部分还是真话。实际上，盖茨从前赚到的几百万美元都岌岌可危。他和其他股票大亨此时只有一个问题——在这个漫长夜晚双方会达成妥协吗？

04

第二天上午，一群精神紧张、面色苍白、几乎缄默不语的人聚集在北太铁路交易席位周围。这场收购战双方的"将军"和他们的作战"指挥官"就在有人守卫的门后面端坐，那里没有传出任何达成一致的消息，也没有让人看到任何休战的希望。

一阵嘈杂的说话声淹没了小木槌开盘在空中的回声。**不到1小时，北太铁路的股票卖出价就达到每股400美元。正午之前，股价涨到了700美元。下午**

2 点钟刚过，300 股北太股票就卖出 30 万美元，现金付款——每股 1000 美元。

我碰巧知道埃迪·诺顿本人卖空了这只股票。后来他对我说，当时就是在赌股价不可能一直留在那么高的价位，如果真的一直是那种高价，那么股市将全面崩溃。

随着北太铁路股票的持续猛涨，其他所有股票都崩盘了，人们无论什么价格都抛，有的已下跌 60 个点。银行贷给经纪人的保证金利率开盘就高达 40%，盘中触及 60%[①]。人们的所有价值感都失去了，正常的理智也完全消失了。

埃迪·诺顿站在那里，想到许多朋友将要破产，不由得热泪盈眶。谣言在疯狂往来流传。后来我才知道，有人向伦敦打了电报，说亚瑟·豪斯曼在我们的办公室里倒地猝死。为了辟谣，他不得不亲自到交易厅走了一趟。

各家经纪公司办公室里，场面就像交易厅那样令人揪心。我的朋友，霍林斯（H. B. Hollins & Company）经纪公司的弗雷德·埃迪（Fred Edey），冲到摩根银行的办公室里，逐间警告说，如果无法筹集到贷款，到傍晚就会有 20 家经纪公司破产。埃迪见过一位又一位银行家，极力恳求和说服。他的努力让交易所的交易员们得到数百万美元帮助抵挡这次股灾。

下午 2 点 15 分，是空头必须用股权凭证回补前一天卖空仓位的最后截止时间。之前几分钟，库恩洛布银行的特使阿尔·斯特恩来到交易厅，他站在一把椅子上，大声让大家听见他说话，宣布他的公司不会强制交易员交割昨天公司买入的北太铁路股票。埃迪·诺顿紧接着发言道，他的公司也同样不会强行交割该给他们的 8 万股北太铁路股票。

危机结束了。北太铁路股票的卖出价回落到 300 美元。股市的报价表稳定了下来。

当天傍晚 5 点钟，华尔道夫酒店里成群结队的人终于放心了，因为股票自动报价机上传来了公告，称摩根银行和库恩洛布银行将以 150 美元的价格向做空交易员提供股票，这些条件比大多数空头预料得慷慨许多。这次金融恐慌就此结束。

盖茨最是如释重负，他再也不能掩饰自己做空的真相了。当天晚上，他在华尔道夫酒店的男士咖啡屋发表了一番讲话，坐在两旁的是他的律师马克斯·帕姆（Max Pam）和亚瑟·豪斯曼，人们都争相坐在他周围。他

[①] 这类利率都是年化利率，即一年 40% 的利息，日利率则除以 360 来计算。

一脸爽朗神情，但肯定要付出很大努力才能维持这种神态。

"盖茨先生，你对这场阵风是什么看法？"有人问他。

"阵风？"他幽默回应道，"如果你管这叫阵风，那么我永远都不想遇上龙卷风。"

"你破产① 了吗？"有人失礼地问道。

"刚好被压得几乎腰都直不起来了。"他就像老练的政治家那样从容不迫地回应道，"你知道吗？我感觉就像我过去在伊利诺伊州养的一条狗那样。那条狗到处被人踢，经常挨揍，它就只敢侧着身子走路，后来它不把被踢放在心上，又直起身子走路了。之前，我还在侧着身子走路。我被踢得不成人形了，但是直到今天傍晚的黄昏前后，我又想办法直起了身子。现在我可以像旁边的伙计那样，笔直朝前走，面向 40 条通向星期天的路。"

过了几天，盖茨先生乘船前往欧洲，已经忘记了整件事情，或者说至少从表面上看，任何人都不会觉得他还在想这件事。

收购大战的硝烟散尽，人们不禁要问，到头来是谁拿到了北太铁路的控股权？哈里曼是一头雄狮。他准备好继续战斗。但 J.P. 摩根和希尔受够了。他们愿意妥协，避免将来有更多冲突。双方达成了协议，哈里曼据此在柏林顿铁路公司和北太铁路公司董事会都获得了代表席位，这超出了他原先提出的要求。

---

① 原文为 broke，在英文里与"折断"的过去式 broke 写法相同，所以盖茨回答"刚好被压得几乎腰都直不起来了"既准确又幽默，意思是差一点就真的破产了。

第 12 章

华尔道夫的一些人物

—————— 01 ——————

　　在历史学家的笔下，北太铁路的股票被轧空一事是金融巨头时代争夺的巅峰。之后的许多年里，还发生过其他一些所谓"巨头"之间的权力之争，但是就程度而言，从未有一次能与哈里曼和摩根之争相比。

　　这场争斗的一个方面特别值得一提。虽然从表面上来看是两个强力人物之间的碰撞，但是从更大意义上来看，它完全是为了完成同一件事情的两种不同方式之争——双方都想对美国铁路系统进行更有效的整合。

　　摩根和哈里曼都是被美国日益增长的国力操控的人物。他们可能对美国国力增长采用的形式有所影响，但是即便他们没有出现在这一历史时期的"大戏"之中，这种增长无论如何都会继续下去。

　　我回首过往的这一成长时代，认为它可能就是我在华尔道夫酒店目睹的一幕幕场景的核心意义。华尔道夫群集大批自视为主角的人，但是在美国历史发展的这样一场规模更加宏大的戏剧中，难道他们就真的只是众多敢于鲁莽行事的外部人物——也是匆匆而过的人物吗？

　　在华尔道夫，一直有大批人趾高气扬、自吹自擂，但是我怀疑是不是真有许多人被骗。例如，人们都知道经纪人埃迪·沃瑟曼（Eddie Wasserman）是一个好人，但是他有一个缺点——爱吹嘘自己操作的交易金额。有一天，他走到华尔街最精于盘算的交易员之一雅各布·菲尔德（又名雅克）（Jacob Field）身旁，问道："雅克，你觉得我今天做了多大的生意？""就半股。"雅克当即答道。

　　雅克是一个说话带德国口音的小个子，没念过多少书。他的经纪人要跟着他一起在交易厅现场转悠，因为他并不总是能正确地书写他的交易过程。

有一次，几位感谢雅克帮忙的朋友请他参加一场晚宴，因为他是主宾，就坐在两位迷人的女士之间。她们几乎不知道该和他谈些什么，最后一位女士问他是否喜欢巴尔扎克。雅克就像平常不知道该说什么才好时经常做的那样，捋着自己的小胡子答道："我从来不做场外达^①那些股票。"

但是若说雅克不知道他应该知道的法国作家的话，那么他非常了解华尔街。就在这次晚宴上，他给了那两位女士每人 100 股里丁（Reading）公司的半股（half-share）。每半股的市价当时是 4.5 美元。他告诉两位女士耐心持有，因为不久后就会涨到每半股 100 美元。结果他错了，里丁公司的每半股涨到了 200 美元。

在华尔道夫，各种人物的出场队列无穷无尽，但是有三个人令我特别着迷——"钻石吉姆"布雷迪、詹姆斯·R. 基恩和约翰·盖茨。他们每个人都在用不同的方式提出同样的人性之谜——**每个人在向公众展现的外观之下，其真实性格是什么呢？**

02

如今我见到衣着光鲜的人，总是会想起他要是站在"钻石吉姆"布雷迪身旁，外表会何其苍白无力。吉姆就爱让人吃惊，也爱被人谈论，他从来不用旧钞票。如果有人将弄皱的钞票或是弄脏了的钞票给他，他总是会送到银行去，换来簇新的钞票。只要在公众场合露面，他总是身着正装，通常都挽着一位美女。

尽管他酷爱自显，却是个和善的人，他的性格里没有丝毫的恶意。

世人都认为吉姆深爱莉莉安·拉塞尔，其实他多年的真爱是埃德娜·麦考莱（Edna McCauley），而路伊森铜业公司财富的自然继承人，高大英俊的杰西·路伊森（Jesse Lewisohn）才像侍从一样围着莉莉安·拉塞尔转。这四人经常结伴而行，看起来像是难舍难分的朋友。有一天，吉姆来找我，说道："伯尼，糟透了，杰西跑了，和埃德娜结婚了。"数年后，莉莉安·拉塞尔与亚历山大·摩尔（Alexander P. Moore）结婚，此人后来成为美国驻西班牙大使。

布雷迪是铁路设备推销员，并且是一个出色的推销员。他通过惊人的

---

① 原文为 dem outside stocks，正确的写法应该是 the outside stocks，雅克没念过多少书，说话又带德国口音，将 the 念成了 dem。译者在翻译时为适应中文表述做了些调整。

巨大努力积累了大量的财富。詹姆斯·布雷迪是可靠而保守稳重的商人，"钻石吉姆"却是百老汇秀场的名人。要将这两种形象调和起来，给出合理的解释，那还是留给一个比我更优秀的心理学研究者吧。

吉姆有自己的谈话方式，吐字发音都轻声轻语，也爱自嘲。有一次，他对我说："有一个人跟我打赌，说吃得比我多。我问他能吃几根火腿。"

吉姆从不碰茶、咖啡和酒，并且也不抽烟，但是我从没见过哪三个人一起吃得能像他那么多。就算小坐一会儿，他吃冰激凌就是成夸脱①的，吃橘子都成打。他外出旅行时会用板条箱带几箱橘子随行。我见过他在一次餐前开胃时就吃了三四打牡蛎。

吉姆一次吃 1 磅糖果都是小菜一碟。其实他是佩吉与肖（Page and Shaw）糖果公司的最大客户。佩吉与肖糖果公司曾为他特制过什锦糖果包，包括 10 ~ 12 个品种，每种 1/4 磅。

吉姆身高大约 6 英尺（约 1.83m），极其肥胖，但是他热爱舞蹈。他和我的幼弟塞林是特别要好的朋友，喜欢一起去参加舞蹈比赛，塞林经常获胜。有一次在西 86 街吉姆的单身汉之家举行的舞会上，我获得了最优美舞姿奖，奖品是一块手表，这表除了尺寸适合男士，其他方面都更加适合一位女士。因为表壳外面还有珍珠装饰。

吉姆的大部分娱乐活动都公开进行，但是我曾经对他说，我和我妻子想带一些朋友去他家里观赏珠宝。他说要安排好时间，会为朋友们准备好晚餐。我们大概邀请了 12 个人，我至今都没吃过比这更加精致的一餐，晚宴的招待也是极好的，每上一道菜，餐桌前的每位女士都会收到一件新奇饰品或珠宝礼物。

遇到这种场合，吉姆绝不会比宾客吃得更多。因为在宾客到来之前，他已经用过正餐了。他到朋友家赴宴也会这样安排。

那天晚上，吉姆从地下保险库里搬来他的私人珠宝，让我们一一观赏。一共有 25 ~ 30 套，每套首饰都有领扣、饰钮、袖口扣、马甲扣、围巾别针、表链和怀表短链、眼镜盒、名片盒、背带扣、腰带扣、戒指、铅笔装饰品、手杖上用的活动把手等。这些物件都用钻石、翡翠、红宝石、蓝宝石、珍珠、月光石成套镶嵌。吉姆解释道，一整套炮铜首饰是他留着为参加葬礼用的。

然后，吉姆让我们看了他的大衣橱。里面整层架子都用来放成套礼服

① 英美容量单位，美制 1 夸脱等于 0.946 公升。

和赴晚宴时穿的外套，颜色有珍珠灰、海军蓝、梅红和黑色。除了在商店里，我从未见过这么多衣服和鞋子。壁橱里挂着成排佩斯利涡纹旋花纹披肩。客房套间的浴室里有一个纯银浴缸，梳妆间有一套黄金梳妆用具。

吉姆有一匹马名叫金蹄，他让这匹马在郊区或布鲁克林参加障碍赛。吉姆向朋友们保证："金蹄会赢其他马一条街。"这看来是人们对金蹄的普遍看法，因为这匹马是大热门，开出的赔率是5赔16。那天，吉姆就坐在包厢里，身边围着羡慕他的朋友，让他置身于荣耀之中。他一再强调金蹄会领先一条街赢得比赛。

结果，这场赛马是我一直以来目睹过的成绩最接近的一场。赛马跑上临近终点的直道时，有两三匹马并驾齐驱，吉姆挥舞双臂，张着嘴巴大喊，却没有发出声音。杰西·路伊森为金蹄下了重注，站起身来擦去额头的汗水。

金蹄以一个鼻子的领先优势险胜，吉姆的朋友们聚集在他周围以示祝贺。路伊森仍然面色苍白，抱怨道："我记得你说过这匹马会赢一条街的。"

吉姆顿时一脸通红。他指着张贴获胜马匹的公告板，咕哝着什么，结结巴巴说不出话来，最后来了这么一句："谁的号在上面？"

我经常觉得自己乐于给路伊森那样的人相同的应答，**你历尽艰辛引导这些人取得成功，他们却只会抱怨一路走来的苦劳。**

03

如果真的有"华尔街巫师"，那么这个人就是詹姆斯·基恩。我认识的人里在股市操盘技能上没有一个比得上他。他曾应摩根之邀进行美国钢铁公司的做市交易（market making），堪称他的做市杰作。

这家钢铁托拉斯组建的时候，需要给5亿美元的普通股和5亿美元的优先股确立一个交易市场。很少有人相信10亿美元的股票可以上市向公众出售，而且既不压低该股的价格，又不让整个市场承受抛压。但是基恩拥有不可思议的能力，将买单和卖单撮合到一起成交，从而让市场遵从他的控制。他这次做市十分出色，结果摩根公司需要投入的资金一共不过2500万美元。

我需要补充一句，根据如今美国证监会的规定，基恩当年在做市时的做法已不再被允许使用。

基恩自学成才，人们称他白手起家，不过**人人都要靠自己的奋斗才能成功。**基恩生于英国，在美国的太平洋海岸长大，做过牛仔、骡夫、矿工、报纸编辑，后来在旧金山矿业交易所买下了一个交易席位，正是在那里，他发现了自己的操盘专长。

基恩中等身材，衣着一向干净整洁，但是不会过分讲究。他蓄着花白短髯，这让他得了个"银狐"绰号，这副短髯看起来一直都经过精心修剪。他在起家阶段的粗糙习性留下的仅有外在证据，就是在激动时才会爆出的加利福尼亚人诅咒的粗野语气。在这种时候，他尖细的高音就会让辱骂透出一种特有的穿透效果。

19世纪70年代，基恩来到纽约，当时杰伊·古尔德正处于股市操作的巅峰期。在我认识基恩时，他已经过几次大赚大亏。但他亏钱不见丝毫动容。有一次，他不得不变卖家具，但即便在那个时候，他都不寻求任何人的同情，也谢绝了所有主动相助的人的提议。

基恩在准备一次金融交易行动的过程中，比起我认识的任何人都更加仔细，在执行阶段又更加快捷、坚定。只要他认为做对了，就会耐心行动。但是，当他发觉自己犯了错，也会在瞬间改变操作方向。

他的一次操作让我对如何做人获益颇多。当时基恩正在为美国科达奇（U.S. Cordage）公司进行做市操作，得知这家公司的盈利达不到预期水平，无法合理支持当前的股价。基恩赶紧停止买入这只股票，开始卖出他代表合资操作者买入的股份。让我印象深刻的不是他如何当机立断卖出股票，而是他先卖掉集资操盘的其他交易员的股票，最后才自我保护，卖出自己的持股。

还有一次，股市正在疯狂投机美国制糖公司的股票。一份报告被送到交易所，说是一艘船员感染黄热病的船随着一批原糖进了港口。美国制糖公司的股票因此开始下跌。但是，基恩相信这只股票没问题，并未急忙卖出，而是继续买入来支持这只股票的股价。

这时，米德尔顿·伯里尔，读者会想起，正是他介绍我认识基恩的，问基恩黄热病的报告会对市场产生什么影响。"好吧，"他用英国人的方式答道，"我不会说这份报告正好说明这只股票走牛看涨。"

基恩在股市操作通常做多（bullish），或者说属于持乐观态度看好股市的一方。正是他最早说了这样一句话："**你不会看到第5大道上有哪座豪宅是熊（bears）建成的。**"有些作者一直说这话是我最早说的。

曾经有人问基恩，既然他已经赚了大钱，为何继续留在华尔街投机。他答道："一条狗抓过999只兔子以后，为何还要追逐第1000只？人生就是一场投机。投机精神是人类与生俱来的。"

基恩好赌。他拥有几匹著名的赛马，那匹叫"福克斯霍尔"（Foxhall）的马是用基恩独子的名字命名的，1881 年，该马在巴黎赢得赛马大奖赛（Grand Prix）冠军。此外，基恩最钟爱的马叫作"西森比"（Sysonby）。

西森比死后，基恩将全副马骨都捐赠给自然历史博物馆，这匹名马的马骨就被安放在底座上供人观看。有一次，基恩正在参加一次赛马展会，突然想起了西森比，怀旧之情油然而生，急于想去看看它的遗骨。于是他和几个朋友离开展会，去了自然历史博物馆，在那里逗留了几个小时，追忆西森比当年的功绩。

一次，股市行情很差，收盘后我见到基恩，他或许已经喝过一两杯酒，但外表仍如云杉般挺拔，一如既往地镇定自若。有一次我向他汇报当天股市的行情差到何种地步，他答道："**我有时会身心俱疲，但一定会卷土重来。**"

这句话成了华尔街的名言，当诸事对人们不利的时候，大家总会一再提起。我记得，在非常麻烦的时候，时常会想起基恩的这句名言，我也想像他那样，不顺利时决心要"卷土重来"。

04

基恩沉静内敛的行事方式不仅与"钻石吉姆"布雷迪迥异，与约翰·盖茨也全然不同。盖茨华丽奔放、自命不凡，不过无论在股市里还是股市外，他无疑都是我认识的最了不起的赌徒。

他拥有成功赌徒所需的每一个条件，可以说他是百万赌徒中的一个代表。成功的赌徒实属罕见。盖茨一身是胆，全无惧意。他那粗犷的外表下，隐藏着冷静、大胆和敏锐的智慧。

盖茨起家时是一个推销员，他曾经是一个典型的中西部鼓手，穿着鲜亮的马甲，怀表的表链令人一见难忘，圆顶高帽高耸在头顶上并歪向一侧。盖茨直到最后都还是一个推销员。如果说盖茨在推销商品时讲述的一切并不总是准确到一丝不苟，那么也可以说其他推销员无论大小在推销的时候也是这么回事。盖茨对美国的将来充满信心，他相信这个国家的发展将会超出任何人的预料。**他散发出的乐观情绪就像传染病一样迅速影响了许多人。**

我喜欢盖茨，乐于与他合作，无论是生意还是其他事情，但是我早就知道，当他甩开胳膊抱着你的肩头说"伯尼，我想要你帮个忙"时，你最好别理他。就算盖茨察觉我采取了慎重措施来抵御他的乐观情绪影响，我敢肯定以他敏锐的直觉肯定会察觉这一点，这也不会对我们的朋友关系产生影响。

盖茨在华尔道夫钟爱的地方是桃花心木吧台和台球室。他通常手里端着一杯酒，但人们认为他大量饮酒的印象实则是误解。他想喝多少就喝多少，但一直细品慢饮。

有一次，盖茨主持对付一家著名的连锁投机赌行，好好教训了他们一番。他要教训他们，究竟是受以道义为基础的动机驱使，还是为了赚钱，抑或是心里发痒想找些刺激，就不得而知。

在那个年代，一家投机赌行严格来说就是赌博场所，顾客可以下注赌纽约证券交易所大公告板上股票价格的涨落。股票的所有权在这里不会进行转移。有些较大规模的投机赌行，在发现本店内下注的某只股票的"买卖订单"数量很大，就会进入证券交易所进行操作，迫使这只股票上涨或下跌，从而让下注的顾客赔个干净。

盖茨和另外几人决定对投机赌行操盘者"以其人之道还治其人之身"。有些股票在一段时间里基本上一直横盘不动，盖茨等人就在一家规模特别大的投机赌行下了大笔"订单"，然后他们突然竞相抬高那些股票的股价。当他们派一名手下去投机赌行清算账户拿到赢回的钱时，人们发现这家投机赌行的玻璃门上已经换了一家新公司的名号。盖茨只是威胁要起诉，让报纸揭露此事，就迫使这家投机赌行的操盘手赔偿了他们的部分损失。

盖茨的精力消耗率低得惊人，投资竞技对他来说是一种放松方式。他乘火车在芝加哥和纽约跑时，全程都在玩扑克牌、惠斯特纸牌游戏，输赢的数目都很大，但是到了城里，他又变得精神饱满。

我记得曾在伦敦偶遇盖茨和艾克·埃尔伍德（Ike Ellwood）上校。我们三人就在阿斯科特赛马会相聚，当天闷热得令人透不过气来，因为要进入王家观赛区看赛马，我们都戴着高筒礼帽，身穿男士长礼服。我就在观赛区外面徘徊，寻找投注站。盖茨也在那里，他将高筒礼帽推到后脑勺，长礼服和马甲的纽扣也解开了。

"这场赛马有什么好消息吗，约翰？"我问道。

"我没有，伯尼，"他说道，"我准备下点儿小赌注。"

结果，他说的小赌注是 7000 英镑。

爱饶舌的赌徒往往说着说着就把钱输光了，盖茨却不同。他可以喋喋不休地让赌友将钱输了——就连玩碟形飞靶对赌也这样。虽说盖茨很擅长射飞靶,射术也没有好到让许多人无法击败的程度。然而,盖茨会押自己赢,还一直能从比他更优秀的神枪手那里赢钱。

1900 年,名叫"同花大顺"的一匹马赢得了古德伍德(Goodwood)杯大赛。对这次特别的马赛,人们有过很多传闻。我听盖茨讲过一个故事,以下所述是我根据记忆描述的故事内容。

约翰·德雷克(John A. Drake)是一名运动员,也是艾奥瓦州的一位著名州长的儿子,除了盖茨以外,他是我认识的人当中下注最大的一位。起初,是他带着一批马要去英国的。盖茨想找点小乐子,就买下了这批马一半的权益。

他们在英国雇了一位精英驯马师,赢了几场赛马。在某条跑道上,名叫"同花大顺"的一匹马吸引了他们的注意力。虽然这匹马还从未赢过一场比赛,但他们还是买下了它。"同花大顺"被交给那位精英驯马师。

不久,盖茨就得知这匹还没有名气的赛马有着神奇的速度。他对这匹马进行了多次秘密测试,还请著名驯马师约翰·赫金斯(John Huggins)参加过其中一次测试。赫金斯走路时跛着一只脚,盖茨说起这个故事时模仿过他一瘸一拐的样子。盖茨打着各种手势,演示着那场测试的场面——"同花大顺"是怎样前后摇摆着脑袋跑过一座小山顶的,赫金斯又是怎样高举双手,大喊大叫的:

"天啊,没有哪匹马能跑这么快!"

但是,所有这一切都在保密当中。"同花大顺"报名参加古德伍德杯时,赌注登记人一开始给出的赔率是 1 赔 50。大热门是阿梅里克斯(Americus),马主是坦慕尼协会的老大理查德·克罗克(Richard Croker)。

此时,盖茨和德雷克开始了他们的投注行动,从英国到南非,从阿姆斯特丹到澳大利亚,在全世界给"同花大顺"下注。即使这样,体育界人士还是听到了下注的风声。一匹籍籍无名的赛马居然得到这样大手笔的支持,谁也无法给出合乎逻辑的解释,但赔率是真降下来了。

比赛当日,人们都激情澎湃。盖茨告诉我,就在比赛开始之前,他是怎样问一名赌注登记人是否愿意按照 5 赔 4 的赔率接受"同花大顺"的"一点儿小赌注"的。每当盖茨谈起这些时,就要留神了。赌注登记人说:"可以。"盖茨就说:"押上 5 万英镑。"这将近 25 万美元。

没有人知道盖茨和德雷克那次赛马赢了多少钱。人们都怀疑"同花大顺"赢得古德伍德杯马赛不像看到的那样简单,有更多内幕、质疑声一直未息。如果我没有记错的话,那么赛后进行过一次调查,结果裁定这匹马(以及与它相关的人)以后不得在英国赛马场出现。

然而，将约翰·盖茨的疯狂行径都抛在一边，在人们今日能见到的美国工业结构的建构者之中，他都有一席之地。他对这个国家的未来怀有鼓舞人心的愿景，我相信他是构想建立 10 亿美元市值公司的第一人。一天晚上，他在华尔道夫酒店打台球时以独有的姿态宣告了这一构想。可以补充的是，当年的 10 亿美元可不像后来可以恣意任性地转来转去的数十亿美元那样常见。

有些人说盖茨的想法是痴人说梦，但 J.P. 摩根最爱追逐彩虹般的美好前景，他认为盖茨的设想是切实可行的，结果就是美国钢铁公司的组建。

盖茨曾是首位制造带刺铁丝的艾克·埃尔伍德上校的明星推销员。不久他就开办了一家带刺铁丝工厂，与埃尔伍德竞争，迫使上校收购他的公司。随后盖茨展开一系列并购，建成了美国铁丝公司（American Steel & Wire Company）。后来，盖茨将这家公司卖给摩根，成为美国钢铁公司的一部分。

J.P. 摩根选择卡内基钢铁公司（Carnegie Steel Company）37 岁的查尔斯·施瓦布出任新公司的董事长，数年后，埃尔伯特·加里接任公司董事长职务。加里是伊利诺伊州的律师和钢铁业人士，最早是盖茨介绍给 J.P. 摩根的。J.P. 摩根发现加里的性格与施瓦布或盖茨有着天壤之别，加里的性格与 J.P. 摩根同样迥异。如果埃尔伯特·加里的生活中有什么乐趣的话，我不知道他是怎么得到乐趣的。

对于 J.P. 摩根是如何组建美国钢铁公司一事，一直有许多议论。据我回忆，促使摩根走到这一步的直接原因是钢铁产业内部的价格战威胁。但是，这次钢铁业整合行动，J.P. 摩根是否真是被弗里克（Frick）、施瓦布、盖茨或其他人说服才付诸行动，仍是一个谜团。每一种说法都有人支持。

无论如何，盖茨都认为他应当成为董事。J.P. 摩根排挤盖茨出局，使双方结了仇，终其一生都没有了断。他们进行过多次金融战，至少我被拉入过一次，扮演过一个重要的角色。

　　父亲和母亲是一对佳偶。家里用的《圣经》中有一行字记录母亲出生："上帝赐她护佑。"我更倾向于认为这行字预示着母亲会与父亲结婚，因为"巴鲁克"这个姓在希伯来语中的词义正是"护佑"。

22 岁时，我是一个拳击狂热爱好者。我在拳击场学会的自控能力让我终身受益。

35 岁时，我是一个老练的投机者，一个百万富翁，但是我经常希望自己没有放弃早期学医的心愿。

我还是个孩子的时候害羞又敏感，算是一个"妈宝男"。我一脸雀斑、相对矮小，还有一种我难以控制的情绪。

一眼就足以让我倾心的高挑、苗条的安妮·格里芬，但是 7 年之后我们才结为夫妻。

母亲和父亲为他们的 4 个儿子感到自豪并真心疼爱我的妻子安妮。

我的生意活动让我交到了许多朋友，其中之一是克拉伦斯·麦凯，他在美国交通业的发展中扮演了重要角色。

早期的机动车价格高昂，性能不可靠，但我酷爱驾驶汽车，经常将我的汽车运到国外并游玩。

托马斯·福琼·莱恩说着一口慢条斯理、彬彬有礼的南方话。但是他敏于行，是我在华尔街认识的最足智多谋的人之一。

丹尼尔成为显赫的古根海姆家族的领袖，凝聚力是该家族的主要力量源泉。他们创造了财富，也明智地运用财富支持学术、艺术、音乐和科学。

承蒙布朗兄弟提供

如今我见到衣着光鲜的人，总是会想起"钻石吉姆"布雷迪。不过他尽管酷爱显摆，却是一个和善的人，是一个很好的朋友。

121

威廉·克罗克是这种银行家——在事情变糟时,不会抛弃他的客户。他总是一丝不苟,是我认识的最具个人魅力的人之一。

承蒙贝特曼档案馆提供

华尔街"富人区"就是老华尔道夫酒店。坐在中央桌子旁的人从左到右是亚瑟·豪斯曼、詹姆斯·基恩和雅克·菲尔德;独坐在画面右侧的是"一注百万"的盖茨。他们都属于"华尔道夫群体"。

爱德华·哈里曼身形瘦弱，却拥有巨人般的能量和想象力。他是我初入华尔街竭尽全力效仿和追赶的人。

承蒙贝特曼档案馆提供

非常不幸的是，因为谈话时用词不当，我失去了与 J.P. 摩根合作的机会。J.P. 摩根显然是他那个时代的统治型金融人物。

承蒙贝特曼档案馆提供

第一次世界大战让我离开华尔街，投身公共事务。我在出任战时工业局局长一职后，应伍德罗·威尔逊总统之召去巴黎协助起草和平条约。我在巴黎结识法国的路易·卢舍尔、温斯顿·丘吉尔和大卫·劳合·乔治。

1917年，我的父母在纽约市的雪莉酒店举行社交聚会庆祝他们的金婚纪念日。

1929 年，赫布考格局凌乱的白色木结构大屋被火烧成了一片白地，我在原地建了一座带柱廊的红砖宅子。

关于赫布考的相册里的几张快照：
凯恩斯兄弟中的三人和我们的主厨查
理、我的农场大总管吉姆·鲍威尔、
正在打鹌鹑的我本人。

左下图承蒙大卫·古德诺提供

126

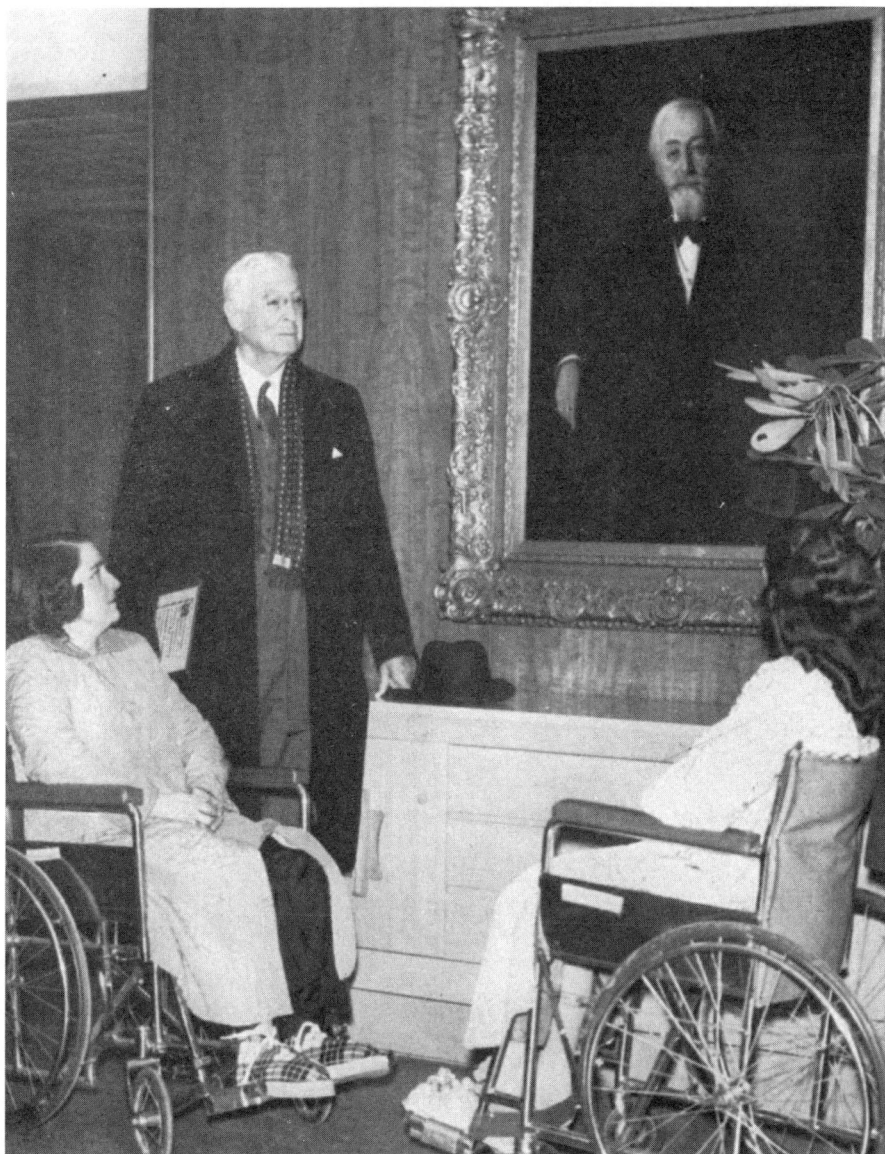

父亲在物理疗法与康复治疗方面的开拓，引导我帮助贝尔维尤医院建立了物理疗法与康复治疗研究所。这个研究中心已经成为全世界同类机构的模范。

第 13 章

我人生的一大失意

01

虽然说我一生很少有什么可抱怨的事情，但我一直都深深地为一事失意——我从未能拥有一家铁路公司或者经营一家铁路公司。

这是我童年时代就怀有的梦想。当年，货运火车在夏洛特、哥伦比亚和奥古斯塔铁路线上经过外祖父在温斯伯勒的花园时，我会向车上的司闸员招手致意。

我最接近实现梦想的时候是在第一次世界大战以后。我和詹姆斯·杜克、托马斯·福琼·莱恩进行过一次长谈，我特别向他们指出，在南方有经济发展的非凡机遇，从纽约延伸至佛罗里达的大西洋沿海铁路线会刺激南方的经济发展。

莱恩对杜克说道："我们何不为伯尼买下这条铁路，交给他经营呢？"

不久后，我和妻子到 78 街和第 5 大道交界处的杜克的宅子里做客。晚餐后，屋里摆了几张桥牌桌，我发现与亨利·沃尔特斯（Henry Walters）同桌，此人是大西洋沿海铁路公司的首脑。就在打牌的时候，不参加的杜克来到沃尔特斯身边，对他说："我在此想为伯尼买下大西洋沿海铁路公司。你想开什么价？"

"是吗？"沃尔特斯吃惊地问道，"每股 65 美元。"

"我买了。"杜克说道，毫不迟疑。

然而，等到次日上午，沃尔特斯去见 J.P. 摩根，J.P. 摩根否决了这次交易。后来有人对我说，摩根家族认为我可能会将铁路的融资业务转交给库恩洛布银行。实际上，我不会这样做。哪些银行家给铁路的融资条件最好，业务就该给他们。

奇怪的是，这还不是摩根家族首次阻挠我实现经营一家铁路公司的梦想。1902 年是第一次，当时我在设法取得路易斯维尔（Louisville）和纳什维尔（Nashville）铁路（以下简称"路纳铁路"）公司的控股权。**就是在这一次操作中，约翰·盖茨虚张声势让 J.P. 摩根为这条铁路的控股权向他支付了 750 万美元的利润。**我可以用迄今尚未公布的细节将此事的经过补全，这或许还为时不晚。

1901 年，华尔街仍处于从北太平洋铁路公司股票造成的金融恐慌中恢复的时期，经研究后我确信路纳铁路很可能将成为一条杰出铁路，确信这家铁路公司的股票或许是纽约证券交易所的最佳买入品种。于是，我开始收购这只股票，当时股价在 100 美元以下，我想要将自己的大部分流动资本都投入这只股票——没有经过深思熟虑，我不会这样做。

我意识到仅靠自己的资源不够取得控股权，就请几个朋友和我联手。我找的其中一人是埃德温·霍利，我对此人在铁路事务上的经验和技能评价很高。他同时是明尼阿波利斯铁路公司和圣保罗与艾奥瓦中央铁路公司的董事长，还曾为爱德华·哈里曼买下亨廷顿（Huntington）持有的南太平洋铁路公司的股份。

一开始，我向霍利说明，与纽约证券交易所挂牌上市的其他铁路公司的股票相比，路纳铁路的股价是非常便宜的。随后，我根据自己的展望，向他勾勒了这条铁路将来发展的可能性——与芝加哥和东伊利诺伊铁路连接就能进入芝加哥；与大西洋沿海铁路、南方铁路或滨海铁路中的任何一条连接，就能获取南方的潜在经济利益。

我向霍利指出，路纳铁路的股票主要为国外的罗斯柴尔德家族持有，他们在美国的代理人是奥古斯特·贝尔蒙。所有者不在国内，加上松松垮垮的管理和运行让路纳铁路发展迟缓。只要美国人买下所有权，就能让积极进取的新管理层取代现有管理层。

霍利是我认识的天生一张扑克脸的少数人之一。他面色苍白，宛如石雕，说话时几乎不动嘴唇。这一回，他没有给我直接答复，我认为可能没有让他明白我的意思。

雅克·菲尔德和另外几个人都来与我联手。雅克在北太铁路公司的轧空行情中赚了一大笔钱，这次他买进了1万股路纳铁路的股票。一天，雅克发觉我买入路纳铁路股票的量在逐渐减少，他说："拿（那）样买真傻。我一向喜欢买达（的）第二笔数量比第一笔买达（的）多,第三笔买达（的）又比第二笔买达（的）多。"[①]

换言之，雅克愿意逐渐加量买入来支持自己的判断，但是这种判断必须能立即自证正确，他才会那样做。一般来说，雅克的这种思路是可靠的。

我的朋友们开始买进，他们的操作也让其他买家参与其中，以此推高了路纳铁路的股价。不久，听我的建议买入的大多数人决定抛出路纳铁路的股票，获利了结。我虽然努力劝说雅克别急着卖，但他还是抛出了。这让我成了罗斯柴尔德家族以外的路纳铁路公司最大股东，我再度开始寻找能给予财务支持的盟友，同时继续买入。

02

1902年1月至2月，路纳铁路股票的市场交易一直不温不火。突然间，这只股票的交易就开始沸腾了。

一天，我坐在路纳铁路的股票交易席位上，首次隐约感觉买方兴趣大增。看见另一个买家报了一些买单，我大吃一惊。我断定这个买家想买进大批该股票。每次他开始买进，我就报出更高价。最后，他这次买入的资金来源被披露了，是芝加哥与东伊利诺伊铁路公司团体。

之后，约翰·盖茨也加入进来。他的买入量很大，起初通过华盛顿的经纪人希布斯（W. B. Hibbs），后来让他儿子在纽约新创立的经纪公司哈里斯盖茨公司代理。盖茨的这几次买入让人们怀疑路纳铁路股价上涨完全是一次投机操作而已。

在上述所有这些交易进行期间，埃德温·霍利在3月的一个下午就来

[①] 读者对照前文就知道，这位雅克没念过什么书,说话又带德国口音,英语发音不标准。我在翻译他的对话内容时需要尽量把原作者想要描绘的效果表现出来，所以不得不做一些变通。这句里的"拿"应为"那"，"达"应为"的"。

到我的办公室。他用一贯的冷淡谈话方式说道：

"伯尼，你可以为我买下路纳铁路公司的控股权。"

我向他指出这次收购需要一大笔资金，又问起他与哪些人合作。他报出了这些人的名字：乔治·克罗克、亨廷顿、克丽丝·亨廷顿（Collis P. Huntington）夫人、亚当斯捷运公司董事长韦尔（L. C. Weir）、路纳铁路的律师托马斯·哈姆林·哈伯德（Thomas Hamlin Hubbard）将军和我的合伙人亚瑟·豪斯曼。所有这些人和我的姓名及持股数后来都有公开记录。

我原先就路纳铁路的潜力对霍利说的那一番话，给他留下的印象比我意识到的更深刻。

我先向霍利透露了自己的路纳铁路股票持股量，然后同意为他和他的团体代理这次收购行动。我提出将自己的持股和将为他买进的股票合在一起，按照所有这些股票的买入均价给他。他说，这对我不公平，因为会减少我已买进的股票上可以赚到的利润。无论如何，霍利让我继续持股，一旦他需要这些股票实现控股权的时候就可以给他。我同意了。

那天晚上我睡得很少，一直在计划该怎样进行此次收购。霍利和合作伙伴的支持，有可能帮我实现经营一条铁路的梦想。同时，我也能看到盖茨、霍利和别人的参与，事情可能会发生很大的变化。无论如何，第一步是要尽我们所能买进路纳铁路的股票。我认定，开局最好是在伦敦股市取得路纳铁路股票的大量认购权。黎明时分，我就到办公室给伦敦打电报，大约支付了 7 万美元的费用，买下 2 万股的认购权。

那天中午前霍利来到我的办公室，我却正好在交易所的大厅里。我用交易所的电话解释了我已经采取的行动，但他表示不喜欢我在伦敦买下的认购权。

我能理解他为何不喜欢。我们用 7 万美元买下的认购权只是给我们这样的权利——在 90 天内以认购权合同达成当天的平均市价加上利息买入股票。这意味着到行权时，股价的涨幅必须足够，才能弥补认购权成本加利息的费用。例如，如果市价是 107 美元，股价必须涨至大约 111 美元，我们在行权时才能实现盈亏平衡。

我告诉霍利，我估算这只股票会涨至大约 130 美元,结果证明我是对的。认购权有一个很大的好处，既能让我们悄然积累大量股票，又不会像我们在市场上公开买入那样迅速推高股价。

我敦促霍利拿下全部 2 万股认购权，又对他说，如果他不愿都拿下，我会拿下一半认购权，再找别人拿下另外 1 万股认购权。霍利最终还是拿了 1 万股，我认为此举他主要是不想显示出对我的判断缺乏信心。自从我根据他的建议拿下另外 1 万股。

在所有这些买入刺激下，路纳铁路的股票成交量在上升，4 月 1 日不过数千股，到 4 月 4 日和 5 日，平均成交量已达 6 万多股。随后在 4 月 7 日至 10 日，日成交量连续 4 天达到顶峰，合计成交达 60 多万股，这就让该股面临出现"被轧空"的威胁，就像当初北太铁路公司的股票那样。

北太铁路公司的股票会突然出现轧空行情，主要是因为雅各布·希夫犯了错误，没有在周六根据哈里曼的指示买入普通股，到周一再买就发现为时已晚。奇怪的是，路纳铁路的股票险遭轧空也是一次大意的失误造成的，**这次是代表罗斯柴尔德家族出任路纳铁路公司董事会主席的奥古斯特·贝尔蒙犯了错。**

路纳铁路正好有 5 万股尚未上市交易的库存自有股，贝尔蒙眼看公司的股价在市场上攀升，认为发现了机会，可以将这些库存股卖个好价钱，为公司赚一些额外资本金。4 月 7 日，他让路纳铁路公司董事会授权让这 5 万股发行上市。

我建议只要贝尔蒙将这批股票放出，我们就立即拿下。霍利同意了，盖茨团队也将采取相同的策略。

根据纽约证券交易所的规则，这批新股必须过了 30 天以后才能正式上市。这意味着贝尔蒙等人不能交割这批新股，从技术上来说，他们"缺乏头寸"，除非能借到股权凭证进行交割。

盖茨最初想挤压贝尔蒙等人，而我不想这么做。每天下午，我和霍利都会见面，讨论第二天的行动方略。我对他说，如果我们对贝尔蒙施压，就会出现一轮轧空行情。我第一个不赞成搞事情重演 11 个月之前北太铁路股票被轧空时的连串恐慌场景。霍利和我一致同意以公允价格借给贝尔蒙等人股票来执行交割。盖茨后来宣称，他无意让轧空行情上演。

事情进行到这个时候，盖茨集团和我们一直是两个不同的阵营，双方全程都在相互对抗。我们觉得盖茨正在阻止我们以公允的价格达到目的。不过到了此时，变得一目了然的是，我们将不得不与盖茨达成某种和解。

03

霍利和我正在华尔道夫酒店的男士咖啡屋里，我们注意到盖茨就在邻桌坐着。我建议霍利去找盖茨谈谈，看看我们和盖茨团队将资金和股票资源合在一起，是否能控股路纳铁路公司。经过交流发现双方的股份加在一起几乎已掌握了控股权，于是协议即刻达成，我们与盖茨团队将共同行动取得控股权，之后铁路的运营权会留给我们。这正是我想要的结果。

第二天，我们要求经纪人"科尼"普罗弗斯特（"Corney" Provost）设法买入 4 万股，我们要实现控股还需要这么多股票。

与此同时，路纳铁路的股票被威胁轧空和活跃的交易让摩根银行烦躁不安。这家银行在南方拥有多项铁路权益。J.P. 摩根先生当时在法国，但摩根银行的一位合伙人乔治·帕金斯（George W. Perkins）找到盖茨，问他如果我们出让路纳铁路的控股权，什么价格可以接受。

这些谈判仍在进行，有一天，塔尔伯特·泰勒对我说，帕金斯前一天晚上已经根据 J.P. 摩根授意与詹姆斯·基恩进行了商谈。基恩建议帕金斯支付必须支付的价钱，即便价格很高。我听到消息，立即飞奔去见霍利。他的办公室在 13 楼，我还记得那时心想电梯怎么升得那么慢。

当我看到霍利正在穿衣戴帽，准备去摩根银行和盖茨、帕金斯先生见面时，我强调说，我本人根本不愿卖，但是如果他和别人想卖，那他们应当坚持己见，争取一个好价钱。

霍利从摩根银行返回时兴高采烈，就在霍利刚到的时候，盖茨已经做成了交易，霍利要做的就是赞同这笔交易。摩根银行将会按每股 130 美元的价格买下我们持股量的 1/3，余下的 2/3 会以 150 美元的价格给他们 6 个月期的认购权。我拥有一条铁路的梦想就此破灭了。

我对霍利说不喜欢这笔交易，他大吃一惊。130 美元买下我们持股的 1/3 确实让我们的利润很可观，因为我们买进的这批股票均价都不到 110 美元。但是如果经济环境变差，J.P. 摩根先生决定不行使认购权，他有权这样做，那将会怎样？如果发生这种事，路纳铁路的股票就会被锁在想要卖掉的投机者手里。这些人可能会大举抛售，导致灾难性的后果。但霍利认为这些担忧不值得一提。

他对我说："如果你觉得这笔交易不那么好，那么可以在公开市场上卖掉你持有的股票。"

"此话当真？"我吃惊地问道。

"当然。"霍利答道，"如果你认为我们做的这笔交易不好，既然事先也没有征求你的同意，那么我愿意让你退出。我希望你还是留下 1 万股，就当是表示一下诚意，也算是对我的一种赞赏吧。我不想让盖茨和其他伙计说，为什么你就是不想和他们一致行动。"

我同意照他说的做，我把所有路纳铁路的股票都卖了，留下了 1 万股。不久 J.P. 摩根就取走了我持股的 1/3，留给我的就剩 6000 多股了。

——————— 04 ———————

虽然失去经营一条南方优质铁路的机会让我非常失望，但我的财务状况却很好。无论如何，我们经纪公司仍然牵涉进这次与摩根银行的交易：一来，亚瑟·豪斯曼个人持有路纳铁路的股票；二来，我们要为霍利的一些合作者处理大量股票。

我想向豪斯曼解释，如果摩根决定不执行认股权，他和其他人会陷入十分不安的境地。豪斯曼先生是一个乐天派，他不同意我的看法，认为和 J.P. 摩根的协议不会有危险。

不久，盖茨的儿子查理得知我几乎卖完了持有的路纳铁路股票，我没有对他说我这样做的原因。我只向霍利和豪斯曼两个人解释了我的立场，觉得有必要告诉他们。但盖茨自己弄清了事情的始末，我无法想象他会觉得有多舒服。

到了 5 月底，就在路纳铁路的股票认购权期满之前，摩根银行宣布为路纳铁路公司和南方铁路公司收购莫农铁路公司（Monon Route）——经营芝加哥、印第安纳波利斯至路易斯维尔的铁路。

针对此举，我建议霍利写信给摩根银行，告知他们由于没有与我们商议，便将路纳铁路公司的资产用于质押购买莫农铁路公司，我们将此举视为自动通知，表示 J.P. 摩根将行使对我们持有的剩余 2/3 路纳铁路股票的认购权。

这封信寄出当晚，我睡了一个好觉，这是我着手进行路纳铁路股份商业冒险以后第一次安枕，我们皆大欢喜，宣布收购莫农铁路公司改变了 J.P. 摩根对购买路纳铁路股份的认购权选项。

1902 年 8 月，J.P. 摩根先生自欧洲返回。他派人来请霍利，陪霍利一起赴约的是查理·盖茨。事先我和他们谈了一次，此时总体金融形势看上去越发不明朗了。

我说："如果他提出根据认购权买下这些股份之外的任何提议，你们都应当谢绝。因为摩根银行做了莫农铁路公司的交易，我们就要坚持认购权不可变更。"

果然，J.P. 摩根先生要求将认购权展期 6 个月。接下来，J.P. 摩根先生和我们这批人进行了数次商谈。在一次会见时，J.P. 摩根先生告诉盖茨，只要等一等，我们的路纳铁路持股就能得到更多利润。西奥多·罗斯福总统已经对北方证券公司（Northern Securities Company）发动那场著名的诉讼，如果法院支持北方证券，J.P. 摩根说他可能会组建一家南方证券公司（Southern Securities Company），这家公司将会提升南方的几家铁路公司股票的价值。

我相信，霍利本想同意让认购权展期，或者进行某种延迟，但盖茨立场坚定，认购权一共涉及 30.6 万股路纳铁路股票，J.P. 摩根对其中 1/3 已经在前期付款。他现在要以每股 150 美元拿走剩余的 20.4 万股。又过了半年，一场金融风暴席卷全国。如果那些路纳铁路的股票在市场上大举抛售会发生什么事情，已无须多说了。

在这次操作的最后阶段，我个人获得的利润相对较少，因为在给 J.P. 摩根的一揽子认购权股票里，我仅剩 6000 多股。**不过自始至终，我在交易全程净赚大约 100 万美元**。这笔利润就算不比别人从这次操作中赚得更多，也并不比任何人赚得少。因为我买入路纳铁路的股票比别人都更早，我的持股平均成本要比别人低 15 个点。

当时广为流传，后来时常被人们提起的是，盖茨和他的同伴在这笔交易中净赚 750 万美元。人们还指出这次交易是典型的盖茨手法，这就是一个例子，说明他是如何控制一条铁路，虚张声势让 J.P. 摩根为了让铁路保留在声誉良好的人手中而买下铁路的。

然而，要说盖茨加入这次操作让 J.P. 摩根难堪，却是与事实不符。其实从收购路纳铁路股票的开端来看，我与此事的关系要比盖茨更密切，他是在这次操作成熟以后才加入战局的。我最初的打算是为了能拥有或者管理一家重要的铁路公司。当这个希望逐渐变得渺茫，而股权之争在以我起初未曾预料到的过程演变时，我的目的就变成了让我所在的群体摆脱困境。后来 J.P. 摩根拿走的那 30.6 万股，我们持有 1/3，盖茨及其合作者持有其余的 2/3。

路纳铁路股票的业务结束后，我的经济状况更乐观了。我在此项交易前后的表现也相当出色，引起金融圈中一些人的注意。我尤其欣喜的是，安东尼·布雷迪提议请我到中央信托银行执行委员会出任委员。

接受这一邀约的话，我就会和以下这些人共事：弗雷德里克·奥尔科特（Frederic P. Olcott）、小阿德里安·伊塞林（Adrian Iselin, Jr.）、詹姆斯·斯派尔（James Speyer）、布里斯（C. N. Bliss）、奥古斯都·朱利亚德（Augustus P. Juilliard）和詹姆斯·华莱士（James N. Wallace）。这一邀约相当诱人，而对我这样一个不属于银行界的交易人提出邀约实在极不寻常。

不久后，凤凰人寿保险公司（Phoenix Life Insurance Company）请我出任董事职务。我婉拒了凤凰人寿和中央信托的邀约。原因正如我向布雷迪先生解释的那样，我想继续在股市做投机交易，我认为一个会做投机交易的人不应是一家保险公司或银行的董事。

我没有对布雷迪说的是，其实我已经开始强烈怀疑自己是否想要继续留在华尔街了。

第 14 章

一个转折点

01

我永远不会忘记那一天，当时我去看望父亲，对他说我已经有百万美元身家了。他和蔼的脸上露出了狐疑的表情，仿佛他要领会 100 万美元这件事有些困难。我觉得他可能怀疑我计算的准确性，便提出让他看看我持有的证券。

他说："不用，我信你说的话。"然后开始谈起其他事情。

或许我不该期待父亲会有其他反应。他一直认为，与道义价值和一个人对于社区的用处相比，赚钱的重要性终究是次要的。他在南卡罗来纳州的时候就是这个态度，当时母亲就抱怨他应该从诊所抽出时间用在他的试验"农场"上。我在普廷贝铁路投机项目上赔掉他不少积蓄时，他也是这个态度，他认为表达他对我的信任非常重要，所以允许我继续用他的积蓄去冒险。

然而，父亲的反应让我开始认真反思之前不止一次让我困扰的问题——**一个人如果在拥有 100 万美元的同时不去做些有价值的事情，钱对他有什么用呢？**

我想要的东西只要在出售就能买到，我同时又意识到很多东西是钱买不到的。我不由将自己的职业和父亲的事业做了对比——我赚了很多钱，而他在医学、卫生领域和帮助自己的同胞方面取得了不少成就。

我越来越希望自己没有放弃最早去学医的想法。我羡慕弟弟赫尔曼，他此时已经是一位名医了。

我决定至少要以某种方式参与父亲的工作。那时，父亲为之奋斗的第一批公共浴室正在纽约的里文顿街兴建起来，父亲撰写了多部水疗法专著，其中两本已经被译成德文和法文。但是父亲仍在做着普通开业医生单调而沉闷的工作，还是乘坐自己的轻便马车出诊，几乎不知道晚上休息不被打断是怎么回事。当母亲和他与朋友们一起吃晚饭时，他随时有可能中途离席出诊。他们去看戏时，也要将父亲的名字留给售票处。

虽然我从未听到父亲的抱怨声，但是上述这些事情显然已经开始让他身心疲惫。1900 年 7 月，在他 60 岁生日当天，我劝他放弃执业，接受一笔收入。这笔收入能够让他去做医学实验，从这个方面来继续做自己的工作。能这样获得新自由的主意打动了他，儿子能主动提出这个办法，他也为之喜悦。直到那一刻，他对我已经是一个富人这件事才产生了一点兴趣。

只不过，父亲还在犹豫。他有几个病人无法置之不理。他非常了解这几个病人，父亲认为不能将他们转给别的医生负责。他继续为这几个病人看诊，无论白天黑夜，随时听候召唤。

我经常这样想，我能花钱让父亲节省下的时间有助于他拓展关于水疗法的开拓性工作。1906 年，他在这一领域已经被公认为是美国首屈一指的权威。1907 年至 1913 年，他出任哥伦比亚大学内外科医学院的水疗系主任。

在那些年，许多医生都倾向于忽略水疗法，认为那是一种不正规的江湖医术。一直到 19 世纪 40 年代后期，我为一些大学和医疗机构捐赠了很多钱，希望他们促进物理疗法研究之时，才领会到父亲为推广水疗法必须克服多少阻碍。我还帮助纽约贝尔维尤医院建立了理疗与康复研究所，该机构已经成为全世界同类机构的模范。

为了推动这些医疗事业进步，我发现必须与美国医疗协会的一个部门斗争，才能让理疗被承认是值得信赖的一门医学。1957 年春，令我感到特别满意的一件事是，得知美国医疗协会准备授予小亨利·维斯卡迪（Henry Viscardi, Jr）卓越贡献奖，以表彰他为理疗康复所做的贡献。维斯卡迪天生无腿，却帮助许多残疾病人康复，让他们能够从事一些生产性工作。维斯卡迪所做的正是我父亲开始发起的斗争的一部分，现在看来，这一事业最终赢得了医学界的认可。

回头再说 1900 年夏，当时我帮助父亲扩大了他对社会的贡献，这令我感到十分满意。但是帮助别人做事不能真正填补自己内心的空虚，**一个人只有自己付诸实践才能成为一个完整的人**。我对完全只是在赚钱的生活仍然觉得不满意。我也意识到，虽然将钱投入一项有价值的事业是在正确的方向迈出了一步，但是这不会像为了某种事业亲力亲为那样让我感到满足。

02

然而，即便我的内心被各种不满足的情绪搅扰，却没有真的为此做过什么事情，直到一年多以后，我在华尔道夫酒店参加了一次社交晚宴，这些心绪又被重新唤醒。这次社交晚宴是为钻石火柴公司（Diamond Match Company）董事长"嗨"巴伯（"Hi" Barber）举行的。

吃完自助冷餐，有人就准备好桌子，让大家玩百家乐。约翰·德雷克曾与盖茨搭档支持"同花大顺"夺得古德伍德杯马赛冠军，他和一位房地产运营商洛伊尔·史密斯（Loyal Smith）一同做这次赌局的庄家。我们各自落座，购买了筹码。白色筹码代表的金额最少，每枚 1000 美元。

盖茨和我在桌上的位置正好相对。押了几轮 2000 美元、3000 美元和 5000 美元后，盖茨开始叫我们胆小鬼，提高了他的下注。哈里·布莱克（Harry Black）和昵称"赫蒂"的赫德森也跟着他将下注提高到 2.5 万美元，然后赫德森又拒绝继续提高下注。我看到盖茨想要大展身手，就将我的下注限定在 5000 美元以下。其他宾客中至少有两个人也效仿我采取了预防措施，那是后来做到美国驻法大使的休·华莱士（Hugh Wallace）和威利斯·麦考米克（Willis McCormick）。

此举惹恼了洛伊尔·史密斯，他正在收进赢得的筹码，拿出庄家输掉的筹码。他说："我真的被你们这帮胆小鬼惹恼了，你们自己动手拿进拿出这点筹码吧。"

又有人提高下注了——一局升到 5 万美元、7.5 万美元。

让寻常的下注变成不计后果的豪赌的究竟是什么呢？ 大输家铤而走险是一个因素。此外，我发现如果一个人运气好，一直在赢钱的话，他就会觉得提高下注就可能赢下多得多的钱。但是这场赌局还没有大输家和大赢家出现。这场赌局整晚进行得都很奇怪，下重注和下小注的人都是这种感觉。大家一直你输我赢，你赢我输，谁都很难连赢或连输多次。

或许正是这场赌局一直输赢未决让盖茨有些心烦，他随意向桌上丢出两枚黄筹码，一枚 5 万美元。庄家接受了这一注，其他玩家也加了注，但是我坚持一注不超过 5 枚 1000 美元筹码。

这是我生平首次看到有人为行将揭开的一张牌下注 10 万美元冒险。有那么一刻，我都怀疑这是不是真钱。等我打量一下德雷克和史密斯脸上的表情，就明白确实是真钱。

盖茨并不满足。他又在桌上扔出 4 枚黄筹码。两位庄家商量片刻，就接受了这次挑战。别人都没将下注翻倍。盖茨一把就下注 20 万美元，我们所有人都成了胆小鬼。盖茨几次都下了同样大的赌注，结果只是不输不赢。

然后，他收起自己的筹码，都放在手里弄得叮当响。片刻后，他的粗短手指利落地在自己面前摆出两叠同样高的筹码。他将一叠放在自己面前那一门，另一叠放在我那一门。每一门有 10 枚黄筹码——一共下注 100 万美元！

"只是一点小赌注。"盖茨说完，抬头期待地望着两位庄家。如果说他像有时因为兴奋的压力而略有些气喘，或者说话的声音有些不自然的话，那么我无法察觉。

我们所有人都盯着两位庄家看。史密斯提出异议。他说这一注太多了，他不愿意冒险。

"跟吧。"德雷克催促道，"就让我们和他一决胜负。"

一番说服后，史密斯同意接受这一注。德雷克拿起扑克开始发牌。他面色苍白，但是发牌的双手动作仍然稳健。史密斯就站在他身后，面无人色，额头上汗水涔涔。

我看看自己的两张牌。那看来自然是 9 点，我很快亮牌了，盖茨押了我的牌，也押了自己的牌，在我这一门先赢了 50 万美元。

随后，盖茨在桌子对面将自己的两张牌翻开来看。点数不合他心意。他继续要牌，结果输了。盖茨与庄家打和。

就连我所认识的最坚强的人之一德雷克，都对这个结果满意。但是盖茨不满意，他下注的时候就是为了赢。

当晚以后的时间里高潮不再，庄家宣布，如果桌面上的下注超过 50 万美元，他们就不接受了。不过，我们玩了很长时间，下注大小合我的心意。其实，下注还是偏高，于是我只用自己的白筹码跟注，一次从不超过 5000 美元。

奇怪的是，牌局一直都进行得很平稳。下大注的人大致上不输不赢，输得最惨的一位是在场所有人中最输不起的。而我在离场时留下了 1 万美元。

03

次日上午，我就像往常做的那样，在埃德·霍利于 57 街与百老汇大街交界的单身公寓里稍作停留，然后和他一起乘车去市中心。他告诉我盖茨和德雷克来到纽约的原因，他俩正准备与基恩、丹·雷德、霍利和另外几个人联手推高股市。我当场保持了沉默。

霍利解释他们打算怎样买进 30 万股不同的股票。到市中心的一路上，他都在对我说他们准备合作的各种细节，想引起我的兴趣，邀请我加入。

我一言不发。我暗自想到，**一群投机客集体联手投资股票，其实是股市将会转弱的迹象。**

我们来到百老汇大街 20 号我们公司所在的办公楼，站在楼梯脚时，霍利问道："那么，伯尼，你想占多大比例呢？"

"或许 25%。"我答道。

霍利扬一扬眉毛。"我认为我们没法让你买下那么多。"他回应道。

我说："埃德，我其实什么都不想买，我想卖出。"

我接下去向他解释，就在他一路谈话期间，我一直在想前一天晚上在华尔道夫酒店的赌局。我发现那场赌局既令人心烦，又有教益。**赌局向我说明，当人们的钱到手太容易时，会发生什么事情。这样的钱看起来好像不是真的一般。**

当人们在赌牌、赌马的过程中下巨额注码时，就是说他们已经失去了所有价值感和经济意识。我对霍利说，在这样的人手中，股市不会持久稳定，也不可能是纯正的市场。

我继续说道，股市已经涨得够高了。如果要说有什么问题的话，那股市其实涨得过高了。

我对霍利说的这一番话可能对他产生了一些影响，他本性还是明智的。然而，他在那一刻并不认同我的看法。他临别时说的话是除非我想赔得很惨，否则就别肯定股市走熊。

我登上楼梯，到了公司就提出下单着手卖股票。我的合伙人亚瑟·豪

斯曼一向是乐天派，那天不认同我的看法。那天下午，华尔道夫看多股市的那群人对我好一阵消遣。然而，我觉得就在他们戏谑逗乐的背后，可以察觉到不安全感，仿佛他们的强势言谈是为了掩盖自己的虚弱。

我转向霍利，说道："一个人要是把自己的手指放进这帮人嘴里还能去睡觉，那一定是一个傻瓜。"

他勉强承认道："是啊，可能你是对的。"

在这群人联手大举买入的刺激下，股市起初上扬，但不久还是欲振乏力。

那些聪明人说："那仅仅是空方造成的短暂弱势，下跌是不会持久的。"

然而股市一直在下行。有一次股市大跌后，我就坐在华尔道夫酒店里的一张桌子旁，听着一些交易员说些话来自我安慰。雅克·菲尔德也看空股市，正在为我们两个人的立场与他们交谈。**我从不为正在发生的事情与人争辩，而是让结果本身说话**。片刻后，詹姆斯·基恩走了过来。

"先生们，你们觉得了不起的豪斯曼公司怎样？"他用尖锐的嗓音问道，"这家公司的一头牛气冲天（多方），另一头却是一只张牙舞爪、咆哮着的熊（空方）！"

或许人们将自己的损失归咎于空方，可以为受伤的自我包扎伤口。但理所当然的是，**真正让市场崩溃的不是我在卖空，而是股价已经被推升过高，当时超出了任何经济意义上的合理价位**。此外，事实是，空方的批评意见和卖空操作让一意孤行的赌徒和公众免受更加惨重的损失，是他们阻止了无法维持的高价继续走高，避免了股市本会发生的灾难性更大的暴跌。

就连非常有经验的股市操盘手，都发现很难意识到人为操纵对市场只能发挥有限的临时作用。**归根结底，经济事实——价值才是决定性因素**。只有当多方将股价推升得过高而不合理的地步，空方才能够赚钱。

在这个国家，看多一向比看空更加普遍、更受欢迎，因为**乐观主义精神是美国人继承的文化遗产中非常重要的一部分**。然而，因为过度乐观往往会将谨慎精神丢到一旁，因此造成的损害比悲观主义更多。

我们要享受自由市场带来的种种便利，必须既拥有买方，又拥有卖方；既要有看多做多，又要有看空做空。**一个没有看空做空的市场就像一个没有言论自由的国家。没有人批评和抑制错误的乐观主义情绪，往往会导致灾难性的后果。**

04

大概就在这个时候，我也开始对这样一件事不太乐意，那就是身为经纪人，我要为其他人操作投机账户。我在向安东尼·布雷迪解释拒绝加入中央信托执委会的时候说过，我认为一个投机者不应成为公司董事。我逐渐认为一个投机者应该孤身走自己的路——后来的经历让我的这一看法更加坚决。

一个简单的真理就是，**市场上没有"百分之百有把握的事情"**。况且我不想因为他人可能根据我的判断操作去负责。**哪怕最优秀的投机者都必须做好犯错的准备，他的操作必然有一定比例会出错。他在出错的时候，必须能够当机立断，迅速、娴熟且悄无声息地撤出交易。**

如果他诱导大批追随者跟着他操作一起犯了错误，那么，他就无法完成上述撤出行动了。要是他承担了对大批追随者的责任，社会通常要求的体面必然会让他给予别人相同的逃脱机会。我数次发现自己陷入这种窘境，要么就替所有人采取行动，要么立即通知别人我打算怎么做。但这种责任真是让人担惊受怕。

正如上文所说，**我当年尚未强烈地感觉到投机者应当独来独往的原因**，但是我开始觉得一方面自己从事投机交易，同时继续为别人打理投机账户的做法有些不对劲了。

然而，想要割舍代理的其他人的账户，就意味着我要退出豪斯曼公司，这是很难踏出的一步。况且我一旦离开公司，接下去会怎样？这不是一个容易回答的问题。

在 32 岁的年纪，我已拥有自己想象中一生会需要的所有的财富。实际上，我的财富相当于用我的年龄去乘以每年 10 万美元（即 **320 万美元**），**而且都是现金。这笔财富是我在 5 年时间里赚来的。**

除了沃尔夫外祖父以外，我们家族没有任何人曾经发过财，但是他去世时是一个穷人。然而，我父系的人和母系的人都活得有益，也很满足。我发现自己陷入了困惑，不知是否应该离开华尔街去学法律，然后成为穷苦和不幸之人的辩护律师。

1902 年夏，我决定去欧洲，把所有的事情都想通。

我认为股市基本上处于相当高的位置，就将大部分持股卖出兑现。就在动身离开美国之前，为了重新配置一下自己的资本，我从我们公司里提出一些钱，步行去国民城市银行存放。我没带介绍信就走进去了，提出要见银行董事长詹姆斯·斯蒂尔曼（James Stillman）。在那个年代，银行可不像现在那样有许多副董事长，接待员让我去见出纳霍勒斯·吉尔伯恩（Horace M. Kilborn）。

吉尔伯恩先生问能为我做什么，我回答说想要在银行开个账户。他问我是什么人。这对我年轻的自尊心是一个打击，我本以为这家银行一定知道我的名字，因为在斯蒂尔曼先生有权益的联合铜业和其他领域的交易中，我都曾积极参与过。

我有一点窘迫，便提起熟人咖啡商赫尔曼·西尔肯。我能看出这个名字有些用处。然后吉尔伯恩先生问我的开户金额是多少。我取出一张100万美元的保兑支票。这张支票产生了任何恃才傲物者都可能羡慕的效果。

陪我一同乘船去欧洲的是我的妻子、父亲和亨利·戴维斯（Henry C. Davis）。因为亚瑟·豪斯曼觉得我们公司需要一个人能够告诉我们霍博肯（Hoboken）[①]以西的美国正在发生的事情，戴维斯就进了公司。他对美国的了解几乎超过我遇到过的任何一个人，他在豪斯曼公司的工作很出色，让我们都受到了一种很好的教育。这次旅行，我会设法报答戴维斯，想让他熟悉欧洲，但事实证明我的努力没什么用。

戴维斯和我们一同去了伦敦，之后就不愿去别的地方了。用他的话来说，"我不会说当地方言"的地方，他都不在意。戴维斯不喜欢欧洲，不了解欧洲，也不想了解欧洲。

他在铺设北太平洋铁路的工程队里做过探路工。他了解股市的运作，但几乎不关心。在他想知道股票是涨是跌时，总是会让视线越过我们这些看大盘的人，望向辽阔的乡间，从那里寻找答案。我记得有一次和他一同驾车经过一片稻浪翻卷的广阔田野。

他说："把每年土地上长出的杂草拔掉就行了，那是我们所有人成功的办法。"

我和我的妻子、父亲从伦敦出发，踏上悠闲的旅程，一路向东横穿欧洲大陆，到达君士坦丁堡。然后，父亲和我们分头旅行，独自去维也纳、柏林和巴黎的医学圈子访问。他在那些地方的知名度日益提高。妻子和我则返回巴黎。

[①] 霍博肯市在新泽西州东北部，与纽约的曼哈顿隔哈德逊河相望，在19世纪末是美国的重要工商业中心。

就我的前途而言，欧洲之旅结束后，我并没有比一开始想得更加深入。在我算出重返学校读书，然后开启一份新职业需要耗时多久后，我就放弃了成为穷苦人法律辩护者的念头。但是对于今后究竟想干什么，我还是无法说出个所以然。

我们在巴黎的丽兹大酒店（Ritz Hotel）下榻。一天晚上，我睡得正香，突然被叫醒，我的幼弟发来了电报，说我的合伙人亚瑟·豪斯曼正处在将会破产的危险之中。当然，这意味着我们的公司也处于险境。这个打击几乎让我瘫倒在地。

我做好了安排，立即从我的账户转一些资金到公司的账户上，然后赶上最早一班轮船回到美国。亚瑟·豪斯曼来迎接我。他告诉我明尼阿波利斯至圣路易斯铁路公司和科罗拉多南方铁路公司的股票暴跌，他和埃德·霍利对这两只股票都投入了大量资金。我接管了亚瑟的账户，注入足够的资金，让他能保住自己财产所系的股票。这些股票都留在我的箱子里，等到今后的某个时候，这两只铁路股的行情好转，豪斯曼先生能够出售盈利为止。

能够用我的信用和资金帮助豪斯曼先生渡过这个难关，帮助他保住用毕生时间积累的财富，这件事让我无比欣喜。他让我得到在华尔街起步的机会，在我早期的奋斗阶段，他给了我同样的帮助，或许比我回报他的更多。

我的内心翻来覆去，多次考虑过自己的事业将会发生怎样的转变，最后我作出了一个重要决定——逐渐淡出豪斯曼公司。这是很难跨出的一步，因为我对豪斯曼兄弟的感情非常深，但是在作决定后，我感觉好多了。现在我可以确立和维持绝对的财务独立了。

我将自己的感受告诉托马斯·莱恩，他对我说这样做是对的。后来，他数次想让我与他合作，但我一再提起他早先给我的建议，告诉他我想独自走自己的路。

1903年8月，我完全退出了豪斯曼公司。我搬到百老汇大街111号的办公楼里，一直到我注销纽交所会员席位为止，都留在那里。虽然我已经33岁了，但搬进自己开设的公司，那种兴奋感与我在棒球场上打出本垒打送几个人跑回本垒相仿佛；菲茨西蒙斯对我说我拥有成为拳击冠军的资质时也是这样兴奋；我好不容易得到第一份工作、出售第一笔债券、将自己持有的债券的息票减下来——佐治亚太平洋公司的第一期年息5%的固定抵押债券时都是这种感觉。

我的新公司开业那天，母亲发来一份电报，我将电文装裱好挂在办公室的墙上。她还送给我一只带红色斑点的绿瓷猫，现在仍放在我的书桌上。父亲送给我一张他本人的照片，上面题了这些字："**让始终如一的诚信永远成为你的座右铭。**"

我为自己定下的第一条规则是"不为任何人代管证券账户"。我严格遵守这一条规则，仅有极少例外。一个例外是罗得岛州的参议员尼尔森·阿尔德里奇（Nelson Aldrich），我和他在一家橡胶勘探和开发公司成为生意伙伴。有一次橡胶公司的会议结束，阿尔德里奇问我拿一些钱进行投资怎样才能获利。我对他说，我觉得美国钢铁公司的股价偏低，因为我觉得美国的经济将会复苏，那么这家公司就会得到巨量的钢铁订货。他请我代他买些股票，我说不为其他人代管证券账户。

阿尔德里奇参议员的年纪与我父亲相若——他内战中曾在北方联邦军队里服役。他平静地看着我说："听着，孩子，你买些那只钢铁股放在我名下。我打算一遇到有资格得知这个消息的人，就对他说，我正在买入美国钢铁，我是让你为我下买单的。"

我买下股票，交给他了。不久，他告诉一些和美国钢铁关系密切的朋友，说他买了这家公司的股票。那些朋友说他们担心他买错了。参议员答道，他正在听从年轻的朋友巴鲁克的建议买入。

"哦。"那些钢铁业人士说。后来有人告知我，他们只说了这么一个字。

虽然我并不总是认同阿尔德里奇参议员的政治观点，但直到他离世，我们都是要好的朋友。我注意到为他买的那些股票成为他身后遗产的一部分，为此十分高兴。

然而除了极少数这类私人帮忙之外，我不会为别人代管证券账户。我开办自己的公司，目标就是为了能够独自在投机事业的道路上奋斗，这样就算我判断出错，也不会连累其他人受到损失。

在踏出了上述几步之后，我能够更加自由地进行投机交易了，却发生了一件特别的事情。我进行的投机操作并没有比以前更多，反而更少了。1903年秋季以后，我用来观察股市起落的时间越来越少。我发现自己正在转向一些新领域，那里的建设性事业和投资越来越多地占用了我的时间。

第 15 章

与古根海姆家族合作

01

1889 年，母亲拦着不让我去墨西哥向古根海姆家族学习矿石采购业务，此举无疑改变了我的人生轨迹。16 年光阴荏苒，我从古根海姆家族接到另一份邀约。这 16 年间，古根海姆家族日益兴旺，逐渐从在科罗拉多州的两座矿山拥有一半权益的矿主家族变成整个采矿业最强大的一股力量。

这 16 年间，我已脱胎换骨，不再是当年那个高瘦笨拙，想从丹尼尔·古根海姆那里得到第一份工作的青年。这些年，我的金融判断力一再得到检验——我经常逆市场趋势而为，知名金融机构邀请我出任董事，众人也日益尊重我身为谈判者和证券市场操盘手的技能。

在此期间，我已获得了自己的财务资本。1893 年金融恐慌后，我察觉到在经济萧条期以极低的价格买入证券，等到必然会来到的经济复苏期获利，就能赚取利润。但那时我没钱投资，也就无法利用自己看到的机会。

1903 年，金融恐慌来袭，我的处境已今非昔比。**1902 年，看到证券市场的价格已经被推得太高，我就将持有的大量证券卖出，从而在市场下跌到位时，能有现金买入，再等候将来国家经济增长期获取丰厚利润。**其实，我不仅拓展了在经济领域的利益，还主动开拓新事业。

或许 1893 年金融恐慌之后，金融市场取得的主要成就就是整合了全国的铁路。1903 年金融恐慌以后的岁月里，美国经济发展的主要标志就是快速增长的工业需要促使原材料基础产业巨幅扩张。第一次世界大战之前的 10 年间，我投资的几家公司都致力于开发诸如铜、橡胶、铁矿石、黄金和硫黄等各种原材料的新供应来源。我天性不安分，一旦这些企业中的一家发展到能分红的阶段，我通常就会退出再寻找下一个投资目标。这些具有风险性的企业有一件事令我尤其高兴，就是可以利用它们从地下攫取新资源，将这些资源交由人们来处置。简而言之，这些企业是真正财富的创造者，创造出来的不是钱，而是有用的东西。

第一次世界大战爆发后，伍德罗·威尔逊任命我为国防委员会下属顾问委员会委员，当时我通过上述投资获得的知识也被证明是有极大价值的。我被交付的第一项任务就是负责为美国备战计划确保充足的原材料供应。这项任务的成功完成又让我后来出任战时工业局局长。

我首次进入原材料领域是以古根海姆家族代理人的身份。古根海姆家族是一个杰出的家族。这个家族的首脑是老迈耶·古根海姆（Meyer Guggenheim），他是我父亲的病人之一。虽然我从没与他说过话，却不时能见到他，记得他一向都抽着雪茄，对落在外套上的烟灰无动于衷。

他的一个儿子爱讲那么一个故事，从这个故事就能看出老迈耶是个什么样的人。某人带着一个赚钱项目来见迈耶·古根海姆，大呼小叫：“古根海姆先生，您看，这个项目会给您带来多大财富，多大权势！”

老人捋一捋络腮胡子，说道：“然后呢（Und dann）？”

这是古根海姆家族所有人的一大特点。他们相信一个项目不能只是赚钱，还要能带来更多东西。他们对慈善事业的兴趣与生意一样广泛，会将大量的家族财富用于支持艺术、音乐、航空技术和学术研究。

老迈耶对采矿业产生兴趣时都五十多岁了。当时古根海姆家族主要靠经营蕾丝和刺绣品织物获取财富，但老迈耶认为这个领域未来的前景不是很好。经过自己的一位客户店主力劝，老迈耶买下了科罗拉多州莱德维尔的 A.Y. 与明妮（A.Y. and Minnie）铅银矿的一半权益。

1881 年，老迈耶决定去矿上看看，发现矿井被水淹了。他注资为矿井购买了排水设备，事实上此举让古根海姆家族财源滚滚。

老迈耶·古根海姆着手学习矿业生意，吩咐自己的 7 个儿子也要去学。**凝聚力正是这个家族的主要力量源泉**。黄金、白银、铅、铜、锌的采掘和冶炼密切相关，这些金属和其他金属通常在同一个矿石里伴生。其实矿石所含的金属混合比例适度，冶炼就会更加容易。古根海姆家族人人用心学习采掘和冶炼业某阶段的业务，全家就像“总司令”老迈耶指挥的纪律严明的军队那样运作家族事业。

例如，老迈耶的第 6 个儿子西蒙用两年时间去欧洲学习西班牙语和法语，为的是能够在墨西哥更好地为家族的利益服务。后来，他又去科罗拉多州，在普韦布洛（Pueblo）的一座冶炼厂当计时员。

丹尼尔很快就表现出甚至超过父亲的能力，成为家族团队的领袖。他对采掘业的管理延续到他去世的 20 世纪 30 年代，现在人们都在讲述他管理时期的故事。我觉得有一个故事展现了他的真实性格，第一次世界大战期间，他为其他企业家树立了爱国主义榜样。

当时美国尚未参战，但已经开始加强自己的国防，陆海军不久会需要将近 4500 万磅铜。身为国防委员会负责原材料供应的专员，我必须确保这批铜材能随时供应，我所面临的一个问题是要去决定政府应该用一个什么样的价格付款才公平。

我设法找到小尤金·迈耶（Eugene Meyer, Jr.），此人了解铜材业务，也非常讲究诚信，热切希望能为公共事务出力。迈耶建议我们按照战前 10 年间的均价给政府采购的铜材定价。这样计算的结果是每磅 16 又 2/3 美分，而当时铜的市场售价为每磅 36 美分。

铜矿业愿意这样大幅降价吗？那个年代，丹尼尔·古根海姆住在圣雷吉斯酒店（St. Regis Hotel），会在每周日下午 5 点钟见客。任何希望顺道拜访的朋友都知道他此时一定在家，可以拜访。我和迈耶去了圣雷吉斯酒店。我们询问是否能与丹（Dan，丹尼尔的昵称）先生单独谈谈。

我告诉丹先生，我们想要在为备战采购物资的工作中树立一个榜样，激励全国的其他企业家都来支持。当时看来日益明朗的是，我们可能要被卷入战争。许多美国家庭可能不久就要送自己的儿子参军打仗。不该让这些家庭认为正在打仗的时候，他们的孩子在流血流汗，而富人或大公司却在利用战争大发其财。我想通过大幅降低铜价，从而让人们清楚地看到产业界已经准备好承担自己应负的责任。

丹先生安静地聆听我们说话，等我和迈耶一席话说完，他说道："我必须跟几个兄弟都谈一谈，然后我会再找其他铜材生产商谈一谈。"我们问起需要多久才能得到答复，他说："明天去市中心的路上来接我就行。"

次日，我们去接上了他。丹先生上车后就说："我可以给你想要的铜。"

我讲这个故事是为了举例说明古根海姆家族的品格。我相信，正是这种品格才能解释他们为何能在采掘业取得成功。

当初，古根海姆家族经营采掘业大约一年，就得知如果开采结合冶炼，那么这种生意获利就十分丰厚，于是他们在普韦布洛兴建了一座价值 125

万美元的冶炼厂。墨西哥进口的许多矿石就在这座冶炼厂加工提炼。美国国会对墨西哥矿石立法禁运时，古根海姆家族就在墨西哥建了一座冶炼厂。

19世纪90年代，银铅业十分艰难，1899年就有18家相关产业被并入美国熔炼公司（American Smelting and Refining Company），罗杰斯、洛克菲勒家族和路伊森家族在这家公司的持股量加在一起即使不足以控股但也占比非常大。古根海姆家族也接到加入该托拉斯的邀请，但他们没有答应，除非他们可以控股。其他大股东对这个条件也没能达成一致意见。

随后，古根海姆家族与这家冶金托拉斯之间展开了一场事关生死的经济大战，古根海姆家族几乎在每次冲突中都能取胜。1901年，这家冶金托拉斯几乎同古根海姆家族签订了城下之盟。丹尼尔进入美国熔炼公司执行委员会，他的4个兄弟被选为公司董事，古根海姆家族取得了多数股权。

02

经过冶金业整合的一段时间后，我对美国熔炼公司的股票产生了浓厚的兴趣。我得到所罗门·古根海姆的协助，对这家公司进行了研究。我开始买入美国熔炼股票，将这只股票推荐给一些朋友投资。结果，通称为熔炼公司的美国熔炼公司的普通股交易活跃，18个月里，股价从36美元被推升到80美元。这波升势是在1905年开始的股市全面投机浪潮推高所有股票的价格之前就发生的。

然而，古根海姆家族和洛克菲勒家族之间的竞争并未全面平息。1904年，洛克菲勒家族收购加利福尼亚的联邦铅矿采掘冶炼公司（Federal Mining & Smelting & Lead Company）。在太平洋海岸另有两家大型冶金公司，即华盛顿州的塔科马（Tacoma）公司和加利福尼亚的塞尔比铅矿冶炼公司（Selby Smelting & Lead）。美孚石油公司收购这两家中的任何一家，都会让自己成为古根海姆家族在太平洋沿岸和阿拉斯加的有力竞争对手，这两个地区才刚刚开发。当时人们对阿拉斯加的潜力怀有宏伟奇想，甚至那里的发展水平至今都还没有达到当年的预期。

古根海姆家族数次尝试收购塞尔比公司和塔科马公司都未能如愿。我向丹尼尔·古根海姆建议可以让我助其一臂之力。

我的朋友亨利·戴维斯（Henry C. Davis）与塔科马冶金公司的董事长兼运营总裁威廉·拉斯特（William R. Rust）认识。戴维斯告诉我，拉斯特本人对古根海姆家族并无成见，如果我将牌都在桌面上摊开，戴维斯认为拉斯特会尽其所能帮我。

这是一个好消息，但是我必须第一个争取过来的人正好在纽约，与我的公司步行距离都不超过 5 分钟。这个人就是极为富有的达柳斯·奥格登·米尔斯（Darius Ogden Mills），他曾是加州淘金热潮的老手，80 岁高龄仍对自己范围广泛的生意保持积极治理态度。他的业务效率很高，修建的帮助贫困人口的多家米尔斯旅馆就是一个例子。他开设的这些旅馆提供的房间每晚收费仅 20 美分，一日三餐只需 15 美分。然而，这些旅馆的经营管理十分出色，仍有微利可图。

达柳斯·米尔斯是塔科马公司的第一大股东，在塞尔比公司的持股占比很大。他在百老汇大街米尔斯大厦有间办公室，就在那里以庄重的礼节接待了我。他蓄着连鬓络腮胡须，但上唇和下巴都刮得很干净。他的举止和外表都让我想起南卡罗来纳州的种植园主外祖父塞林·沃尔夫。

我们促膝长谈之时，米尔斯先生回想起当初在淘金热潮期他是如何经常在一辆马车下睡觉的。当我们谈到生意时，我请他提供持有的塞尔比和塔科马股票的认购权。他拒绝给予认购权，但告诉我可以继续进行交易谈判，他不会同时与洛克菲勒家族交涉。

1905 年 1 月初，亨利·戴维斯和我乘火车去西海岸。乔普林（A.C. Jopling）与我们同行，他是威廉·佩奇律师事务所的一名律师，我首次做公司并购业务即为莱恩收购利格特与迈尔斯烟草公司时，佩奇律师曾与我合作。我们在华盛顿州的埃弗雷特（Everett）的塔科马公司所在地与拉斯特会面。我提出以 800 美元一股的价格收购普通股，这个报价吸引力很强，几天之内，45 天后执行的认购权合同就已签字送到我们手中。这一认购权合同要求交付 90% 的普通股、转让现有的 4 份金矿开采合同（其中 3 座在阿拉斯加），塔科马公司的所有董事退出董事会。

随后我们南下旧金山，开始和塞尔比公司的人接洽。我们遇上许多困难。塞尔比公司的股东比较分散，其中有些股东不愿意出让在公司的发言权。此外，我可能不仅是为自己在进行交易的事实也泄露了。旧金山的所有报纸让人们将注意力都放到我与古根海姆家族的瓜葛上。这样的流言蜚语推测的结果当然基本上属实，这让我们的谈判更加困难。

与此同时，洛克菲勒家族也察觉到我们在进行收购。一天，我接到纽约打来的电话，吩咐我不要拖延，尽快完成塞尔比公司的收购交易。

在收购塔科马公司股权期间，比利·拉斯特给我的印象很深，我请他帮忙说服塞尔比公司的股东，达柳斯·米尔斯也承诺会运用他的显著影响力。我在几个重点问题上做了让步，设法谈妥了一切，就差正式签署合同了。然后，在3月的第一周，我搭上跨大陆列车前往纽约，乔普林留下处理收尾事宜。

我返回纽约后过了几天，塞尔比公司的认购权交易正式通过了。随后，就在我正准备行使对塔科马公司股份的认购权时，旧金山的采矿工程师弗雷德·布拉德利（Fred Bradley）开始叫嚣起来，扬言要搅黄塔科马收购交易的谈判。布拉德利和他的同伴整整3周在打电报忙个不停，让我很不舒服。多亏比利·拉斯特和亨利·戴维斯两人帮忙，最终，将布拉德利争取了过来。

通过成功行使对两家冶炼公司的认购权交易，古根海姆家族在太平洋沿岸和阿拉斯加将洛克菲勒家族"将死"。我们事先就约定，如果我成功帮助古根海姆家族达成交易，将会获得丰厚的奖金。最初，丹尼尔·古根海姆打算将太平洋沿岸的这两家冶炼公司合并进一家新公司，让我获得大笔股份当作奖金。然而丹尼尔改了主意，将塞尔比和塔科马这两家公司都并入美国冶炼公司。

丹尼尔作出的新安排需要对我的应得奖金另做处理来搞定。丹尼尔让我与塞缪尔·翁特迈耶（Samuel Untermeyer）谈这个问题，这个人是那个时代最精于盘算的律师之一。我记得这是首次与他谈生意上的问题。翁特迈耶尽力为他的客户争取最大利益，与我讨价还价，我的反应就像是毛发被撸错方向的猫，不肯屈服。

如果按照原定计划设立新公司的话，我的辛劳将会赚大约100万美元。我告诉翁特迈耶先生我要求的就这么多，不愿在这个原则问题上多争论。翁特迈耶先生问我是不是打算"持械打劫"美国冶炼公司。

我们俩在一张桌子两边相对而坐，我倾过身子答道："不，翁特迈耶先生，直到现在为止，我都没有想过这样做。"随后离开了房间。

翁特迈耶将这个问题提交给丹尼尔·古根海姆，他以个性化的方式作了决定。"如果伯尼说他应当得到100万美元，那就给他这笔钱。"

我收到支票后，先付清法律费用和各种杂费，合计大约10万美元。然后，**我开了两张各30万美元的支票，一张给亨利·戴维斯，另一张给威廉·拉斯特。**

戴维斯和拉斯特收到支票时，感到非常吃惊，两个人都不愿意收下这笔钱。我对他们说，他们必须收下钱，因为这是他们自己赚到的。事实就是这样，没有他们的相助，我永远也无法完成这次交易。

03

我为了一件事情，急忙从加利福尼亚赶回纽约，那就是美国熔炼公司的股票在持续上涨。从 1 月初到 3 月初我不在纽约的两个月里，这只股票已从 80 多美元涨到 100 美元以上。然后，正当我了解塞尔比和塔科马两家公司的股票认购权事宜时，熔炼公司的股价已越过 120 美元大关。我认为这样大幅上涨似乎不太健康。此前，我向朋友们推荐过这只股票，如果股票继续上涨，我担心其中有许多人会受伤害。我去见古根海姆家族的人，将我的担忧说了出来，告诉他们我必须建议朋友们卖掉股票。

古根海姆家族不同意我的意见，他们不认为他们公司的股票已经被推得过高。他们的反应是又一个例子，说明**"内部人士"对自己公司的股票保持客观判断力何其之难，极其成功的生意人对股市的了解可能又何其之少**。古根海姆家族是世界上最了解采掘业的人，但是他们对股市却不像我这样了解。

伟大的铁路建设者鲜有人能掌握股市的运作技巧。爱德华·哈里曼是一个非同一般的例外。詹姆斯·希尔建成大北方铁路，但要谈到股市操作，他简直就像个门外汉。**我不信那些据说多才多艺之人，因为我懂得很少有人能做好一种以上的事业。**

正如我对古根海姆家族说的那样，我将美国熔炼公司的股票卖了。我的一些朋友也卖了这家公司的股票。而另一些朋友忽视了我的建议，尤其是那些与古根海姆家族关系密切的人。

1905 年至 1906 年的牛市正在一路狂飙，我提出的警告没起任何作用。经过一次短暂下调，熔炼公司股票又开始攀升，起初慢慢涨，后来就加速上扬。1905 年 8 月，股价越过 130 美元关口，11 月初又达到 140 美元，月底还没到又站上 157.5 美元高位。

我绝对不喜欢看到这样疯涨的情况出现。

古根海姆家族虽然被我看空他们股票的态度弄得不高兴，但看到我的悲观预料似乎受挫，就又有些满足。所罗门·古根海姆很信任我，向我吐露希望收购国民铅矿公司，从而让熔炼公司完成控制铅矿行业的霸业。

我认为在所有独立铅生产商里，以国民铅矿公司最强，但公司股本非常小，才 15 万股。通常这只股票交易量很少，但是公司的营收报告很高，而且整个股市都在涨，带动国民铅矿公司的股票在 1905 年 10 月至 11 月初上涨了。

尽管如此，我告诉所罗门·古根海姆，收购国民铅矿公司的最佳方式就是买入公开市场上的大部分股票。他给我指令这样行事，我请他不要将此事透露给任何朋友，还要让尽可能少的公司成员知道此事。

次日上午，我就指示那位经纪人中的王侯哈里·康滕特收购国民铅矿的控股权。我告诉他一开始就迅速推高股价，吓退竞买者。我认为，我们等待越久，买足实现控制权的股票的机会就越少。

纽约证券交易所上午 10 点钟开盘，我就在自己公司的股票自动报价机前坐下，一部联系证券交易所交易大厅的直线电话就在手边。国民铅矿的股票在 57 美元左右开盘。随着康滕特的买入，股价涨了大约 3 个点。然后，康滕特打电话报告，有某个对手一直在买入。

我立即对他说暂停买入。不久，康滕特打电话说无论是谁在买入，都开始害怕，停手了。随后，竞争买家开始卖出这只股票。于是，我重新给康滕特下指令，让他尽快推升股价，从而让竞争买家不敢照价跟进。我知道这样做会鼓励卖盘出现，也会威慑住其他买家。

收市的锣声在下午 3 点钟敲响时，古根海姆家族获得了国民铅矿公司的控股权。一天的交易就完成了收购。康滕特的操盘收购娴熟，这只股票收盘价为 64 美元多一点，比开盘价涨了不到 8 个点。

试问去哪里能再找一位这样优秀的场内经纪人呢？

成功收购国民铅矿公司，让美国熔炼公司跃升到新高。1906 年 1 月，该股股价触及 174 美元高位。接近公司管理层的人兴高采烈地谈论该股股价会超过 200 美元。

然而股市迎来一次全面下挫。美国熔炼的股价下跌至 161 美元，反弹之后又再度破位下跌。古根海姆家的经纪人奋力阻止跌势，但没有任何用处。

当我们突然遭遇不幸时，只要可以，所有人往往都会倾向于将不幸归咎于他人，通常我们觉得自己可以这样做。这种维护自尊心的本能是人性最根深蒂固的特点之一。一个故事流传开了——美国熔炼公司股价破位下跌不是因为股价已经过高，而是因为巴鲁克对该股做空。股价涨到 120 美元时，我曾提醒过一些人，此后又反复告诫过他们，正是这些人被失望遮蔽了眼睛，不愿意面对现实，一再讲述这个虚构故事。

这是赤裸裸的谎言，做空与我关系密切的公司的股票的话，就不符合我从未违背过的行为准则。古根海姆家族和其他人都给予过我许多机会，我绝不会"狙击"那些人拥有的公司的股票。

这些令人不快的谣言很快传到古根海姆家族的耳中，使该家族中的几个兄弟都避开我。我为之伤心失望。然而，我打定主意，只要古根海姆家族的人不提这件事，就坚决不去否认对我的责难。我在等待。最后，我得知所罗门·古根海姆说我做空他们的股票。

我去见他，努力保持镇定，简要讲述了美国熔炼公司股票涨跌的全过程，说明他指责我做空的事情十分荒谬。我离开他时，他仍然颇为气恼，但是我认为他之所以生气，是因为他当初忽视了我的建议，而不是相信我真的"狙击"了他的股票。

这次令人苦恼的会面之后，古根海姆家族的一个亲戚——一位证券经纪人告诉所罗门·古根海姆，他和别人此前说我在股市做空的说法是错的。所罗门·古根海姆立即来找我道歉。

这阵风波还没过去，华尔街就传开了一个谣言——质疑古根海姆家族的财务稳定性。在这时候流传这样的谣言，除了扰乱人们平静的内心之外，还会造成许多不必要的伤害。一天下午，我去百老汇街71号古根海姆家族的办公室。家族的三四个兄弟在那里。我问他们是否愿意接受我存放50万美元，用于表示我对他们财务稳定的信任。丹先生热泪盈眶，代表自己和家族感谢我。我问起还能做些什么，他说："什么都不用，只要能让人们确信公司一切正常就行。"

我能让人们确信美国熔炼公司正常的最好办法就是买入公司的股票，我也确实这样做了。

另一件事也加强了我与古根海姆家族的关系。古根海姆探矿公司（Guggenheim Exploration Company）拥有犹他铜业公司（Utah Copper Company）的大量股票，他们打算处理这些股票。有人建议探矿公司将股票卖给古根海姆家族参股的一个辛迪加财团，说这样肯定有利可图。丹尼尔·古根海姆向我概述了这件事的情况，然后说："你知道，我们请你来到这里，就是将你当作自家兄弟看待。"

"如果你将我当作自家兄弟看待。"我应答道，"那我就要像自家兄弟那样说话了。"

我对他说，古根海姆家族要是将股票卖给另一家他们控股的公司，将会出现一个严重失误。此举看起来像是古根海姆家族利用探矿公司的其他股东来谋取利益。丹先生举起手来。"不用再多说了。"他说，"你是对的。"

丹先生被深深打动，握住我的手，感谢我让他注意到可能会出现的一次严重失误。事后，他也多次提及这件事。

第 16 章

寻找橡胶

01

　　我最早拥有的机动汽车是一辆 8 马力或 12 马力[①]的潘哈德（Panhard）[②]，那辆车曾在巴黎至波尔多的车赛上获得第二名。1901 年，我听从波斯特维克（A. C. Bostwick）的建议买了那辆车，此人父辈在美孚石油公司赚取到大笔财富。

　　在那个时代，潘哈德就是一个高速"怪兽"，我为能拥有这样一辆车而骄傲，学会亲手驾驶后就更加自豪。买车的时候，我还雇了专职汽车司机海因里希·希尔根巴赫（Heinrich Hilgenbach），此人精通驾驶汽车的技艺和奥秘。海因里希不喝醉就是一个不错的人，但他经常喝醉。

　　潘哈德的点火系统是由几个电子线圈组成的，点燃时会发出爆破声，就像小型加农炮开炮时的轰鸣声。这种点火系统让一些人不敢坐潘哈德。在我们避暑消夏的北泽西沿岸，每个人都知道我们的潘哈德何时开过来。人们总是跳出自己的小马车，紧牵住马缰，以免汽车的动静让马儿受惊。

　　至少有一位邻居，小尤金·迈耶的父亲认为我的潘哈德是"公害"，但我在多年以后才知道这件事。

　　拥有这辆潘哈德将我提升到了这样一个等级，《纽约先驱报》将我

[①] 工程技术上常用的功率计量单位，最早由詹姆斯·瓦特提出，目前常用的马力指公制马力而不是英制马力。1 马力等于 1 秒内完成 75 千克力·米的功，约等于 735 瓦特。

[②] 法语音译应为"庞阿尔"，始建于 1887 年的一家法国汽车制造公司，在第二次世界大战前一直是大型汽车制造商。

的照片印在了潘哈德图片的车轮上，让我成了名人。这是我有生以来做
到的事情首次让一份纽约报纸编辑经过估算，在报纸上给予我这么多的
版面。

我的第二辆汽车是一辆 40 马力黄色车身的梅赛德斯。这辆车花费了
我 2.2 万美元。范德比尔特有一辆与我相同的车。确切说来，我有一辆与
范德比尔特一样的车，因为他的车是在美国购入的第一辆同款车型。

这款梅赛德斯也装备电子线圈，我首次驾驶它就开了很远，一直到达
格兰特总统的墓地，抛了锚才停下。后来我驾驶这辆车在朗布兰奇的赛道
上与波斯特维克进行了一场表演赛，他驾驶一辆美国产的车，一分钟能跑
1 英里多。每个人都认为这次赛车很精彩，我十分认可这种看法。

在汽车时代早期，有一项交通规则，即当一辆马车上的人举手示意时，
汽车司机就必须停车，等候马车主下车勒住自己的马。纽约的汽车行驶限
速为每小时 10 英里。中央公园禁止汽车驶入，因为这样的限制，我多数
时候在新泽西开车。那些岁月里，欧洲的公路路况要比美国优越，我会在
夏季把车运到欧洲去，其实就是想开车开个过瘾。

那些早年的汽车价格昂贵、性能不稳。一个车胎能撑几百英里不爆胎
就是性能上佳了。

我不敢装作是那些高瞻远瞩，预料到汽车会取得令人惊奇的发展的人
之一。然而，我当年的确认为，驾驶机动车的"时尚"日益风行，会对橡
胶产业非常有利。

1903 年金融恐慌期间，我买进的工业股中就有橡胶物品制造公司
（Rubber Goods Manufacturing Company）的股票。这是一家当时少有的美
国橡胶制品企业之一。我持有这家公司的股票，令我对橡胶消费进行了研
究，接下来又激发我产生了这样的愿景——组建一个巨大的联合企业，就
像洛克菲勒家族曾经在石油工业做到的那样，整合橡胶产业。

仅靠自己的财力是无法完成这一宏图的，于是在 1903 年金融恐慌
的第一阵打击还没过去时，我就四下寻找一些创新型实业家，他们既要
有足够雄厚的资本，又要在业界发挥出领导作用。古根海姆家族在各方
面都符合条件，我带着橡胶帝国梦想寻找的第一个人正是丹尼尔·古根
海姆。

我请求丹先生与我联手买下橡胶物品制造公司的控股权。这只股票在

金融恐慌造成的低价位时，我已经买入一批，此时比最低价涨了一些。我提出可以对自己已买入股票的价格和为了获得控股权将来必须要买入而支付的较高股价进行平均处理。为了与古根海姆家族合作，我愿意出这笔会提高自己持股成本的额外费用。

丹先生说，他会认真考虑此事，但还要和几个兄弟商量。过了一段时间，我再没听到什么消息。

当我买下的橡胶物品制造公司的股票涨至已经可以获取可观利润的价格时，我只好调低建立橡胶联合企业愿景的期望值，列为尚无法实现的梦想，将股票全部抛出。

几个月后，丹先生询问我持有哪些橡胶股票，我告诉他因为等待得失去了热情已经抛完了，他表示太遗憾了。然后，他请我去调查另一项与橡胶产业相关的提议。

这个提议的目标是要找到量大又真正可靠的橡胶货源。如果这个目标达成，那么橡胶的工业应用会得到巨大的拓展。这个时候，种植园橡胶仅仅刚开始培育。几乎所有的可用橡胶都是野生的，其中大部分来自亚马孙河下游的巴西帕拉（Para）地区。野生橡胶的质量不统一。这些橡胶靠土著人采集，可这不会是一个可以依靠的稳定供货来源。

在那个时代，全世界有 10 万吨橡胶就是很大的供应量了。第二次世界大战期间，当我出任橡胶委员会主席时，仅美国一年就需要 67.2 万吨橡胶。

一位名叫威廉·劳伦斯（William A. Lawrence）的发明家开发了一种新工艺，可以从银胶菊中提炼橡胶。银胶菊是一种银叶灌木，原产自墨西哥北部。劳伦斯让托马斯·福琼·莱恩和尼尔森·阿尔德里奇参议员对此产生了兴趣。他们接下来设法拉进古根海姆家族，就像我之前拉这个家族联手一样。莱恩和阿尔德里奇的这个提议让丹·古根海姆找到我。

我去墨西哥做第一手调查，去了解银胶菊的发展前景。我发现，这种在数百万英亩的半荒漠土地上生长的野生灌木，可以用简单的方法人工培育，大约三年就能长成。我对此事考察越多，兴趣就变得越浓厚。在我们的家门口，在健康适宜的气候条件下，就有一种可能与热病肆虐的南美洲和非洲丛林出产的橡胶竞争的供应源。

我的实地考察促成了 1904 年 11 月大陆橡胶公司的组建，后来这家公司改组为洲际橡胶公司。阿尔德里奇参议员、莱恩先生、丹尼尔·古根海姆和我在公司里拥有同等的股份。另有些股份由年轻的约翰·洛克菲勒（John D. Rockfeller）、惠特尼、列维·莫顿（Levi P. Morton）、比林斯（C.K.G. Billings），还有他们的一些亲戚朋友占有。

02

墨西哥不是我们寻找橡胶的唯一国家，实际上，我们的公司在全球许多地方进行探寻。我们派出的人深入亚马孙河上游地区，翻越安第斯山脉，沿着山脉西坡南下。在非洲，我们溯刚果河而上，找遍了那条河的支流，另有几个勘察队去婆罗洲和英属海峡殖民地^①探寻。

我们的队伍在非洲探寻时损失了两个人，在加勒比海有一人因遇到风暴落水身亡。威廉·斯泰顿（William Stayton）后来因为力争废除《禁酒修正案》（*Prohibition Amendment*）闻名，当年他在委内瑞拉的热带丛林陷入困境。斯泰顿在多次历险后，终于到达海边。他看到海面上有一艘双桅纵帆船，就发出信号致意，然后游泳登上了那艘船。这次相遇对这艘船上的船员和斯泰顿来说都是幸事。帆船上的全体船员都感染了黄热病，斯泰顿曾经上过美国海军学院，他接管了这艘船，把船开进了港口。

我们应比利时国王利奥波德二世（Leopold II）之邀进入非洲。这位国王是一个奇人，年轻时，他发现自己的王国的税收无法满足他的各种奢华品位，也无法实现他对国家怀有的雄图。于是，利奥波德着手让比利时成为一个殖民强国，以此补救这两项不足。

利奥波德通过一系列精密的策略，将富庶的刚果盆地组入一个表面独立的刚果自由邦，然后将这个自由邦纳入比利时主权之下。这次操作是在英国和其他列强的眼皮子底下实施的，从克服金融财政上的困难来看，此举本应是摩根、哈里曼、洛克菲勒或莱恩这样的金融家的荣誉。

刚果盆地最富饶地区的经营特许权都为比利时王室保有。比利时王室

---

① 婆罗洲即今加里曼丹岛，今属于印度尼西亚、马来西亚和文莱三国。英属海峡殖民地指 1826—1946 年英国对马来半岛的三个重要港口和马来群岛各殖民地设置的行政管理建制。最早的海峡殖民地由新加坡、槟城和马六甲三个英属港口组成，当地人称之为三洲府。

的开发在早年尤其残酷。刚果橡胶以"红色橡胶"闻名，部分原因是橡胶的颜色，但据说主要是因为当地居民为橡胶生产牺牲而流的鲜血。其他殖民强国被利奥波德的治国方略弄得恼火，有意散布这些暴行的故事。虽然比利时也在作反向宣传，将一切不利的故事都归咎于对手国家的嫉妒，但我一直都相信"红色橡胶"的名号恰如其分。

1906 年夏，已经 71 岁的利奥波德认为重组刚果政府的时候到了。再者说，他残酷对待刚果土著居民引起全世界的愤慨，已不能坐视不管。**利奥波德询问谁是美国最能干的信奉天主教的资本家**。有人对他提到托马斯·福琼·莱恩的名字，莱恩那些年在家里修了一座私人天主教礼拜堂。

利奥波德询问此事的时候，莱恩正好在瑞士。他正在耗费许多时间和金钱购买一套艺术藏品。应召前往布鲁塞尔后，莱恩觐见利奥波德，国王提出了几个预案。后来成立了美国刚果公司与刚果国际森林和矿业公司（Société Internatinale Forestière et Minière du Congo），后者被通称为森矿公司。美国刚果公司拥有寻找和开发橡胶新来源的特许权，而森矿公司将成为一家综合型的企业以发展矿业和林业产品。

利奥波德是一个精明的商人，他以特许权在上述两家公司换取了半数股份。另外，森矿公司的 1/4 股权留给比利时的资本家，莱恩仅仅持股 25%。我无法想象除了一个国王，还有其他人能诱使托马斯·福琼·莱恩在交易中接受这样仅仅成为小股东的结果。

比利时王室的惠顾让莱恩十分受用，他回国后对这些新项目满怀热情。他成功地将我和古根海姆家族、H.P. 惠特尼、阿尔德里奇参议员以及另外一两个人拉了进去。起初，丹尼尔·古根海姆没什么兴趣。他以与劳工之间的良好关系自豪，不喜欢利奥波德身为雇主的臭名。他提出想让他参与，而善待土著工人一定要成为必要条件。

我参与这一风险事业也比较慢，因为我怀疑利奥波德走这一步棋的目的是让美国对其政策的批评无力化。但莱恩极其热情，十分肯定那些特许权提供了对土著工人大施人道善举的机会，同时，也让我们每个人都得到成为塞西尔·罗兹（Cecil Rhodes）① 的机会，于是在古根海姆加入时，我决定跟进。结果证明，莱恩对刚果劳工条件改革的期望成了现实。

两年的危险勘探证明美国刚果公司的特许权全无用处。不过，在森矿公司的地皮里倒是找到了钻石，这让该公司的股票成了一项不错的投资。莱恩对他的两家刚果公司从未失去热情。我认为，他之所以会这样的一个原因是一位国王请他开办了这两家公司。首次发现钻石以后，莱恩就在口袋里装上几枚，向别人展示，欢悦之情就像一个少年在炫耀自己十分重视的一堆玻璃珠一般。

03

然而，我们探寻橡胶的主要工作是集中在墨西哥的。1904 年初，我访问墨西哥期间做了安排，购买数百万英亩土地用来种植银胶菊，还建造了一座工厂，采用劳伦斯授予专利的新技术从银胶菊植物里提炼橡胶。

我们乘坐自己的私人列车去墨西哥，陪我同去的有我的妻子、弟弟塞林、在北太平洋铁路股票轧空行情中表现十分出色的埃迪·诺顿等人。

我们在拉雷多（Laredo）② 过境进入墨西哥。列车来到铁路线海拔最高处的阿瓜卡连特（Agua Caliente，意译为温泉镇或热水镇）时，我突然觉得腹部和胸口疼痛。等列车从这个最高点下行后，痛苦感也就消失了。

到了墨西哥城，我们在伊图尔维德酒店（Iturbide Hotel）落脚，这家酒店又名“伊迪比蒂（Ity Bitty）”。我们首次看到斗牛。我喜欢大多数运动项目，特别是赛马，这会让我一直觉得兴奋、刺激，即使是在今日，我仍在南卡罗来纳寻找那种令人发抖的感觉。但这第一次斗牛真让我看够了。几匹马都被公牛顶伤，让我感到不适。

我妻子和塞林大多时间都在购物，买了各种东西，包括一些次等宝石和墨西哥珠宝。他们游览购物的时候，我一头扎进了与墨西哥官员的生意

---

① 其姓氏也译作罗得斯或罗德斯，1853—1902 年，生于英国的南非冒险家，德比尔斯矿业公司的创始人、钻石业大亨、狂热的殖民主义者和野心家。他几乎完全靠个人组织冒险行动，创建了罗得西亚殖民地（今津巴布韦）。

② 美国得克萨斯州的城市，位于美墨界河格兰德河北岸。

谈判中。不久，我就发现自己深陷进各种法律、技术、农业，甚至社会问题里了，所有这些问题让我对美国南边的这个共和国有了较为深入的了解。

在墨西哥逗留的这段时间，让我逐渐了解的这个国家向我呈现出一幅对比鲜明的画面。波菲里奥·迪亚斯（Porfirio Diaz）[①]在自己周围聚集了一个志趣相投的团体，这批人能力突出，举止优雅，他们活动的社交圈子能够与任何欧洲国家首都的社交圈子媲美。但是，在这群人的花园之外，数以百万计的农场苦工却没有机会改变自己的命运。

后来我们发现这种状态不可能永远持续，但是我在当时没有预见到这个问题。我对这种社会问题的关注没有达到我在人生的那个时期应当关心的程度。

在前往墨西哥以前，我就听说过与那里的官场打交道流行的许多特殊方法。就我本人的交易来看，我只能说没有发现墨西哥人与一直以来跟我做过生意的其他人有什么区别。我发现一些墨西哥人为人诚实，另一些不诚实；我发现一些墨西哥人自私，另一些爱国。简而言之，他们是一个人在任何一个国家都能料到会遇上的人。

在我认识的墨西哥人中，有一位给我的印象最深，那就是帕布罗·马丁内兹·德尔·里奥（Pablo Martinez Del Rio）。他会说英语、法语、德语和意大利语。他有着西班牙大公般的形象，接受过良好教育，文化背景开阔，在任何人群中都会引人注目。

德尔·里奥先生担心会让美国人在墨西哥拥有太多经济影响力。据他对我的阐述，他担心授予美国人的各种特许权可能在某一天会被用作攫取墨西哥北部的口实。

若干年后，我想起他所说的那番话。当时，美国石油界的一些人提议要做德尔·里奥担心发生的事，若是伍德罗·威尔逊不阻止，他们可能就真的那样做了。

美国加入第一次世界大战之后不久发生了这件事。威尔逊总统邀请我到白宫参加一次石油短缺问题的讨论会，当时石油短缺让我们的多项军事

---

① 迪亚斯（1830—1915年）是19世纪后期和20世纪初期的墨西哥实际统治者，也是该国历史上任期最长的总统。1876年，迪亚斯短暂出任临时总统，1877—1880年和1884—1911年两度出任正式总统。

计划面临被扰乱的困惑。一位官员提议我们去抢夺坦皮科（Tampico）① 的几座墨西哥油田，几支海军分舰队已经进入战争警戒状态。威尔逊总统只得下令让这几支海军分舰队离开墨西哥沿海水域。

威尔逊总统艰难地等待这场争论结束。他在情绪激动时，会用坚定、缓慢且抑扬顿挫的语调说话，将心中所思、所想表露无遗。

他谴责道："你们现在要我做的，正是我们反对德国所犯下的暴行。你们说墨西哥的那些石油对我们来说是必需的。德国人入侵比利时的时候也是这样说的。进入法国同样是'必需的'，先生们，"他最后这样说道，"你们拥有多少石油，就必须用这么多石油去打这场战争。"

为了墨西哥的橡胶项目，我们买下300多万英亩土地。我们收购所有这些土地都是通过正规渠道进行的，支付了合理的价格，没有付出任何其他代价。我听说过几种捷径，但没有机会去尝试。我们向墨西哥描述自己时，一心想为墨西哥引进一种产业，能让数百万英亩的闲置土地得以利用，也能让墨西哥人得到工作。依我来看，这些好像是迪亚斯真心想做的事情。我们与墨西哥人签署了许多合同，这些合同后来履行的程度与在其他地方大致上是相同的。

其实，我们签下的大合同遇到的麻烦不是在墨西哥，而是在美国国内出现的。我们在托雷翁（Torreon）建了一座工厂，主要工作是从银胶菊植物中提取橡胶。甚至在工厂开工运作之前，我们就已签署了一份协议，规定美国橡胶物品公司在两年内按照实际产量采购托雷翁工厂所产的橡胶。托雷翁工厂刚刚开始出产生橡胶，美国橡胶物品公司就拒绝履约。他们断言我们的产品质量不合格，而这并不属实。

虽然我通常都会设法在庭外解决生意上的分歧，但是这次我要起诉美国橡胶物品公司，这家公司先前已经收购了橡胶物品制造公司的控股权，但是 J.P. 摩根和第一国民银行的乔治·贝克（George F. Baker）却拉住我们不让起诉。于是，我就建议让我们收购美国橡胶物品公司，让该公司成为我们生产的生橡胶的制造业出路。这个建议没能付诸实施，我就努力想与戴蒙德橡胶公司做成生意。我的合作方因为想要获得过于有利的条件而将

---

① 墨西哥东北部塔毛利帕斯州最大的港口城市，位于帕努科河西岸，距离得克萨斯海湾13公里。

这笔生意搅黄了。

合作伙伴不让我与美国橡胶物品公司斗争，这让我十分恼怒，我进而处理掉所持的洲际橡胶公司股份，退出了这家公司。然而，洲际橡胶公司为它的产品找到了其他买家，后来在1910年，墨西哥爆发马德罗（Madero）革命推翻迪亚斯政权时，公司开始派发红利了。反政府军蹂躏我们的种植园，托雷翁工厂最终停产。无论如何，此时这个项目的经营其实已经稳定了。

虽然我相信老迪亚斯为他的国家做了很多，但是迪亚斯下台后，从混乱局面中出现的新生墨西哥要比旧时代优秀。我在墨西哥的时候，感觉美国人正在忽视自己在墨西哥的最好机会。尽管目前形势已经发生有利变化，但我还是认为可以取得多得多的进展。

04

墨西哥麻烦的一部分在于，遗留下来的对过往资本主义的怀疑，其他的发展中国家在这方面甚至更加厉害。我生于美国内战之后重建的南方，知道过往的不义之举会给人们留下多么苦涩而深刻的记忆。然而如果这些发展中国家想要让国内的经济问题可处理，**就必须埋葬过往，绝不能让过去影响当下**。

在亚洲、非洲和南美的许多地区的政府领导人对过往的委屈记忆过于沉醉，使他们都无法清楚了解自身的利益所在。

这些国家所面临的一个问题就是无法理解人们的获利动机。**只有在人们的辛劳能够获取利润的时候——所得大于投入的时候，社会才能够进步**；如果亏损生产的话，余下可供所有人分享的东西就会更少。**一家盈利企业对国家独立自主的贡献比不能盈利的企业更多。**

诚然，利润可能经常分配不公，但是通常情况下，不用破坏利润就可以纠正那些滥用权力导致不公的行为。

获利动机也是获得个人自由的宝贵工具。是什么让人们去工作呢？通常有以下三个基本原因：

（1）渴望劳动或者渴望为他人服务。

（2）希望获取利润和收益。

（3）为某个更高权威所迫而去工作。

在**唤起人们改善自身命运的欲望**的社会里，所需的推动力量比缺乏这种欲望的社会更少。

在发展中国家的许多地方，资本主义国家过去以帝国主义代理人的身份行动，但是古罗马、古希腊和古代波斯的历史说明，在资本主义蓬勃发展很久以前，帝国主义就已存在。

想要用诸如"资本主义""社会主义"或其他某种"主义"的意识形态标签评判一个国家的优劣并不可取，我建议用另一种衡量标准——一个国家为了改善其人民生活水平取得的进展。

我极力主张采用这一衡量标准，是因为任何国家的对外政策水平极少会高出对内政策水平。任何国家在海外的运作都不会与国内有很大差别。一个国家若用各种资源致力于改善其人民的生活水平，那么通常也会将其对外政策指向帮助其他国家提高其人民生活水平。一个故意压制人民生活水平的政府，很可能被驱动压低每个与其打交道国家的生活水平。

引入外部资本意味着将非现成的各种资源带入一个国家。与外部资本一同到来的还有各种经营管理技能，这正是一些国家往往欠缺的软实力。

只要引进各种非现成资源和经营管理技能付出的代价不是太高，发展中国家就会从外来投资中获利。在这样的经济互利中，发展中国家一定要意识到的是，如果它们增加外国投资者必须承担的风险，也就增加了自己对任何投资必须付出的成本。

简而言之，发展中国家和发达国家都要为了一件事情奋斗，那就是让私人投资互惠互利的条件达成一致意见。在国家与国家之间的一套公平投资做法上达成理解应该不会太困难。当然，外国投资应当改善发展中国家人民的生活水平。外国投资在发展中国家也应当对每一种技能培训有所贡献，稳步增加受训工人和管理人员的数量。**在当地资本可用的地方，外国投资应该尽可能给予当地资本较大的份额。**

就发展中国家而言，必须去了解和学习有序治理国家的重要性且应当小心提防对意识形态的谄媚和吹捧——**承诺带来一切，结果只带来束缚和奴役。**学会自治的技能和原则都需要时间。在美国的对外政策中，我们不应努力比其他国家做更多承诺，而应帮助这些发展中国家获得如何学习自我治理的时间。

我们和这些新独立的国家至少拥有一个能够构建发展基础的共同意愿，那就是让这些国家保持自由。

第 17 章

为美国觅铜

—— 01 ——

在 19 世纪和 20 世纪之交，**我已经逐渐意识到世界上发生的任何事情都可以影响证券市场或商品市场。**

我在伦敦做的套利交易和我们在圣地亚哥海战后大获全胜的那类交易经历，让我意识到地理空间上的关联性，明白世界上最偏远角落里发生的事件会何其迅速地在华尔街受到影响。我在铜、砂糖、橡胶和其他原材料的交易中，也认识到**任何商品的供需在全世界范围的基础上最终都会达到平衡。**

然而，直到第一次世界大战爆发，我才真正开始领会我们这个世界上发生的事情和各种力量的关联性已变得何其全面。面对一切都超越可用供给的需求，我被迫去权衡同样的东西在许多竞争性用途中的相对重要性。这经常就是用一个紧急事态与另一个更紧急事态拿到天平上衡量的问题。例如，潘兴（Pershing）将军需要大批骡子将大炮拉到前线去，为了获得这些骡子，我们不得不与西班牙交易自己尚且短缺的部分硫酸铵。除此之外，我往往不得不决定同样吨位的钢铁用在哪里才能做出最大贡献——是用于建造一艘驱逐舰还是商船，是留在国内还是送往法国的一家火炮工厂。

当然，我被迫在战争进行得如火如荼的同时，学会处理上述所有的事情。不过，就算在战争爆发之前，由于我有过多次金融交易的经历，对于将经济因素与国防事业紧密结合在一起的纵横交错的纽带已经有了一些认识。

20 世纪初的两种新状态，预示着未来事物发展的趋势。第一种是德国和美国以新兴海军强国的面貌出现,第二种是一个新"电气时代"露出了曙光。

这种新电气技术鼓励人们在全世界寻觅一种原材料。有些人将这种寻觅原材料新来源的行动描绘为反映了应当是资本主义制度弱点之一的利润驱动的动机。

利润驱动当然是存在的,但是真正驱使人们在全世界开发自然资源的,是我们的工业文明的全面大发展。后来让广大人民生活水平飞速提高的各种新的技术进步被要求更多的物质资源。同一种新技术也在改变安全和国防的各种需要。例如,由于旧武器淘汰废弃,所有的海军舰队不得不重建。

寻觅新原材料的行动也不是完全指向海外的。例如,1880—1890年,世界铜产量激增10倍,人类在整个地球的表面寻觅新矿体。正是这种如海潮般汹涌的需求让古根海姆家族进入铜业生意。然而,同一需求也在美国西部各州开辟了使用较低等级矿石的思路,最终,使美国在铜供应上几乎实现了自给自足。

我一直在倡导对美国国内的矿石进行更为集约化的发展,乐于为国家在这方面进行最初的大规模实验融资出力。9年的努力加上数以百万美元计的资金支持,让这个项目最终得以成功。

02

在犹他州宾厄姆(Bingham)附近,正巧有座空旷幽深的矿化斑岩峡谷。多次勘测说明这里的斑岩含铜,但矿石等级太低,在任何人看来都不觉得在这里开矿有利可图。一位长年在宾厄姆地区生活的老者——伊诺斯·沃尔(Enos A. Wall)上校,在这座含铜峡谷买下200英亩土地,又花费2万美元设法开发,却没有成功。

沃尔的钱看来是白白损失了,此时从密苏里州来了一位名叫丹尼尔·杰克林(Daniel C. Jackling)的采掘工程师。杰克林身材壮硕、面色红润,看上去就像一名矿工,但他起家时还是个大学教授。杰克林以前在科罗拉多的卡农城(Canon City)运营一座锌矿,他相信能够设计一种新方法让低等级的铜矿石开采有利可图。

一位名叫德拉玛(Delamar)的在外国出生的企业家持有宾厄姆地产的认购权,但他手下的一位工程师认为峡谷里的铜矿无利可图,便没有行使认购权。后来，杰克林建议查尔斯·麦克尼尔（Charles MacNeill）收购这座峡谷。

1903 年 6 月，犹他铜业公司组建，麦克尼尔出任董事长、沃尔为副董事长、杰克林任总经理。

正如**伟大的构思通常都很简单**那样，杰克林的想法本质上也很简单。他发现常用的隧道和竖井开采矿石无利可图之后，提议用蒸汽挖掘机开采——现在被称为露天开采。然后将采掘出来的一切输入研磨车间，再用一种浮选法工艺将铜分离出来，转化为精铜。

为了让这种新采掘法产生经济效益，杰克林想要建造一座日处理矿石3000 ~ 5000 吨的研磨车间，而不是通常的日处理矿石 300 ~ 500 吨的研磨车间。通过提高研磨车间的生产能力，维持各种杂项开支不变，低等级矿石冶炼后就有利可图。

从一开始，众人就意识到这一实验将耗资巨大。犹他铜业公司的股票每股售价为 10 美元。公司创建者认购了大量股份，但仍无法引起公众的足够兴趣以获得所需的运营资本。就在这个关键时刻，麦克尼尔跟我谈起了这个项目。

于是，我面会了杰克林，当即表示赞同。他的意见在我看来是合理的。我指的是将还处于婴儿期的大规模生产理念应用于铜矿采掘。于是，我买下犹他铜业的许多股份。

可用资本有限，杰克林能做的只有建一座配有一个实验性研磨车间和选矿车间的工厂，以确定以后更大规模生产时需要采用的最为经济的计划。不到一年的时间，这座工厂就投入运营。我们都热切地等待结果，事实证明小型实验研磨车间是可以取得运营利润的。

杰克林想再接再厉，建造更大的研磨车间。但是要建造大型研磨车间，就要耗资数百万美元。犹他铜业公司想方设法募集大规模建设资金，而古根海姆家族也决定在铜业再度试水。

宾厄姆采铜炼铜的业务使古根海姆家族产生了很大兴趣，他们请约翰·海斯·哈蒙德（John Hays Hammond）调查这个项目。哈蒙德或许是那个时代最出名的采掘业工程师了。他的名声不仅依靠优秀的工程能力，同时也是建立在娴熟的公关技巧上的。

哈蒙德在南非期间曾经被布尔人俘获，判处死刑。经美国参议院请求，他才免于上绞刑架。此后，古根海姆家族和威廉·惠特尼让哈蒙德负责古根海姆探矿公司。在墨西哥，哈蒙德一方面开展工程工作，同时以罕见的外交手段与波菲里奥·迪亚斯周旋，帮助古根海姆家族在当地积累起多项权益。

哈蒙德派出两位知名工程师西利·穆德（Seeley W. Mudd）和切斯特·比蒂（A. Chester Beatty）去宾厄姆峡谷考察。他们的考察结果让古根海姆家族为犹他铜业公司注入了急需的资本。这次商业风险投资让古根海姆家族取得了压倒其他铜业公司的巨大优势，包括当时业内的大型托拉斯联合铜业公司。联合铜业公司内部也有优秀的工程师，他们也得到像古根海姆旗下的工程师那样研究杰克林提出的露天采铜项目的机会，然而联合铜业公司的人员认为杰克林的设想不切实际。今日，这个国家冶炼铜材，大部分都靠采用杰克林的方法或根据其工艺改良的方法来处理。

古根海姆家族加入犹他铜业公司之时，一股投机性浪潮开始积聚力量，资金的流动变得比1903年金融恐慌以来的任何时候都要自由。实际上，犹他铜业公司的前景看起来非常诱人，让该公司的持股资助人可以按每股20美元的价格从古根海姆家族那里获得原始售价为10美元一股的股份。

杰克林获得了这笔新资本，都投入了他主持的项目。后来，他一再提出更多的资金需求。为了满足他的需求，有人建议发行一笔300万美元的债券。

杰克林的费用支出数字太大了，吓坏了公司里的很多人，包括沃尔上校，这位第一个敢在宾厄姆峡谷下注开发铜矿的人。沃尔在公司的多次董事会议上反对发债融资。在董事会的斗争失败后，他辞去职务，转入法庭斗争。他从法院得到了针对发债的禁令，但结果这种障碍只是暂时的。在禁令解除后，债券便得以发行。

当发债禁令之争将结束之时，丹尼尔·古根海姆请我去讨论发行300万美元债券的事情，我提出按照5%的费率承销债券。

我本已确保很大一部分债券能被认购，这时海登斯通公司（Hayden, Stone & Company）的查尔斯·海登主动接洽，愿意按照不到1%的费率承销债券，这是闻所未闻的低费率。虽然古根海姆家族付给我的是一笔公平的承销费，但面对这样低的报价，我觉得不能让古根海姆家族付原定费用了。这批债券发行获得了超额认购，向杰克林提供了建成大型研磨车间所需的资金。

与此同时，我同意承销内华达联合公司发行的可转换债券。这一风险发行项目也由海登斯通公司承担。查理（查尔斯的昵称）·海登表现得相当精明,两个发行项目都在他的掌握之中。事实证明内华达联合公司是一家好公司,后来被犹他铜业吸收合并。

03

1906 年年底前,原先人们预计杰克林的研磨车间会在此时投产,却因为车间的建设遇到了几种障碍,直到 1907 年春季,研磨车间的磨轮才开始运转。到此刻为止,杰克林已经耗费了 800 万美元的资金。

1907 年 3 月,纽约证券交易所的股票发生了一次严重下跌。操盘手开始收帆减速。然而,任何人,哪怕 J.P. 摩根都没有预料到真的会出现一次金融恐慌。

时至夏季,杰克林的几个车间加快了运作速度,但整体金融形势的不确定性日益加剧。10 月,尼克尔伯克尔信托公司(Knickerbocker Trust Company)倒闭。此事引发储户突然挤兑纽约的多家银行,纽约城里出现了我记忆中前所未见的景象。金融恐慌传播到证券交易所的交易厅,全国的信用结构也随之崩溃。我们发现自己身处重整期以来最糟糕的金融紧急状态之下。

那一年 J.P. 摩根 71 岁,他如何运用力量制止这次危机是不用在这里重复的一个故事。然而,我不能不提与我个人和 J.P. 摩根所做的事情有关的一件小事。

为了让市场摆脱恐慌,J.P. 摩根创立了一只特别基金,当时的各金融机构都在向这只基金捐款。一天晚上,我躺在床上很长时间都没有入睡,准备为这只基金作出一个激动人心的决定。

我回到 J.P. 摩根的办公室,走到那位老绅士的办公桌前,表示自己希望为他的基金捐款。J.P. 摩根先生问起我打算注入多少资金时,我表示为他提供 150 万美元现款。我有充分的理由相信,除非 J.P. 摩根本人有数目更大的捐助,否则,这笔钱可能是基金收到的最大一笔个人捐款。

但是次日上午在前往市中心的路上,我发现还是不忍心直接这样表态。我改道去了曼哈顿银行,告诉董事长斯蒂芬·贝克(Stephen Baker),无论曼哈顿银行捐多少,都从我的账户里调 150 万美元一起捐出。捐款就这样以曼哈顿银行的名义而不是以我的名义转交给 J.P. 摩根。

我无法解释为何不直接去找 J.P. 摩根先生,我不是一个过于谦虚的人。我想让 J.P. 摩根先生明白我信任他的领导能力,也相信自己能够辨明美国的经济基本上是可靠的。但我就是无法将原计划贯彻到底。

如果我实施原计划，后来我与摩根家族的关系则可能会有所不同，那样我收购大西洋沿海铁路（Atlantic Coast Line）公司和投资得克萨斯海湾硫矿（Texas Gulf Sulphur）公司时，情况也会随之有所不同。但是再后来，如果我与摩根家族在金融财务方面关系密切的话，伍德罗·威尔逊可能永远不会给我机会，让我出任战时工业局局长为国效力了。**王国因为缺少一枚马掌钉而灭亡，但有时，同一枚缺失的马掌钉会给这匹马的骑手获得可能本来永远无法拥有的经历。**

就在 1907 年金融恐慌处于至暗的时刻，谁也无法预见 J.P. 摩根先生能够成功救市之际，我收到犹他铜业公司的紧急请求，希望我借出 50 万美元现金为该公司支付工资。此时，铜价已从每磅 22 美分跌到 12 美分，犹他铜业公司的股价从 39 美元下挫至 13 美元。但是，杰克林为了维持公司上下一心，哪怕铜材在铁轨旁大量堆积，仍不得不继续生产。

看来可能有些奇怪的是，古根海姆家族和海登斯通支持的一家公司，竟然不得不找一个与银行没有密切关系的证券市场独立操作者为 50 万美元求助。更为奇怪的是，我居然能在这个恐慌到极点的时刻还能用现金支付这个数目。其实，原因很简单。

就像许多其他人一样，我已经做好各种准备，不是为了应对金融恐慌，而是为了财政紧缩和银根收紧的局面。我在曼哈顿银行增加了现金余额。此外，我告诉贝克行长自己随时可能提取现金。他向我保证："你会得到的，我们一向会照顾好客户。"

我收到犹他铜业公司董事长麦克尼尔发来的电报时，就断定摇摆不定的经济形势迟早会回到正常状态。这个世界会向前发展。在能够找到某种更好的替代品之前，这个世界也会继续需要铜材。于是我去找贝克，表示需要 50 万美元现金。这正是麦克尼尔需要的钱，塞进薪水袋的现钞。即便麦克尼尔能获得信贷，也没什么用。

贝克先生派人进银行保险库取钱，清点现钞后装进几个箱子，用特快专递送往盐湖城。

当天的资金贷款利率为 150%（年利率）。我告诉麦克尼尔，按照 6% 付我利息就足够了，等到想还的时候随时都行。他寄回了一张犹他铜业公司的借据，上面标明 20% 的贷款利率。**这次交易后，我进入股市，买下许**

多犹他铜业公司的股票，价格在当时普遍偏低。

犹他铜业公司成功渡过了这次金融恐慌，第一年实现的经营业绩超过了杰克林的预测。此后 30 年，犹他铜业公司向股东分配的红利超过 2.5 亿美元。那片世界上最大的铜矿矿坑，即杰克林 1903 年起开始在宾厄姆地面开掘的大坑，如今仍是世界上最大的人工开凿洞穴之一。

有些人想知道什么才能成就一项优质投资，那么，犹他铜业公司能挺过 1907 年金融恐慌一事值得一提。**一项投资的价值就像是一个人具备的品质。价值更高的投资更加能在逆境中支撑，也能够更加容易克服逆境。**杰克林在完善低等级矿石采掘冶炼工艺的过程中，肯定为先前价值被人半信半疑的公司资产增加了一层全新的价值。在用这种方式创造出全新价值的时候，它们就连金融恐慌也能渡过。**一次金融恐慌可能令一项投资的市价暂时暴跌，但如果这家公司能满足真正的经济需求，经营管理良好，股票必然会回到原来的价格。**

犹他铜业公司的成功就是一种依据，可以**证明个人的主动精神和品质非常重要。杰克林年仅 30 岁，就怀有让世界铜产量翻一番的宏愿。他用了 5 年时间才找到财务后盾，又用了 4 年时间最终证明那些出资人对他的信任是正确的。**

第一次世界大战期间，当人们极为怀疑能否为政府建成无烟火药工厂时，杰克林成功建成了这样一座工厂，为此荣获陆军杰出服役勋章。杜邦家族原本已经为建成这样的工厂定下了几个条件，但军方觉得太苛刻了。在一次为解决这个问题举行的会议结束时，我说我认识一个人能完成这项任务，于是推荐了杰克林。陆军部长贝克说他会和总统商量一下此事。

当天下午，我打电话给在旧金山的圣弗朗西斯宾馆的杰克林，告诉他："我不知道他们会不会用你，但无论如何，我还是想让你先过来。"几天后，贝克部长请我把杰克林请来，我说："他已经在这儿了，我马上带他进来。"

杰克林进去之前，我给了他一点建议，告诉他："别让他们给你披上一身军装。记住，一个级别比你高的人叫你干什么、叫你不干什么，你都要照做。"杰克林没有穿军装，就像跳吉格舞那样精力充沛地建成了工厂。

1933 年，美国矿业、机械、电气和民用工程协会联合将约翰·弗里茨（John Fritz）奖授予杰克林，这是一位美国工程师能够获得的最高荣誉。

不过**杰克林成功过多次，也失败过多次。**

第一次世界大战期间，他造了一台导向磨铣器，用这种机器向几家钢铁公司说明在梅萨比岭（Mesabi）矿区的高等级铁矿石采掘枯竭之后，可以利用梅萨比岭铁矿脉的低等级铁英岩矿石。然后，他进行了第三次尝试，这回是开采阿拉斯加的低等级金矿，但失败了，**他损失了不少，我也赔了钱**。

—— 04 ——

阿拉斯加朱诺（Alaska Juneau）黄金公司这个商业冒险项目是**我投资的还没从地下有任何产出之前砸进最多钱的项目了**。公司的主要资产是一处露天矿山，就位于朱诺城以南加斯蒂诺（Gastineau）海峡对面的一座山坡上。三位采掘业的顶尖人物弗雷德·布拉德利、麦肯齐（J. H. Mackenzie）和赫伯特·胡佛的好友马克·里夸（Mark Requa）让我注意到这座矿山。其实胡佛一度对这座金矿很感兴趣，但我们抢得了先机，这让我们后来懊悔不已。

杰克林已经北上阿拉斯加，提交了一份热情洋溢的报告，论述了毗邻阿拉斯加朱诺金矿的阿拉斯加金矿公司（Alaska Gold Mine Company）可能的美好前景。我深信杰克林的判断，决定参股阿拉斯加朱诺黄金公司。1915 年春，矿石报告说明含金量很高，于是阿拉斯加朱诺黄金公司发行了40 万股股票，每股 10 美元，招股说明书中包括下列文字：

"未被公开认购的所有股份将由小尤金·迈耶和巴鲁克认购。"

在之前和之后，我的名字从未在股票发行文件中被公开使用过。这次股票发行得到 5 倍超额认购。几天之内，股价就大涨到了每股 15 美元。

然而不久，人们得知杰克林在阿拉斯加金矿公司的矿石里发现的含金量等级低得出人意料。这件事给阿拉斯加朱诺黄金公司的未来蒙上了一层阴影。同时，这家公司的股票开始下跌。

最终，杰克林放弃了，阿拉斯加金矿公司决定歇业。可是布拉德利拒绝让阿拉斯加朱诺黄金公司就此放弃。既然我的名字被用作阿拉斯加朱诺黄金公司的上市保荐人，我认为在布拉德利退出之前，出于责任自己不能轻言放弃。另外几人对此事也是这样的看法。募股资金耗尽了，公众对阿拉斯加朱诺黄金公司也失去了信心，克罗克、米尔斯（Ogden Mills）（其子后来在赫伯特·胡佛总统任期内出任财政部部长）、弗雷德·布拉德利、尤金·迈耶和我一共出资 300 万美元让公司继续运作。

1916 年，阿拉斯加朱诺黄金公司年终收盘价为 7.75 美元；1917 年，年终收盘价为 2 美元；1918 年，年终收盘价为 1.125 美元；1921 年经济萧条期间，股价跌到每股 0.625 美元。公司的债券持有人因公司未能如期付息，准备取消公司对债券的赎回权，这时第一缕希望之光在人们的视野中出现了。1921 年 9 月，公司的研磨车间实现了 24000 美元的营业利润。这点营业利润肯定不够支付固定费用的，但好歹可以成为扩大经营规模的基础，规模扩大就能产生将来足够支付固定费用的营业利润。

布拉德利完善了生产方法，提高运营规模，即便每吨矿石只能产出价值 80 美分的黄金，也能靠冶炼获利。10 年前，谁要是会想到能设法处理这种低等级的矿石获利，就会被称为"疯子"。**1930 年，公司债务已经还清，1931 年首次宣布派发红利。红利的派发是布拉德利顽强坚持到底的最好奖赏。**

当富兰克林·罗斯福总统使美元贬值、提高金价时，阿拉斯加朱诺黄金公司自然会受益。然而，就像当时的《华盛顿邮报》出版商尤金·迈耶那样，我反对罗斯福的做法，即便我们两人都持有大量金矿公司的股票。

后来的岁月里，随着成本上升和矿石含金量下降，阿拉斯加朱诺黄金公司再度陷入困境。最后，矿井关闭，但是其电厂仍在使用。

05

从处理低等级矿石经验里学到的东西，对我们的国家安全来说是非常重要的。我们的对外经济政策一直在面临的冲突之一起源于这样的问题：我们应当从何处获得所需的原材料——如果成本较高，是从本国领土内获得，还是从成本较低的国外获得？

在这场冲突中，我从未一边倒地站在所谓"自由贸易者"一方或者贸易保护主义者一方。**战时情况说明，使用国内矿石和矿物的能力是一项宝贵的国防资产。**

杰克林开发了低等级矿石冶炼工艺，后来的工程师逐渐改进和完善这一工艺。如果没有他们开发和完善的工艺，我们在第二次世界大战中使用的铜大部分就要靠从国外进口。这接下来就要消耗大量的海运能力，我们就不得不将其他战争用途需要的海运能力抽调出来，代价就是影响生产效率或者让战斗力下降。

基于上述原因，我一直都觉得为了更加经济地利用较低等级矿体，我们应当鼓励为相关方法的改进和完善进行各种实验。然而，正如我从阿拉斯加朱诺黄金公司的运营中认识到的那样，在这方面想要能够采取明智之举存在多项限制。

我们需要做到的事情是在两种备选方案中保持好平衡，既要继续依靠最廉价的可用国外来源地进口我们所需的原材料，也要继续提高自身能力开发和利用国内的各种资源。

希特勒在全面发动第二次世界大战之前，想要不惜一切代价实现自给自足，我不赞成这样的做法。但是我也不相信我们应当牺牲较高程度的自足性，哪怕只为增加我们的对外贸易量，美洲大陆也要保持这种较高程度的自足性。

尝试处理这样一个影响深远的问题，如果觉得宣布某个固定不变的公式就可以解决问题的话，看来也是不明智的。各种新的技术发展成果可以在数年前可能还不值一提的领域带来新的用处。

关于那些对我们的国防至关重要的所有原材料，我们应当对我们的需求和可能的供货来源编制一份动态目录。国内生产和国外进口之间达成的平衡不仅应当能反映经济成本，而且应当能反映每个确定的供货来源对我们的国家安全的相对贡献。

第 18 章

J.P. 摩根谢绝赌博

01

非常不幸的是，因为谈话时用词不当，我失去了一次与老 J.P. 摩根合作的机会。使我们几乎成为合伙人的开发项目，后来被证明是我赚钱生涯中利润最好的一项事业。这个项目还让美国在世界硫黄市场上维持住具有绝对优势的地位。不过，我一直遗憾 J.P. 摩根先生退出了这次商业冒险，因为他的决定不仅让他的家族失去了数以百万美元计的利润，也让我失去了一次与这个国家有史以来最伟大的金融天才共事的机会。

J.P. 摩根先生的银行本可以赚到那些利润，但没有那些钱，J.P. 摩根先生同样能做得非常好。实际上，他对于拥有金钱看得很淡。他努力奋斗想要获得的是国家经济的整体协调和稳定。从我的经济、产业和社会观来看，我更加愿意支持西奥多·罗斯福的政策，但是我将 J.P. 摩根视为一位大师和导师，为他效力可以成为一次有意义的经历。

我从未真正与老 J.P. 摩根相知，这一直都让我感到遗憾。我年轻时在华尔街当过跑腿人员，有几次曾将证券和市场报告送交他本人。有一次，我还在下东区（lower East Side）圣乔治教堂的俱乐部见过他。我原来一直都在西 69 街的俱乐部上夜间健身课，当时就在城里的其他俱乐部闲逛，想看看它们那里都有什么运动项目。我记得当时 J.P. 摩根先生全神贯注地站在一个少年身旁，俯身看着他从一只雪茄烟盒上剪下一个智力拼图。

我在为亚瑟·豪斯曼工作的时候，曾经携带一份报告送交 J.P. 摩根先生，报告上有一些密尔沃基电气公司（Milwaukee Electric）债券的报价行情。

J.P. 摩根先生问我有什么想法。我以为他问的是总体金融形势，就回答我们将迎来一场金融恐慌。

J.P. 摩根先生那双睿智的眼睛盯着我看了片刻，然后询问道："年轻人，你知道什么叫金融恐慌吗？"一时间我不知该如何应答。

1909 年以前，这是我与 J.P. 摩根先生仅有的一次谈话。那一年，摩根银行的查尔斯·斯蒂尔（Charles Steele）请我调查一处含硫的圆顶山丘，地点在得克萨斯州海湾沿岸的加尔维斯敦（Galveston）西南大约 40 英里的布拉佐里亚（Brazoria）。摩根家族居然会找我，这让我大吃一惊。双方达成了协议——如果那里的硫矿前景值得开采，摩根家族会提供资金，我负责具体工作，利润六四开。

我要走的第一步是找到一个高素质的采掘业工程师。我找到西利·穆德，他曾在古根海姆探矿公司为哈蒙德工作过。穆德又雇了一位名叫斯宾塞·布朗（Spencer Browne）的年轻助手。我们南下得克萨斯，组织了一支钻井工人团队，开始钻一些试验孔洞。

我日复一日地坐在那被称为布莱恩山冈（Bryan Mound）的地方，旁观钻井工人将竖井安放下去，再将之后会检测含硫量的结实土块运上来。**在布拉佐里亚镇的那座小旅馆里，我夜复一夜地拍打蚊子，同时研究世界硫贸易的事实和数据，尝试确定如果我们证明此地有值得开采的前景，可以在这种贸易中发挥什么样的作用。**

最后，穆德断定布莱恩山冈矿土的含硫量达到开采有利可图的概率大约为 50%。

回到纽约，我向 J.P. 摩根先生汇报了勘测的情况，向他解释我们可以直接买下整片布莱恩山冈，包括需要缴纳的矿区土地使用费共需花费 50 万美元。我又补充说明我愿意用自有资金出资一半去"赌一把"。

我说"赌一把"真是选了个错词，应该说"投资"才对。

"我从不赌博。"J.P. 摩根先生回答道，同时打了个手势表示这次面谈结束，那么对他来说这个商业风险项目也就此结束了。

我们一起谈了几分钟，J.P. 摩根先生就漫不经心地将我打发了。他甚至没有给我机会陈述在布拉佐里亚的旅馆里研究世界硫贸易得出的几条结论。我的研究表明，当时"正是"美国硫产量要大大提高的极佳时机。原因是美国工业的成长正在让对纯硫的需求日益上升，纯硫是生产硫酸的原料，而硫酸在当时或许是所有工业化学品中最重要的物资。

再者说，硫矿采掘技术的发展已经达到了这样一个阶段，让美国生产商可以不用再依赖进口硫黄。

1900 年之前，纯硫生产基本上被意大利垄断了，西西里岛这个生产基地占世界硫产量的 95%。1870 年前后，人们在路易斯安那州西部发现了一处面积广大的硫矿，但是对这些硫矿藏的早期开采尝试没有成功，因为矿区上覆满的流沙里蕴含着各种有毒气体。赫尔曼·弗拉施（Herman Frasch）是一位成功的石油工程师，曾在路易斯安那州勘探石油，这两种开发障碍向他这个发明天才提出了挑战。经过多年实验，弗拉施于 1891 年完善了一种新的硫黄采掘法，这种新方法以弗拉施工艺的名字命名。

弗拉施的新采掘法所做的是先在地表钻一个孔，将直径大约 10 英寸的金属圆管插入孔中，形成采硫井。在采硫井中置入三根不同孔径的同心圆管。将热水从套管的一根中压入地下，熔融地下的硫黄。然后，用第二根管子将压缩空气压入地下，从而使已熔融的液态硫从第三根管子上升。一旦液态硫升到地表，就被输入冷却储藏容器，在里面变成固态硫。

为开采路易斯安那州的硫矿组建了联合硫矿公司，此公司使用弗拉施工艺采硫，成为一家利润十分丰厚的企业。但是随着美国工业规模的大举扩张，联合硫矿公司的产量不足以满足国内需求，这就迫切需要其他供货来源。

1908 年，弗拉施工艺的基本专利权期满结束。这样在得克萨斯州的布拉佐里亚县，或者在任何遇到与路易斯安那州类似开采问题的其他地方，都能使用这一开采工艺。我本想向 J.P. 摩根先生建议采用弗拉施工艺，但是他示意我不要再说下去，拒绝参加这一项目。

我被他冷漠的态度惹恼了，于是决定继续推进自己的硫矿开采业务。

02

我和穆德在得克萨斯州的时候，不少探矿人、发起人来找我们，讲述各种含硫地产的故事，或是主动报价出让这类地产。我们当时快速观察了其中的一些地产。J.P. 摩根先生不再插手布拉佐里亚项目后，我们再继续进行这些调查。

穆德认为得克萨斯州有一处含硫地产特别值得关注，那就是马塔哥达县（Matagorda）的大圆顶（Big Dome）。此前，爱因斯坦（A. C. Einstein）就让我们注意过那个地方，他与圣路易的一家公用事业公司关系匪浅。一次矿体测试证明穆德的观点是正确的，我便组建了海湾硫矿公司（Gulf Sulphur Company），开始在马塔哥达县收购更多含硫地产。

与此同时，此前让 J.P. 摩根注意布莱恩山冈硫矿的那批人里，有一些开始以自由港硫矿公司（Freeport Sulphur Company）的名义开发那里的硫矿。那里的硫矿运营不久就被证明可以获利。第一次世界大战爆发后，硫的需求量激增，自由港硫矿公司的利润随之大增，但是联合硫矿公司和自由港硫矿公司都在产硫，市场上似乎没有第三家产硫商的空间了。

我们能做的就是等待未来的新发展。爱因斯坦建议我们在马塔哥达县收购更多地产，我授权他代理收地，建议他邀请那些地产的业主和我们一起经营采硫公司。然而，没有一名业主加入。收购这些地产都靠我提供资金。

1916 年，随着战争时期对硫黄的需求大增，自由港硫矿公司已为股东的投资提供了大约 200% 的回报。穆德觉得着手开创自己的硫矿事业的时机已经到了。为了让硫矿事业得以有效开发，我们需要额外追加资本。老 J.P. 摩根在 3 年前就已逝世，鉴于先前摩根银行曾对硫矿开发业务有过兴趣，我尝试联系他们看其是否会参股开发海湾硫矿公司名下的地产。

我找亨利·戴维森商洽，他将此事转交给摩根银行的另一位合伙人托马斯·拉蒙特（Thomas W. Lamont）负责。拉蒙特找来纽蒙特矿业公司（Newmont Mining Company）的发起人威廉·博伊斯·汤普森（William Boyce Thompson）相助。纽蒙特矿业最终成为世界上最大的矿业和石油投资公司之一。

汤普森研究过我们的提案之后，建议摩根银行参股。他们认购了大约 60% 的股份。我们的开发还未推进很多，摩根银行便将所持的股份都转卖给汤普森，只赚取了微利。这次股份转售没有和我商量就完成了。我认为此举不公允，便向摩根银行表达了意见。

我表示股份首先应该让我回购，而不是转售给汤普森。如果有人这样对待摩根银行，他们是绝不会原谅的。**如果他们一直持有我当初以每股 10 美元的价格向他们配发的股份，这些股份本可以让他们获得许多倍的回报。到 20 世纪 20 年代后期，他们 360 万美元的原始投资将会价值 4500 万美元。此外，他们本可以获得将近 2500 万美元的分红。**

03

同一时期，威尔逊总统指名让我加入战时工业局，最终让我出任局长。考虑到我已经承担了成为政府文官的责任，理应放弃在纽约证券交易所的会员席位，便出售了自己持有的可能从政府合同或政府采购中获益的所有企业的股票和债券。

我抛售的股票中有像费希博德公司（Fisher Body）这样的一些股票，如果我一直持有，多年后这些股票将会带来一大笔财富。然而，我从未对当初抛出股票有什么不甘心。我已经拥有所需的所有财富；何况财富价值无论多大，都不可能给予我能为国效力获得的满足感。

我不得不继续持有几只证券，是因为它们还没有在证券交易所上市，不能出售。那些股票有我在硫矿公司的股票和加利福尼亚的一座钨矿的权益。对于这些股份，我指示私人秘书玛丽·博伊尔（Mary Boyle）小姐：如果今后有分红派现，所有红利都转给红十字会或其他爱国机构。我就这些事情对威尔逊总统作了全面说明，他也赞成我的做法。

那座钨矿确实分配了大笔红利，一切都捐给了慈善事业。然而，得克萨斯海湾硫矿公司（这是海湾硫矿公司改名后的公司）直到战争结束才投产。

我出任战时工业局局长以前，联邦矿业局要求稀缺战争物资生产商增加产量，开发新产能。矿业局接洽的公司之一正是得克萨斯海湾硫矿公司，公司得到承诺可以通融，在得到建筑材料和设备方面获得优先权。

一天，在华盛顿战时工业局办公楼的走廊里，我遇见得克萨斯海湾硫矿公司的董事长沃尔特·阿尔德里奇（Walter Aldridge）。问起他前来的原因，他回答说来询问优先订单的事情。

由于我退出了公司管理层，这是我首次得知政府正在为了开发马塔哥达县的硫矿给予公司购买设备的优先权。我马上告知陆军部长牛顿·贝克（Newton Baker）我在这家公司拥有权益。我还要求时任得克萨斯海湾硫矿公司董事的老同学迪克·莱登坚持这一点：公司不仅要以成本价出售硫，而且如果成本没有比报价最低的竞争对手低，就要以亏本价出售。其实我的预防性嘱咐并无必要，因为战争结束大约 4 个月后，得克萨斯海湾硫矿公司才开始投产。

我参加完巴黎和会回国后，再度为得克萨斯海湾硫矿公司的业务积极奔走。当时硫矿行业有许多事情亟待理顺，战争结束让另外两家硫矿公司——联合硫矿和自由港硫矿产品滞销，市场一时无法消化产量，数十万吨硫被露天堆放。

此外，三家产硫公司之间都有不善之意。联合硫矿公司已经控告自由港硫矿侵犯弗拉施工艺的专利权，并且联合硫矿败诉。这可能让我们免于受到类似的诉讼，毕竟得克萨斯海湾硫矿公司也在使用弗拉施工艺。

联合硫矿公司的工作人员从另一个角度抨击我们。这家公司的一些土地与我们相邻，于是就起诉我们的矿井从他们的土地沉积层矿床里抽干了硫。这场官司最终庭外和解，但是双方在和解之前已经发生了许多不愉快的事情。

联合硫矿公司的一位股东是弗拉施家的人，他做得非常过分，甚至指控我出任战时工业局局长时对每一吨硫都索要大笔佣金，才允许联合硫矿得到政府合同。他宣称赫尔曼·弗拉施先生就曾经提出过这一指控。实情是赫尔曼·弗拉施先生于 1914 年就去世了，当时第一次世界大战还没有开始。我在法庭上补充了这一点，让控告我的那位弗拉施先生得以铭记。

20 世纪 20 年代初的经济衰退，让全世界的矿产和金属销量大减。美国迫切需要海外市场吸纳日益堆积的矿产和金属产品；另一方面，国外的一些卡特尔① 垄断组织在积极活动，这两方面因素促使美国国会通过《韦伯波默林法案》（ Web-Pomerene Act ），鼓励美国矿业和金属生产商团结一致处理出口销售问题。对硫矿业公司而言，这一法案真是一场及时雨。

联合硫矿、自由港硫矿和得克萨斯海湾硫矿三家公司共同参股组建硫黄出口股份公司（ Sulphur Export Corporation ）。公司成立不久，就与西西里岛相关企业达成协议，一同解决海外各国的硫黄需求问题。

接下来的 5 年时间里，美国制硫产业内部发生了巨变。从销量吨位来看，得克萨斯海湾硫矿公司取得了与联合硫矿公司享有的大致相当的地位，自由港硫矿公司则滑落到第三位。联合硫矿公司在路易斯安那州的硫矿储量逐渐枯竭，迫使制硫工厂关闭。自由港硫矿公司曾对新收购的矿区寄予

---

① 垄断组织的一种，生产同类商品的企业为了垄断市场，获得高额利润而在销售市场划分、产品产量配额和商品定价等方面达成协议形成的垄断性企业联盟。

厚望，结果发现盈利能力远低于预期。这就让得克萨斯海湾硫矿公司成为世界上规模最大和成本最低的硫生产商了。

此后直到 1929 年，得克萨斯海湾硫矿公司的发展史堪称壮丽。**公司始建时的股份每股只需花费 10 美元即可认购，后来卖出的交易价相当于每股 320 美元。我在股价达到这个最高价之前，就已抛出自己持有的 121000 股。**有朋友问我为何要卖这只股票，我解释说明股价在我看来已经升得太高了。我建议这些朋友也把他们持有的这只股票卖掉。

然而，许多朋友都对这个建议无动于衷。当时这只硫矿公司的股票仍在猛涨，许多问我问题的人都暗示我抛出这只股票说明我对股市的理解不到位，成了过时的落伍者。但**在 1929 年大崩盘来临之前，我已经将持有的所有硫矿公司的股票完全抛出了。**

我在股市操作中，一再在股票尚在升势中就将其抛出，这也是我一直守得住财富的原因之一。太多时候，如果我继续持有一只股票，本可获利更多，但接下来，当股价崩盘的时候，就会在跌势中被套住，蒙受巨大损失。如果说我因为这种做法而失去了一些赚钱的机会，那么我也靠这一做法避免了像其他人那样"濒临破产"。

有些人自吹自擂，说可以在股市逃顶抄底，我不相信有人能做到这一点，除非是当代孟乔森（Munchausens）[①]。**我在价格看来足够低的时候买入，在价格看来足够高的时候就卖出。正因为如此，才得以成功避免被卷入市场波动中出现的极端狂热的行情，事实证明，极端狂热的市场氛围必然导致股灾。**

04

1929 年股市崩盘前，出现了狂热的赌博式投机行情，我们究竟为何会沦为这种疯狂行为的牺牲品呢？我相信这样的狂热投机在很大程度上反映了人类历史上一再展现出的奇异从众心理。

[①] 孟乔森本是 18 世纪一位善讲故事的德国贵族，他以第一人称讲述的士兵和猎户的冒险故事都荒诞不经。后来心理学上使用"孟乔森综合征"这个术语来指代欺诈性心理疾病。

约翰·戴特（John Dater）是《纽约先驱报》旧刊的一名财经记者，他让我去思考这种奇怪的群体行为背后的原因。20世纪初，我从欧洲旅行回国途中，戴特就在轮船上采访了我。当我们聊起金融恐慌时，戴特大力推荐我去阅读他偶尔看到的一本书——**查尔斯·麦凯（Charles Mackay）的《非同寻常的大众幻想和群体性疯狂》**（*Extraordinary Popular Delusions and the Madness of Crowds*）。戴特和我跑遍了许多二手书店，最后才找到一本。

麦凯的书在1841年首次出版发行，1932年由佩奇（L.C. Page）公司再版，**书中出色地记录了多个年代以来让人类一再受害的不可思议的投机狂潮**。任何国家对这类狂热行为都没有免疫力。

我阅读描述这些狂热行为的文字时，不禁大叫："不可能发生这种事！"然而，在我的有生之年，我见证了类似的群体性狂热，如20世纪20年代的佛罗里达地产泡沫和导致1929年股市大崩盘的股市投机。

这些群体性狂热事件在人类历史上如此频繁发生，反映了人性深处固有的某种特征。或许就是同样的力量在驱使鸟类进行长途迁徙或者各种海鳗进行成群结队的活动。这类活动中看起来有一种周期性节奏变化。**例如，牛市行情里股价会一路狂升，随后就会发生某些事情，第一个人就卖出了股票，接着其他人也在抛出，人们认为股价会再创新高的思维连续性突然就断了**。

"思维连续性"——一个非常精彩的词汇。这不是我原创的。我首次听到这种说法时，正在操作一只J.P.摩根正想要逐渐增持的钢铁股。那时整个股市处于涨势。之后，就在这些操作继续进行的时候，洛克岛的那只股票突然暴跌。当时我正好和米德尔顿·伯里尔在一起，他评论道："**那只股票崩盘正在打破牛市的思维连续性**。"我以前从未听过这样的说法，但我立即明白伯里尔是正确的，于是哪怕钢铁股得到摩根银行资金护盘，我还是将股票卖了来锁定利润。

这些群体性疯狂还有另一个怪异现象，即无论受过多好的教育，地位有多高，都不能让人获得免遭"病毒"传染的免疫力。麦凯的书中满是这类实例，以此说明国王、王公贵族、商人和教授是怎样被群体狂热"病毒"影响的。1927—1929年的股市投机风潮席卷了全社会的每一个阶层。

我清晰地记得自己在那些日子里的感受。1928年以后，我察觉到股价水平不稳。放眼世界来看：我们如果能在何处解决战败国债务问题，何处就可能出现一波经济繁荣。另一方面，1927年美国联邦储备委员会开始实行放松银根的政策，我对这种宽松货币政策的效果不抱乐观态度。

其实，在1928年我多次卖出股票时，发觉行情将逆转向下，结果却只看到市场继续上扬。

1929年8月，我去苏格兰猎松鸡。在苏格兰时，我收到国内传来的消息，有人提议用几只老牌公司的股票换股为两家新组控股公司的股票。这样换股肯定会让受其影响的公司的股票涨到难以想象的高价。

于是，我致电三位与我关系密切的人，问他们对当下行情如何判断。其中两位给我的答复不明朗，但第三位——当时占据美国金融界最高的职位之一——给我的回电里描述工商业基本面时说它"就像风向标，指明会出现一阵繁荣大风暴"。我知道此人相信他在电报里说的内容，因为在股市大崩盘期间，他赔掉了最后一美分。

我缩短了在苏格兰观光的时间，决定乘船回国。我一边在伦敦等候上船，一边数次电告纽约的经纪人下单买入股票，结果第二天又要跟着下单卖出。就在归国的船上，碰巧有位很有魅力的年轻人，他经营着一家证券经纪公司，请我照顾他的经纪生意。我向他报了几笔卖单，在纽约上岸后不久，我决定卖出能卖的每一股股票。

此后每逢在阴暗的日子里，我便重读麦凯的书，发现他讲述的故事奇特地能鼓舞人心。如果说他的书说明了人类满怀希望的狂热乐观情绪是毫无根据的，那么书中也说明人们极度悲观的情绪同样是毫无根据的。 过去，无论前景看来何其暗淡，事情后来都会有转机。

人们无论尝试做什么事情，看来都会被情绪驱使着做过头。于是，当人们的希望高涨时，我一直都反复告诫自己："2加2仍然等于4，没有人能发明出什么办法不付出就能得到任何东西。"当情绪陷入悲观时，我会提醒自己："2加2仍然等于4，你不能让人类长期沉沦。"

第 19 章

我的投资哲学

01

欧内斯特·卡塞尔爵士（Ernest Cassell）是英国国王爱德华七世的私人银行家，我听说过的一段话出自他之口，我确实希望这段话是我第一个想到的。

欧内斯特爵士如是说："当我还是一个无名的年轻人并开始取得成功时，我被人称为赌徒。随着我的操作范围扩大和交易量的增长，人们开始称我为投机者。我的交易活动范围继续扩张，如今我又被称为银行家。其实一直以来我都在做着同样的事情。"

有些人认为世界上存在稳赚不赔的投资这样的好事，欧内斯特爵士的一番评论尤其值得他们沉思一番。当我谈话时用"赌一把"这个词时，老J.P.摩根的反应像是要作呕。然而，真相是**根本不存在不涉及风险的投资，所以投资多少带有一些赌博的意味**。

我们在生活中都必须去冒险，况且，如果没有人愿意冒很大的风险，今日人类就要贫乏得多。哥伦布出海探索通往印度的新航线，就是在冒那个时代很少有人愿意冒的巨大风险。在我们的时代，当亨利·福特开始造第一辆 T 型汽车时，他就在进行人类历史上最大的投机活动之一。

对看上去毫无希望的事情，人类也怀有去实现的愿望，倘若我们设法消除这种意愿，即使能办到也是愚蠢的。或许我们**可以设法办到的是在我们要从事风险事业的时候，去更好地了解该如何降低其中的风险**。或者说，我们的问题是如何保持恰当的冒险精神和实验态度，而不要自欺欺人。这对政府事务和赚取利润都是适用的。

正如我前文所指，**一个真正的投机者是在观察将来，在将来的事情发生之前采取行动的人**。他要像外科医生那样，必须在复杂的人体组织和相互抵触的细节中搜寻出有重要意义的各种事实。然后，他必须能够以面前的各种事实为依据，冷静、清晰、娴熟地操作手术。

寻找事实的工作是很困难的，这是因为在股市，当任何形式的各种事实来到我们面前时，都要透过人类情感的一面帷幕。驱使股价涨跌的不是无关人情的经济力量或一直在变化的事件，而是人类对这些发生的事情的各种反应。**股票投机者或分析师一直要面对的问题是，如何将冷冰冰的确凿的经济事实与人们在处理这些事实时表现出的热烈情感分解开来。**

很少有什么事情比分解那些盘根错节、纠缠在一起的事实与情感更棘手了。但是，分解时的**主要障碍还是在于我们能否将自己的情感抽离出来。**

我认识的一些人能够看透别人的行为动机，仿佛有透视眼技能一般，结果只是对自己的错误视而不见。其实我也曾经是这样的人。

很多时候，**我们的视线聚焦于他人的错误时，洞见是何等犀利，而当我们审视自身时，视线是何其模糊不清，如坠云雾之中。**

02

我是一个会研究人性的人，我一直认为一个优秀投机者应当在一个人用钱将要做事情之前就说出他会做什么。 1906 年 12 月的一天下午，加利福尼亚的中太平洋铁路建筑商的儿子威廉·克罗克没有预约就来到我的办公室，我的想法就得到了一次检验。

在我认识的人之中，克罗克是拥有最迷人个性的人之一。他仪态端正，重视外表的细节，你似乎从未见过他的头发有一丝凌乱，哪怕梳理成一撮的短髯都非常整齐。他说话略有些口吃，但是他的思路十分清晰。他是那种即使诸事不顺都不会抛弃客户的银行家。无论环境何其堪忧，他从未丢失过自己的幽默感，也没有失去过勇气。

克罗克这次带着内华达州的参议员乔治·尼克松（George Nixon）一起来访。克罗克的性格直截了当，谈话一开始就直言："尼克松需要 100 万美元，为他融资肯定没问题。"

尼克松已经买下混合矿业公司（Combination Mines）的股权，该公司的矿坑与他名下的金田联合矿业公司（Goldfield Consolidated Mines）的矿坑相邻，他买下混合矿业公司股权时许诺分三期付清 2578216 美元的收购款。第一笔 100 万美元的现金款项三周内就要支付。人们知道尼克松需要资金支持，而金田联合矿业的股价一直在跌。

经过短暂讨论，我同意向尼克松贷款 100 万美元，为期一年。他签了一份借据，写明用金田联合矿业的股票担保。

然而这笔钱只能让尼克松渡过第一个难关。今后 4 个月里，他还要分两次等额付清 150 多万美元的余款，用现金或者金田联合矿业的股票支付，支付方式的选择权留给混合矿业公司的股东。当然，对尼克松来说最理想的付款方式是混合矿业公司的股东接受金田联合矿业的股票而不拿现金。

我告诉克罗克和尼克松，我有计划可以让混合矿业的股东选择拿股份。我没有解释具体计划，而是交给尼克松一张 100 万美元的保兑支票，让他完全根据我的指示去做。

我告诉他："你到华尔道夫酒店，去里面的咖啡屋找一张桌子坐下。一定会有人来问你融资进行得怎样了。他们都知道你需要钱，你将支票从口袋里取出来，让他们看过后小心收起来，什么都别说。要是有人提议要买金田联合矿业，就说'为这事儿，你一定得去见巴鲁克谈'。"

果然，尼克松来到华尔道夫酒店的咖啡屋，刚刚坐下，就有人问起他的财务难题。他取出那张保兑支票，戏演得很好。之后别人问他的所有问题，他只是简单回答"见巴鲁克谈"，那语气就是在向别人暗示所有负担已经从双肩卸下来了。

次日，尼克松离开纽约前往芝加哥，与混合矿业公司的债权人见面。他仍然遵从我的指示，将背书后的保兑支票交给他们，对两次余款支付的事情只字未提。

混合矿业公司的一位股东离开了会面的房间。不久，纽约场外交易所就出现了一份抛售金田联合矿业公司股票的大卖单。我料到会有人试探市场对金田联合矿业股票的反应，于是亲自下了几笔买单。股价没有被大卖单打压下去，而是在波动一个点的区间里坚守。这说明金田联合矿业公司的股票在市场上坚挺，几乎没有人会想到有这种可能性，即使是做梦。

我计划的后续部分就像预料的那样顺利进行，100 万美元现金加上金田联合矿业公司的股票面对大单抛售依然坚挺的行情所带来的影响让混合矿业公司持股量较大的股东改变了主意，要求尼克松用金田联合矿业公司的股票而不是现金来支付收购混合矿业股份的余款。他们要求尼克松当天就用股票支付，而不是等到后两笔支付条件到期。

尼克松的财务难题已顺利解决，兴高采烈地回到了纽约。他给了我 10 万股金田联合矿业公司的股票当作奖励，我收下了，这是我应当得到的报酬。

我在前文已经提到过我是如何靠听取赫尔曼·西尔肯解释联合铜业公司发起人想要控制铜价的举动何其愚蠢而变得富有的。**从本质上来看，联合铜业公司的整起事件完全是对供求规律有效性的一次考验，即使面对最精明的投机者操作这一法则依然有效。**人们可能会想到我拥有这次经历之后，绝不可能犯下想要用计击败供求规律的错误。然而，我要讲的正是我曾经这样做过的一件事。

1902 年，巴西圣保罗州颁布法令，要在 5 年内限制咖啡种植规模，这将会让咖啡作物收成严重减产。西尔肯先生最熟悉咖啡贸易，他的判断是由于这样的种植限制，加上今后几年天气条件状况不好，咖啡价格将会明显上涨。

1905 年年初，我开始大量买入咖啡。由于我是用保证金账户购买的，一磅咖啡只要涨几美分就会让我大赚一笔。

然而，人们预料会出现的咖啡价格暴涨却没有出现。大自然不愿意任由投机者摆布，反而带来了 1906 年咖啡作物将会大丰收的信号——就在 1902 年人为强加的种植限制将会显示效果的前一年。

1905 年的最后几个月，一年以来每磅市价都在 8 美分左右的咖啡开始下跌。巴西政府感受到了市场传出的警讯，在咨询西尔肯等几位权威后，制定了"价格稳定"计划，准备买入数百万袋咖啡，阻止这些货进入市场流通。西尔肯深信巴西政府的大量收购会维持住咖啡价格，建议我继续持有。巴西政府收购咖啡需要融资，西尔肯出面为他们取得了几笔贷款。

但是，咖啡价格继续下跌，每次下跌我就要付出成千美元的代价。**眼看着自己的账户余额在减少，许多赚来的利润逐渐消失，但我还是坚持持有咖啡。**

我该做的是在 1906 年局势变得明朗，咖啡作物的产量将会超出预期时就立即将我持有的咖啡头寸都卖掉。这意味着我会承受一次实实在在的损失，但是在股市和商品市场最初的损失往往是最小的。**人人都会犯的最糟糕的错误就是执迷不悟，拒绝承认自己的判断已经错了。**

我知道这一点，但是我并没有采取任何理智的行动，反而像所有遭受市场挤压的业余操作者一样，让我的理性去度假了，只知道感情用事。

许多新手都会卖出已经盈利的证券或商品，从而弥补已经损失的证券或商品。既然好股票往往跌幅最小，或者甚至可能已有盈利，那么在心理上就容易作出将好股票抛出的决定。持有一只坏股票，损失往往已经很大，但心里就会想着继续持有——总有一天能弥补已经出现的损失。

实际上，人们应当采取的做法是卖出坏股票而继续持有好股票。股价高是因为股票价值好，而股价低则是因为股票的价值是可疑的，鲜有例外。

如我前文所述，我以前已经认识到了这些要诀。1903 年，我买入大量加拿大太平洋公司的股票，这只股票的价格涨幅已经相当大，我确信它还会继续涨。然而，我卖出了加拿大太平洋的股票，为的就是筹集咖啡交易需要的更多保证金。

不久，我将手头所有的加拿大太平洋公司的股票都卖了，咖啡的价格一直都在下跌。我当时就在西部的旧金山市，此时我终于恢复了理智，意识到我最好还是摆脱咖啡交易。

这次咖啡交易的经历让我亏损了七八十万美元。有好几天我都在承受神经性消化不良的痛苦。比起金钱损失更让我痛苦的是，我一向以自己的慎重为傲，现在我对这一点的信心受到打击。**我下定决心，再也不会为自己不了解的事物去冒巨大风险。**

这件事情结束后，我想得很清楚，明白自己每一件事情都做错了。看起来奇怪的是，像赫尔曼·西尔肯这样的人物，虽能清晰地看到别人想要维持住高铜价是何其愚蠢，却会在自己最熟悉的商品交易中犯同样的错误。但是，我们行事中往往都会犯这样的错误，因为一心希望实现某个目标就忽视了要完成这个目标是不切实际的。这样一来，**一个人对某件事情了解得越多，拥有的内部信息越多，就越发相信自己能用计谋战胜供求规律。**

专家有时会大踏步进入连没有基础的人都不敢涉足的地方。

03

我相信，上述经历告诉了人们要寻找事实而不被情感因素影响的任务是何其重要，又是何其困难。**我讲述自己失败的经历，是希望别人能从我**

的错误中获得启发。但是我必须承认，对于我可以给出的任何建议将会取得怎样的效果，我都持怀疑态度。

我注意到，**别人犯下的错误往往只会让我们更加渴望尝试去做同样的事情**。这或许是因为每个人心中不仅燃烧着不安分的火花，还怀有"赢下竞赛"从而显示出自己较旁人技高一筹的强烈欲望。无论如何，只有当我们自己犯下同样的错误时，这些错误的教益才会完全发挥作用。

因为我对建议的用处持怀疑态度，所以对该如何明智投资或投机的"规则"十分严谨。然而，我从亲身经历里悟出的一些"规则"，对于能够进行必要自律的人来说，可以值得参考的有以下几点。

（1）不要投机，除非你能像做全职工作那样从事投机活动。

（2）小心理发师、美容师、服务员——其实是任何人——给你带来的"内部"消息或者"内幕消息"这样的好事。

（3）在买入某只证券之前，先去了解发行这只证券的公司能让人了解的一切、公司的经营管理和竞争对手的情况、公司的营收和成长性经历。

（4）不要尝试底部买入、顶部卖出。谁也办不到这一点，只有骗子例外。

（5）学会迅速、清晰地接受损失。不要指望一直都能正确。如果犯了错误，尽可能地快速止损。

（6）不要买入太多不同的证券，最好只投资几个可以长期观察的项目。

（7）定期重新评估所有投资项目，看看一直在变化的形势是否已经改变了这些投资的前景。

（8）研究自己的纳税情况，从而了解何时卖出证券能获得最大的税收利益。

（9）始终将自己的资金保留一部分适量的现金，永远不要将所有资金都拿去投资。

（10）不要想着对所有的投资样样精通，坚守自己最了解的领域。

这些"规则"主要反映的是亲身经历教会我的两个教训——在对某一个形势的各种事实都了解清楚后再采取行动至关重要，而要了解这些事实是一项持之以恒的任务，需要一个人永远保持警惕性。

例如，我曾听闻过罗斯柴尔德家族某人的故事，此人是他那个时代最明智的金融家之一，为了让某个心爱之人的财富得到保障，他着手进行了安排。他决定将这笔财产投资奥地利和德国的政府债券，以高于面值的价格买入英国的永久性债券和法国的年金公债。许多年后，当别人给我讲这个故事时，这笔个人财产已大幅缩水，仅剩原始价值的 1/5。

换言之，**人们在进行一项投资时，不能认为它的价值理所当然保持不变**。正如人们的习惯发生变化和出现技术创新会改变一家公司的竞争地位那样，世界上迄今未开发地区出现新的物资供应来源也会改变一家公司的竞争地位。经常会发生这样的事情，某物的价值大幅缩水，是因为某种新发现，如石油和电力的发现就让煤价大跌。只有靠另一种新发展，如煤炭在化学方面投入新用途，才会赋予旧有事物新的经济生命。

其实，在漫长的岁月里，只有几种事物的价值抵御住了岁月的侵蚀，它们的价值也并非没有波动。例如，金、银和铜这样的一些矿物，宝石、艺术品和出产农作物的土地。

即使提到这些事物，人们都必须加上"至少迄今为止"这样的限定条件。例如，养殖珍珠的发展几乎毁掉了珍珠的旧日价值。至于黄金，某些政府已经通过立法来使拥有黄金成为非法行为。

人们绝对不能指望一项投资的价值绝对不变，正是如此，我极力主张每个人要定期重新评估自己的投资状况。这一事实也解释了**为何将资金分散在太多不同的证券上是不明智的**。要对一项投资作出合理可靠的判断，想要一直都了解可能改变某只证券价值的各种力量，需要投入时间和精力。**人们能了解少数几个投资或投机标的的所有情况，但是不可能了解一大批投资或投机标的的需要知道的一切。**

有一句格言——所知较少是一件危险的事情，这句话在投资领域是**最确凿无疑的**。

在评估个别公司时，应当考虑以下三个主要因素。

第一，一家公司的真实资产、手头持有的现金与其负债的比例和物质财产的价值是多少。

第二，一家公司持有的经营业务的特许权，换个说法即公司制造的某种产品或提供的某种服务是不是人们想要得到或者必须拥有的。

我经常思考，在经济触底后，让经济重新向上运行的最强力量或许就是这样一个简单事实，即所有人都必须找到一种生活下去的办法。即使我们陷入最黑暗的绝望之中，也必须工作、生活，这类活动能让经济车轮重新转动。如果人们要继续生活，就要确保他们必须拥有的东西不会太困难。

诸如此类生活必需的领域里，往往会让人发现可以长期保值的投资项目。

第三，也是最重要的一个因素，就是**公司管理层的品性和头脑**。我宁可投资经营管理完善而资金较少的公司，而不是拥有大量资金却管理差劲的公司。差劲的经营管理人员，即便得到好的提议也会将事情搞砸。**在评估公司未来的发展前景时，管理层的品性尤其重要。管理层是否拥有创造力，是否足智多谋，是否满怀信心，是否要让自己在生意上一直保持活力……都至关重要。**我已经学会了一件事情，比起一家公司领导层的金融大亨的名望，要更看重工程人员的素质。

重申一遍，关于不同企业和项目的这些基本经济事实，必须不断经过检验、再检验。有时我已经犯了错误，但依靠及时放下自己的立场，仍然能够在结束一项投资时获取利润。

例如，1904 年初，我听闻铁道（Soo Line）公司计划提高小麦运量，准备兴建一条从明尼苏达州的锡夫河瀑布（Thief River Falls）向西通往北达科他州的肯梅尔（Kenmare）的铁路支线，全长约 300 英里。我请亨利·戴维斯去西部考察一下铁道公司的发展可行性。他刚从西部回来，我们就闭门谢客，一心研究路线。根据戴维斯带回的信息，我得出了结论，将会有足够多的小麦经新开辟的铁路支线运输，从而大幅提高铁道公司的收益。

铁道公司股票当时的售价为 60 美元或 65 美元，每股派发红利 4 美元，即投资派现收益率超过 6%。于是，我开始买入这只股票。铁道公司拓展铁路支线的工作启动了，但不久华尔街周围就出现传言，说是拓展铁路支线要在财务上取得回报将要经过漫长等待，能否实现回报都是可疑的。**我早已明白，这种流言蜚语往往是故意放出来的。**于是，我就买入更多铁道公司的股票。

这一年小麦特大丰收，铁道公司的总营收增长大约 50%。这一利好让铁道公司的股票一路扬升到 110 美元，比我一开始的买入价高出大约 2/3。这一切发生时，锡夫河铁路支线甚至都还没有通车。

与此同时，我采取了一些预防措施，再度检验我掌握的铁道公司拓展延伸铁路支线前景的各项事实。我派另一个人走遍美国西北部和毗邻的加拿大各地区，为了弄清在现实和假设条件下谷物的各种运输路线。他带回了许多数据资料，我对这些资料进行了长期而深入的研究。

最终得出的结论是，锡夫河铁路支线的运营会令人失望，因为大部分小麦会运送到五大湖区的西湖口，然后走水路东运。既然这一结论与我最初据以开始操作铁道公司股票的判断相反，我开始卖出股票，大部分都卖给了解该公司内情的人。

我及时发现了自己的错误，设法成功撤出"战场"，在该股崩盘之前赚了一笔可观的利润。我要强调的是，这次交易的出色业绩，不是靠人们通常所说的投机者的戏法，而是**靠超出常人一筹的调查研究**。

04

在华尔街时，一直有一个老乞丐在公司外徘徊，我经常会给他一些零钱。1929 年股市疯狂投机的某一天，他突然叫住我说道："我有一个肯定准的内幕消息告诉你。"

当任何人都能对你说怎样才能发财时，那么就是时候提醒自己，最危险的就是相信不用任何付出就有收获的幻想。

当然，股市一路狂涨的时候，内幕消息的数量是最多的。**悲剧的是，在牛市，至少会有那么一段时间，任何人的内幕消息看上去都很准。这只会将人们拖进市场的深渊。**

人们将某些事情错误解读为内幕消息时，产生的后果会令人惊诧不已。一年冬天，我和妻子住在纽约的圣雷吉斯酒店，我们请来许多朋友和亲戚共进晚餐。席间我被叫去接听电话。我在电话里的部分内容听起来大概是这样：

"联合煤气公司。是的，是的。那好，那好。是的，是的。好。"

几周后，我来到南卡罗来纳州自己的种植园，发现那天晚上在圣雷吉斯酒店做客的一位亲戚一脸泪痕，她告诉我她亏了很多钱。

"不过你肯定也在联合煤气的股票上损失了一大笔钱。"她抽噎着道。

"在联合煤气股票上损失了一大笔钱？"我大吃一惊，复述了一遍。

"是啊，"她说道，"我就是听了你的推荐买的。哦，你不知道当时将这只股票推荐给我了。我很抱歉，一直都为偷听你的电话感到内疚。**可是我听见你对着电话说，'联合煤气公司，那好，那好'，然后就忍不住去买进了。**"

其实发生的事情是这样的，我考虑到联合煤气公司的股价可能会下跌，就委托别人为我调查一些相关事实。这个人打电话到圣雷吉斯酒店，其实是在向我汇报他调查清楚的事实证明了我对这家公司的看法。我说"那好，那好"，完全是在确认我预料的情况得到了证实。

于是我卖出这只股票，而我的那位亲戚以为她听到了内幕消息，买进了同一只股票。

在投机交易中，我们的情感一直在为自己的理性思考设置陷阱。例如，知道何时卖出要比何时买入困难得多。人们发现实现利润落袋为安，或是接受损失赔钱出局都同样艰难。**如果某只股票已经上涨，有人会预料价格继续涨，就想继续持有。如果某只股票已经下跌，人们往往会坚持持股，直到股价反转向上，确保自己不亏。**

合理的做法是在股票仍处于涨势时就卖出，或者在你已经犯错误时，立即承认错误，卖出股票接受损失。

有些人在卖出股票后，一直被"要是我那样做就好了"的想法搞得心神不宁。这样不仅不明智，还会意志消沉。**任何投机者都做不到永远正确。**实际上，如果某个投机者在一半时间里能做出正确操作，就已经达到优秀级别的平均水平了。哪怕一个人在 10 次里只有三四次正确，对已经出现错误的风险投资能快速止损，那么他也可以发财。

我在还年轻的时候，听过一个人曾说："**在能够让你安睡的价位卖出股票。**"这句话可谓是照亮晴空的智慧瑰宝。当我们忧心忡忡的时候，都是因为潜意识正在不断向我们发送警报。最明智的办法就是在让人不再担忧的价位卖出股票。

实际上我发现，**定期将自己的大部分持股变现，完全离场是明智的。**没有一位将军会让麾下的部队一直战斗，也没有一位将军会在率军投入战斗时不留下部分兵力为预备队。我年轻时最初的几次做法与这些要点是相反的，遭遇一些挫折后就尽力做到在任何投机操作中都**不能让自己在判断错误时财务能力无法负担。**我保留了大量现金储备资产，可以在事先没有预料到的机会逐渐发展成形之前，随时能利用好这类机会。

另一种常见的情况是，有些人认为自己无所不能——买卖股票、涉足房地产、做生意、从政等可以同时进行。**根据本人的经验，很少有人能同时做一件以上的事情，而且还能做好。**任何领域的一位娴熟操作者都会获得一种几乎是本能的感觉，这种感觉能让他意识到许多他甚至都无法解释的东西。我做过的几次投机交易，如投机咖啡的那次，就是在进入我缺乏这种感觉的领域投机，结果不是很好。

投机的成功需要很多专业知识，就像任何人在法律、医学或其他任何专业领域获得成功一样。**任何人应该永远不会在没有经过前期培训或准备**

时，就开设一家百货公司与梅西百货（Macy's）和金贝尔百货（Gimbels）竞争，或者生产机动车辆与福特汽车公司或通用汽车公司竞争。然而，正是不会去想这些事的同一群人会兴冲冲地、轻易地将积蓄放进证券市场，这个市场就像梅西百货和汽车公司那样，是由业内专家占据主导地位的。

积蓄不太多的人，只想让自己的积蓄获得合理的回报，又不能全职研究投资项目的话，该怎么办呢？ 我给这类人的建议是，设法找到某个值得委托的投资顾问，即无利益关系但仔细谨慎的投资分析人员，这些分析人员不效忠任何公司，也不和任何机构结盟，他们的工作只是根据一只证券本身的优缺点来作出判断。这个事业群体是半个世纪以来较具建设性和较为健康的新发展态势之一。

在我进入华尔街时，人们都不得不自己充当分析员。对于衡量证券价值需要上市公司公开披露的信息，也没有证券交易委员会提出要求。那个年代，保密是通行的规则。有许多旧日的故事在流传，谈论的都是金融巨头如何不爱沟通交流。有一家公司的首脑将其公司的业务解释为"做加法、做除法和沉默"。另一个故事说的是詹姆斯·斯蒂尔曼，他刚从欧洲回国，正好遇上摩根银行的一位合伙人乔治·帕金斯。帕金斯说："我看到你回来了。"

斯蒂尔曼一言不发，帕金斯就补充了一句："哦，您无须回应我这句话。"

纽约证券交易所为了让上市公司向股东披露更多公司业务的相关信息，进行了长期的艰苦斗争，终于取得了成功。但是在 19 世纪 90 年代至 20 世纪初，纽约证券交易所在这方面还没有取得多少成就。交易所起初还要拿股票上市的好处来说服公司上市，只有在此成功后，交易所才能进行下一步，促使上市公司向公众披露更多信息。

总之，今昔相比，可以获得的信息实在太多了。**投资者的问题不再是挖掘出信息，而是变成了如何将不相干的细节与关键事实分离，再判断这些事实有什么意义。**如今，前所未有地需要合理可靠的判断力。

但是，因为存在一些影响因素，使得判断证券的价值要比 19 世纪和 20 世纪之交更加困难。其中有两个重要因素就是始终存在的战争威胁和一直都存在的通货膨胀问题。

这两个重要因素的影响值得人们进行持久深入的研究，因为其非常生动地说明了推动人们投资股票的是多个相互冲突的动机。有些人投资是因为对某家企业或某个项目的未来抱有希望、怀有信心。而另一些人投资股票，是因为害怕自己的资本经过通胀后会贬值。

许多工商企业的价值都已剧增。与此同时，我们已感到在如此长的时间内，产生巨大影响的政府通货膨胀政策存在累积效应。至少在我写作本书时，通胀并未得到遏制。

—— 05 ——

1955 年冬季，证券价格开始上涨，涨势颇为壮观。不久，股市就触发了许多警告，人们顿时害怕 1929 年的局面重演，一波不健康的暴涨之后随即而来一场股灾式崩盘。

参议院银行与货币委员会下令进行一次调查，经过数月听证和研究，公布了调查报告。然而，报告出现时，股市已不再躁动，委员会的调查完全被人遗忘。

将来还会出现类似的短期投机波动和相关调查。出现这些情况的时候，最好记住以下两件事。

第一，股市不会决定我们的经济健康状态。由于 1929 年的股市崩盘，人们逐渐产生了这样的印象：股市本身是造成经济繁荣和衰退的根源。其实，纽约证券交易所只是一个股票的买方和卖方在此汇聚交易的交易场所。股市所做的一切，就是记录这些买方和卖方对工商业当时的状况和未来的发展形势作出的判断。

简而言之，**证券市场是经济的体温计，而不是是否已过热的经济本身。**如果国家正在遭受通货膨胀的不良影响，或者因政府信用削弱而遇到困难，这些经济因素产生的效果将会在股市中体现。但是这些**经济难题的根源不在于股市本身。**

我要重申的是，这种体温计与过热症状之间的区分是关键。如果体温计无法正常测温，那么我们会面临一种麻烦，但是如果体温计上出现了不正常的温度是因为股市正在记录经济世界的种种病态，那么，我们要面对的就是完全不同的问题。

近年证券投资发生了不少结构性变化，值得人们仔细研究。在种种变化中，有投资信托和共同基金取得的惊人发展，还有免税养老基金和各类免税基金会引人注目的发展。像人寿保险公司和储蓄银行这样的机构，随着规定其持有资产的法律变化，现在可以购买股票了。

由于已开征资本利得税，许多投资者都不愿意卖掉自己持有的证券。许多行业注资扩建工厂车间，都是靠自身的盈利和税收减免获得资金，而不是通过从外部获取资本。这些变化和其他变化对股市的运行已经造成了多大的影响尚未经过彻底研究。

每一种免税形式可能引发的全面后果，都应当被重新审视。现在税率非常高，以至于经营决策日益要由公司或个人的纳税状况决定。这就让免税对经济的影响前所未有地深远。

这些新发展中可能出现的违法、违规行为是需要防范的，但是这种防范的必要性不能与全盘经济所需的更加重大的政策问题混淆。如果我们的基本经济政策和国防都可靠，股市就会进行与之相称的调整，那么我们就无须担心股市崩盘的可能性。如果我们不能维护国家安全和股价信用，那么任何东西都不会有持久价值。

第二个需要防范的是，认为通过监管可以保护人们免受投机性损失。我不反对在必要的任何方面对股市进行监管。第一次世界大战之前，我还是纽约证券交易所理事会成员，一直都在力争让交易所实施更加严格的自律。1929 年股市崩盘后，因为各种弊端被揭露，我支持对股市进行更多的监管。

在可能的任何时候，都应当铲除非法获利之徒，我们甚至还可以尝试让弱者免遭强者欺凌，但是**任何法律都不能保护一个人免受自己犯下的错误造成的损害。股市投机会造成金钱损失，主要原因**不在于华尔街不诚实，**而在于很多人坚持这样的想法——不用付出辛劳也能赚到钱，而证券交易所就是可以让这种奇迹发生的地方**。

我们设法监管投机，其实就是在设法监管人性。禁酒法令最初实施时我是支持的，但不久就明白这个问题是有界限的，我们无法在这些界限之外成功监管人性。**只要一个人相信自己能成功过关，智力上能胜过其他对手，那么时机一到，他就会采取行动**。

如果政府真的一心要保护公众的收入，应当从保护家庭的货币购买力开始。第二次世界大战期间，数以百万计的家庭被说服投资美国储蓄债券，因为这是爱国之举。这些人现在看到自己储蓄的价值因为美元购买力下降而大幅受损，而其他没有理会爱国呼吁的人却在赚钱。如果在纽约证券交易所上市的任何一家公司曾参与和爱国储蓄债券性质相同的金融交易，公司董事一定会被纽约证券交易委员会起诉。

第 20 章

赫布考男爵领

01

在这个一直都有事让人分心的忙碌的年代，我们每个人都需要不时暂停手上的事情，检查忙碌的世界和自己的行动正要将我们带向何处。哪怕坐在公园的长椅上用一两个小时沉思一下这样的问题，都将会获得回报。

就像定期盘点库存那样，定期进行这样的沉思非常重要，这是我在投机事业早期经历中学会的最宝贵的经验之一。我在前文中提过，**每次完成重大交易后，我都会从华尔街抽身离开，动身去往某个安静的地方，让自己能回顾做过的一切**。如果交易亏损，我就要思考如何保证自己不再犯同样的错误；如果交易成功，离开嘀嗒运转的股票自动报价机，会帮助我保持头脑清醒，让我的身心焕然一新，为接下来的行动做好准备。

我养成了这个习惯，自然而然地抓住了 1905 年遇上的一个机会，在老家南卡罗来纳州买下了一片犹如世外桃源的场所——著名的赫布考男爵领。此地有沙滩和盐沼，曾经是美国猎野鸭的最佳的场所，有四条河流和一片小海湾，里面鱼类丰富，还有成片的几乎处于原始状态的大森林，但是没有电话。

许多年里，只有从乔治城（Georgetown）走大约 3 英里的水路才能进入我这片占地 17000 英亩的种植园。1935 年，乔治城与北卡罗来纳的威尔明顿之间修建了一条新公路，途中有一座桥，这条公路让赫布考变得容易到达。但即便到这个时候，我还是让赫布考继续成为一片世外之地。邮件和电报每天两次从乔治城送到赫布考，这就是我和宾客与外界沟通的所有联系方式。

在进入公职生活后，我就发现拥有一片可以在其中寻求庇护的宁静绿洲，就像我在华尔街的日子一样珍贵。特别是在第二次世界大战期间，我经常力劝俗务缠身、劳累过度的华盛顿官员们暂离首都弥漫痛苦的氛围。许多官员全身心想要赢得战争，以至于真的连睡觉都会将铅笔和便笺本放在身旁，吃完早餐顾不上擦去嘴边的蛋屑，就匆忙奔进自己的办公室。他们一次又一次开会，努力设法解决一个又一个危机，一直都得不到机会去思考。

1945 年年底，时任陆军参谋长乔治·马歇尔将军在赫布考度过了一个周末，我对他说起政府的高级文官能够越过眼前的各种压力，洞察到远处地平线上隐现的问题何其重要。他重重地点头表示赞同，对我说："战争初期，我指示分配到陆军总参谋部的每一位军官每周离开华盛顿一两天。我不想让疲劳的大脑作出会影响数百万军人生死的决定。"

即便是富兰克林·罗斯福，也会不堪重负，也就能明白**任何人都不能忙得没有时间休息**。1944 年 4 月，他到赫布考旅行，原先只打算逗留两周，结果却住了整整一个月。

据说，赫布考在印第安语中的意思是"在水之间"。我的种植园之所以会得名赫布考，是因为它里面有一片位于沃卡茂河（Waccamaw River）与大西洋之间的狭长土地。南卡罗来纳州的这一地区附近有座波利（Pawley）岛，大概从我 8 岁和家人一起去拜访住在岛上的萨姆森（Samson）姨婆时起，这个岛就令我着迷。

当年我们一家从卡姆登到查尔斯顿，再乘坐艉明轮船"露易莎"号北上乔治城。这是我的首次海上之旅，可真是一场狂风暴雨之旅！从这一天起，海洋的恐怖就一直留在我的心中。

我们到了乔治城，就从那里去波利岛看姨婆。就是在那个时候，我认识了他的儿子奈特（Nat），他成为我儿时心目中的一位英雄。他是一艘沿海航行的小船的船长，船名是班谢（Banshee）号——听起来就很像海盗船。他风趣地给我讲在大约 10 英里外的沃卡茂内克（Waccamaw Neck）一带找到火鸡、鹿和野鸭的故事，都非常动听。当我听说沃卡茂内克的地产正在出售时，这些记忆便涌上心头。

赫布考的历史相当丰富。此处最早是英国国王乔治二世授予卡特雷特勋爵（Lord Carteret）的男爵领的一部分。在英国人在此地殖民之前，据说西班牙人曾打算在这里开拓一个定居点。英国殖民时代，从北卡罗来纳州的威尔明顿到南卡罗来纳州的查尔斯顿的沿海主公路就途经赫布考。经过赫布考的这条公路现在仅剩一条林间小道了，不过至今仍然沿用"国王大道"（King's Highway）的名字。

罗斯福总统认为这些历史细节很有趣，他得知赫布考曾是威廉·阿尔斯通（William Alston）的乡村宅第，顿时被激起了好奇心。威廉的儿子约瑟夫曾出任南卡罗来纳州州长，娶了阿隆·伯尔的女儿西奥多西娅（Theodosia）。一天，我带罗斯福总统到温雅（Winyah）湾的赫布考树林边，让他欣赏独立战争期间英国人兴建的要塞废墟。而废墟周围都是英国军人的坟墓，如今杂草丛生。

罗斯福总统得知自己其实是第二位走访赫布考的总统时也吃了一惊。格罗弗·克利夫兰是第一位到访的总统，为了向他致敬，种植园里的一处最佳狩猎点被称为"总统猎台"。"总统猎台"——本地的正式发音将"总统"一字的重音放在最后一个音节上，这是我最爱的故事之一。

故事是索尼·凯恩斯（Sawney Cains）告诉我的，他是猎野鸭的专家，当时是克利夫兰总统的向导。索尼曾说过，他划船带着总统到沼泽地，用一棵矮棕榈将小船隐蔽好，再发出吸引野鸭的诱鸟，然后护送总统到射击猎台。要到那里去，就一定要走过小溪岸边的一道淤泥地。

要走过这样的淤泥地是很讲究技巧的。你必须轻轻落脚，快速抬脚，才不会在淤泥里陷得太深。克利夫兰总统平时的体重超过了250磅，可想而知他要走过这样的淤泥地要克服多少困难。

索尼借力给总统支撑他的沉重身躯，这时克利夫兰先生的手臂却从索尼肩上滑脱，眼看着就要陷入泥泞的沼泽地了。想到美国总统会变得满身污泥，索尼体内就爆发出惊人的能量。要想稳稳抱住总统的矮胖身体不是易事，但索尼还是办到了，奋力将总统拉了起来。

总统的长筒靴还陷在淤泥里，但他本人被高高举起，穿着长袜的双脚都还是干的。此时，索尼的腰几乎都陷在淤泥里了。他设法摆脱了淤泥，引领总统回到小船上，两人浑身都是泥巴。他们洗干净身子，换上干净衣服。

索尼说看到总统没事，他前所未有地感到如释重负。索尼讲这个故事的时候，脸上从未露出一丝笑意，他一直将这件事看得非常严肃。

由于罗斯福总统到访时正值战时，所以他来到赫布考的事情被严格保密，至少一开始是严格保密的。总统正值复活节的周日中午到达，为了在下车时不为人察觉，私人专列在乔治城北停车。为了避免穿城而过，美国特勤局驾车走一条偏僻小路来到赫布考。当我们的车队经过大门开进我的种植园时，一个家住种植园的黑人少年瞥见身披斗篷的罗斯福总统。这少年不由惊呼道："啊！那是乔治·华盛顿总统！"[1]

我这位客人的身份在乔治城没能保密很久，甚至人们看到总统乘坐敞篷车驱车而过之前，许多镇民都猜到出了大事，因为所有公路干线上都突然出现一队队乔装改扮的海军陆战队员，还有 3 名白宫通信员在当地宾馆登记入住，且总统的私人专列就停在城里铁路的侧线上。既然我不让赫布考架设电话线，那么安装一部电话的总统专列就成为与华盛顿联系的通信中心。

当然，大约 60 英里外查尔斯顿的《新闻和信使报》（ *News and Courier* ）社也知道我那位访客的身份，该报主编是现已去世的威廉·波尔（William Ball）。波尔强烈敌视罗斯福新政，从不吝啬他的语言文字能力来清晰地表明自己的立场。总统每天上午都从早餐托盘里取过许多报纸，其中一份就是《新闻和信使报》。总统到达不久，这家报纸就开始每天刊登抨击他的社论。

我看到这件事让总统恼怒，便找到波尔，对他说总统在赫布考度假期间应该停止刊发这些社论。我向他解释道，我的看法不涉及他自由表达看法的权利，但这样发表社论不是接待南卡罗来纳的一位访客的得体做法。

尽管遇上这么一件令人厌烦的事情，但总统还是很享受在这里做客，甚至都不愿意离去。他来到赫布考时因为劳累过度，还得了感冒，但离开时皮肤已经晒成了古铜色，身体也更健康了。他的海军医生罗斯·麦金泰尔（Ross McIntier）将军告诉我，总统的身体状况达到了多年以来的最佳状态。

4 月是赫布考最美的月份。房子周围所有的路上的杜鹃花盛开，红色、淡紫色、粉红色和白色的花团锦簇，几乎连绿叶都看不见了。但不幸的是，4 月不是垂钓的季节。为了找到让总统钓鱼运气最好的地方，我事先派人查遍了周边所有溪流和水湾。最后，我得知在城里经营最好商店之一的拉尔夫·福特（Ralph Ford）知道几英里外的大西洋岸边有一处非常棒的垂钓之所。他便带着总统前去。曾有一艘船在那里落难，每当总统乘着小舟绕着那艘沉船转圈时，鱼儿都会上钩。

罗斯福总统想要说服我与他一同出海垂钓，然而我知道他一向喜欢搞些恶作剧，我曾对他的那位军事副官"帕"沃特森（"Pa" Watson）将军说："他

---

[1] 种植园的黑人少年不认识罗斯福总统，在天真的少年心中，"乔治·华盛顿"的名字就指代美国总统。

知道我很容易晕船。他会干出来的事情是带着我出海，再吩咐船长把船开到风浪最大的水域里去。"

总统在赫布考逗留期间，海军部长弗兰克·诺克斯（Frank Knox）去世。有一天在吃午饭的时候，交谈的话题转到谁会继任诺克斯的职务。有人提到后来接受任命的詹姆斯·福雷斯特尔（James Forestal），总统说道："他是纽约人，我们已经有 3 位政府部长是纽约人了。伯尼，你不觉得太多了吗？"

我答道："这个人来自哪里会让事情有什么区别吗？我们正处在战时，战时的人民希望您任命最佳人选。您肯定要选了解海军部今后要做什么的人，不会让某个人匆匆上任从头开始。"

不少重要访客来到赫布考与总统会面。我听说某位重要人物要到了就会去华盛顿或纽约，几天后再回来。我想让总统觉得赫布考就像他自己的家一样，他不用非要我陪在身旁。有一天，我的贴身男仆威廉·莱西（William Lacey）激动地告诉我："您知道今天谁在这里吗？马克·克拉克（Mark Clark）将军从意大利专程赶来了。"

虽然还是要工作，但总统在赫布考要比此前多年任何时期得到了更多的休息。我在房子的底层给他安排了有两个房间的套房，那个地方可以与房子的其他部分隔绝。他可以一天睡 10 ~ 12 个小时。下午，他会乘车去我女儿贝尔住的地方喝一杯，晚上他常玩单人纸牌游戏。有一次，威廉·莱希海军上将（William E. Leahy）正等候与他一起讨论电报发来的一些报告，总统却坚持向我说明他所知的变化多端的牌型。他有两种玩法是我前所未见的。

其他夜晚，"帕"沃特森、海军医生麦金泰尔将军、我的护士布兰奇·希金斯（Blanche Higgins）和我就在起居室里玩金拉米纸牌游戏①。总统会转动他的轮椅走进来，然而就在轮椅上侧身坐着口授信件，他一边口述，一边竖着耳朵听随着牌局的进行大家开的谁会赢谁会输的戏谑玩笑。总统不时会和我们一起大笑起来。

02

罗斯福总统下榻的屋子不是赫布考男爵领最早的宅子，这座最早的房

---

① 玩这种游戏时，每个人要让手里的牌点数加在一起不超过 10 个点。

屋是很宽敞的木结构建筑，但在 1929 年我们举行年度圣诞聚会时失火烧毁了。当时，我与妻子和 3 个孩子在一起，迪克·莱登和内华达州参议员凯伊·皮特曼（Key Pittman）也在场。

我们设法从大火中抢救出一些珍贵物品，但根本无法阻止火势蔓延到整栋房子。我们正站在屋前草坪上，眼看着熊熊烈火，皮特曼参议员突然高声叫道：

"我的天，伯尼！你在地窖里收藏了一桶玉米佳酿，要是被火烧了，就会像炸弹一样爆炸。"

凯伊到底是担心爆炸的威胁还是担心那桶佳酿会被烧光，我无从得知，但是他和迪克·莱登用湿手帕包在脸上冲进了地窖，然后滚着酒桶出来了。

第二年，我重建了房子。为了消除再度发生火灾的威胁，新房屋用红砖和钢筋混凝土建成，但是建筑风格是乔治王殖民时代的。我们可以提供10 间卧室，每间都带有独立浴室和壁炉，尽管整座屋子有中央供热系统。

屋子就建在一座小丘上，环境就像公园，院内种植有木兰树、布满苔藓的橡树、稀有的樟树及成片的山茶和杜鹃灌木林。一天，银行家奥托·卡恩从屋里出来，看到西班牙苔藓像围巾那样悬在树上，不由高声道："我第一次真正明白，南方人为什么对南方会有特有的感觉了。"另一位客人，纽约《世界报》发行商拉尔夫·普利策（Ralph Pulitzer）有一次灵感迸发，写下一首以赫布考为主题的诗。虽然这首诗就在我的文件夹里藏着，但我还是克制住没有将它发表。

屋子的前门廊立着 6 根两层高的柱子，绿茵般的草坪从廊前一直缓缓延伸至温雅湾的水边，桑皮特河、布莱克河、沃卡茂河和皮蒂（Peedee）河一共 4 条河流都汇入这片海湾。正是在这几条河的两岸，曾经种植过水稻，而在这些水稻湿地后面较高的地方就种植棉花。17000 英亩的赫布考的土地一度将近 1/4 的面积专用于种植这两种作物，但现在种植面积已不到 100 英亩。

从屋子到乔治城开车走公路的距离为 4.5 英里，沿途经过的都是种植园的地面。顺着这条路，会穿过一片怪异的多柏树的沼泽地，一个个形状诡异的"膝盖"从水中突起。一路上还会遇到大片原始松树和野生森林，其中许多林木直到第二次世界大战时期才被砍伐，当时战时生产局呼吁砍伐木材缓解紧迫的短缺困难。沿着这条公路，还会穿过昔日留存的黑人村庄。在种植园里有过 4 个独立的黑人村庄，但随着水稻和棉花的种植被放弃，这几个村子就开始散了。在罗斯福总统来做客时，仅剩下一个村子，后来这个村子也成了过往。

我们家通常在感恩节前后开放赫布考，一直开放到次年 4 月为止，只有很少的时候会开放到次年 5 月。圣诞节那一周基本上都是全家在那里团聚，当然，我们买下赫布考的最初几年，大多数宾客都是我在华尔街认识的生意人或者家族的朋友。后来访客里有了政界人物和出版人、一些指挥官、作家、演员、戏剧制作人、教育家等。

有一次，马里兰州的几位政界领袖来赫布考度过周末，包括已故时任州长阿尔伯特·里奇（Albert C. Ritchie）。如我所记，当时讨论的话题是谁有可能控制马里兰代表团参加民主党全国代表大会。时为巴尔的摩《太阳报》首席政论家的弗兰克·肯特（Frank Kent），背靠着燃烧的壁炉而立，坚定地阐述自己的观点。房间里的每个人不时微笑，这鼓励弗兰克更加热情地、极力地阐述自己的观点。随后弗兰克猛然从壁炉边跳开，回头看了眼身后。原来，就在他滔滔不绝时，裤子都已经着火了！

我想起的另一次不那么"火"的政治讨论，谈的是为民主党募集资金的问题。有位宾客引述了肯塔基州已故参议员奥里·詹姆斯（Ollie James）的话。奥里有一个习惯，谈话时爱用赛马术语来吸引人。有人建议奥里设法联合一些人募资，他嗤之以鼻，说道："我那么做就是在浪费时间。"

1932 年，温斯顿·丘吉尔和他的女儿戴安娜来赫布考短期走访。他们以前一直在百慕大度假，戴安娜在百慕大学会了咏唱一首早期的卡里普索（Calypso）① 民歌，在赫布考期间也经常唱这首歌。与此同时，我请来不少乔治城的头面市民和其他南卡罗来纳州的名人。后来的岁月里，丘吉尔先生数次向我问起他在赫布考见过的一些人。他忘了他们的名字，但是会问"那个秃头小店主怎样了？"诸如此类问题。

不幸的是，赫布考的旧宾客登记簿丢失了。不过我能想起一些客人：我的哥哥哈蒂的朋友杰克·伦敦、埃德娜·费伯（Edna Ferber）、迪姆斯·泰勒（Deems Taylor）、富兰克林·亚当斯（Franklin P. Adams）、著名赛马训练师马克斯·赫希（Max Hirsch）、罗伯特·舍伍德（Robert Sherwood）、

---

① 加勒比海地区流行的以时事为主题的一种民歌，特立尼达岛的土著人以即兴演唱这种歌曲出名。

哈里·霍普金斯（Harry Hopkins）、鲍勃·鲁阿克（Bob Ruark）、赫达·霍珀（Hedda Hopper）、韦斯特布鲁克·佩格勒（Westbrook Pegler）、海伍德·布鲁恩（Heywood Broun）。我问布鲁恩是否想和我们一起去猎野鸭，他幽默地回应道："我躺在床上做梦打猎。"当时的摩纳哥亲王，现任亲王雷尼尔的祖父，在赫布考用了几天的时间追猎稀有蝴蝶和不常见的鸟儿。

奥马尔·布莱德雷（Omar Bradley）是神枪手。航空兵（后来的空军）的霍伊特·范登伯格（Hoyt Vandenberg）将军和斯图尔特·赛明顿（Stuart Symington）将军南下赫布考时，我们会就空中力量这个话题长谈。1953年初，罗伯特·塔夫脱（Robert A. Taft）参议员和哈里·伯德（Harry F. Byrd）参议员在这里度过了周末，一直打猎和谈论时事。他们非常尊重彼此，我有时很好奇，如果塔夫脱没有突然罹患癌症病倒，美国的政坛可能发生怎样的转变。

其他的朋友是几乎每年都到的常客，如《圣路易邮报》（*St. Louis Post-Dispatch*）已故出版商约瑟夫·普利策、斯克里普斯－霍华德报业（Scripps-Howard newspapers）的罗伊·霍华德和沃克·斯通、亚瑟·克罗克（Arthur Krock）、大卫·萨尔诺夫（David Sarnoff）、克莱尔·卢斯和亨利·卢斯夫妇、赫伯特·斯沃普，约翰·汉考克和休·约翰逊（Hugh Johnson）在世时也是常客。

当戏剧界人士，如沃尔特·赫斯顿（Walter Huston）、约翰·戈尔登（John Golden）、马克斯·戈登（Max Gordon）或比利·罗斯（Billy Rose）到来时，我们常会找一座村庄走走。如果正好是周六晚上的话，就在粮仓里办个舞会；如果遇上周日的话，我们可能会在石灰墙面的小教堂里做礼拜。

每到新年，我们就会举行一次猎鹿大赛，南卡罗来纳州州长会主持相关仪式，赛事还会吸引诸多体育界名人。猎鹿大赛在理查德·曼宁（Richard I. Manning）出任州长期间就开始举办，已经持续多年。然而，我不喜欢猎鹿，我的几个孩子也不喜欢，他们都不会对鹿扣动扳机。今天，赫布考成为一个非官方的野鹿保护区。人们在这里骑马走不了多远，就会遇到鹿儿几乎就在马鼻子底下越过了林间小径。

我在苏格兰、捷克斯洛伐克和加拿大都打过猎，但在这些狩猎之旅期间从未遇上一个地方可以与全盛期的赫布考媲美，因为那时的赫布考猎物数量丰富，多种多样。我们的海湾和河流里满是黑鲈鱼、鲻鱼、比目鱼、羊头鲷、牙鳕、蓝鱼和西鲱。在稻田的曲折水道里，还会有鲑鱼和鳟鱼；在沼泽里，能找到牡蛎、蛤蜊、螃蟹、水龟和虾。

树林和田野里满是山鹬、小鹬、鹌鹑和火鸡。火鸡一度数量众多，使我不得不经常停下双轮小马车，以便大群火鸡穿过道路。我设法保护火鸡免受数量渐增的狐狸、负鼠、浣熊和野猪袭击巢穴，但不是很成功。这些野猪是被送到树林生活的家猪的后代，在被骚扰时会变得相当危险。

我拥有这个地方的最初几年还捉到过野猫和水獭。那里还曾有几头熊，但很久以前就不见踪影了。

03

然而，赫布考最出名也最重要的还是那里的野鸭。稻田是野鸭的绝佳进食之所，20世纪初，南卡罗来纳沿海仍在种植水稻之时，我相信赫布考是全美猎野鸭的最佳地方。随着人们放弃在南卡罗来纳种植水稻，野鸭就开始从赫布考的沼泽地里逐渐消失了。此外，野鸭消失的另一个原因是，它们在加拿大的孵育场遭到袭击，每年有数以百万计的野鸭蛋被人取走卖给面包房。

赫布考野鸭众多，引来了大量偷猎者，而偷猎者接下来几乎要了我的命。我买下赫布考时，这里的沼泽地块都已租给费城的一家运动员俱乐部了。这家持枪俱乐部以前一直为他们的偷猎问题与索尼·凯恩斯的4个兄弟争执不休。凯恩斯家族几代人都生活在赫布考或附近，宣称对这些地方有一些含糊不清的产权。

一天，波尔·凯恩斯（Ball Cains）和兄弟哈克斯（Hucks）驾着一艘小舟到这家俱乐部会员打猎的地方。他俩坐在船上，膝上摆着双管前膛猎枪，"咒骂"这个北方人，告诉他自己看不上北方人。

我接手种植园后，凯恩斯家族的两个兄弟鲍勃和普拉蒂就来为我当狩猎向导。波尔和哈克斯在继续偷猎。一天上午，我发现哈克斯就在我的地面上，离我不到半英里。我逮住了他，当场发现他已偷猎了166只野鸭。我当面严厉指证他，但最后还是问他是否愿意为我工作，而不是在这里偷猎。

然而，我一直无法劝诱波尔停止偷猎。无论批评还是劝说，他都听不进去。为了让波尔确信我是认真的，我做了能做的一切，最终让他和另一个偷猎者被逮捕，之后被送到监狱里服刑 9 个月。波尔坐牢的那段时间，我的律师在照顾他的妻子和孩子，但他获释后就来找麻烦。

一天，哈克斯·凯恩斯和我在"总统猎台"打完野鸭，正在回家路上，他突然惊慌地向我说道："伯尼先生，波尔就在岸上。你还是小心为好。"

哈克斯开始让船转向。我吩咐他让船调头回来，径直向岸边划，他照我说的做了。正当我从船上爬出来时，波尔就对我大骂不止，发誓要送我下地狱，并且用猎枪瞄准了我。

我骇然无措，只是机械地向波尔走去，问他是否明白自己到底在干什么。

就在那一刻，我的一名雇员吉姆·鲍威尔上尉向我上岸的地方跑了过来，手上提着一把大号的 6 发手枪。我尽可能平静地说："吉姆上尉来了。"波尔转身片刻。我赶紧抓住他猎枪的枪管，把枪口推向天空。

这件事以后，偷猎的麻烦逐渐平息。鲍威尔成为我的总管，此人身高 6 英尺 4 英寸（约 1.93m），骨骼强健，无所畏惧。

只是为了偷猎野鸭就将一个人送进监狱，此事一直让我不安。野鸭本身无关紧要，但我知道如果任由波尔偷猎野鸭，别人都会照仿，我的种植园不久就会变成偷猎者的集结地了。这样一来，偷猎者不会尊重我，其他任何人也都不会尊重我。这就像父亲告诉我曼尼斯·鲍姆的故事时说的那样——**如果你任人侮辱，那么在南卡罗来纳就算是完了。**

我庆幸不用对哈克斯·凯恩斯采取这样激烈的措施。哈克斯拥有出色而简明扼要的幽默感。当我为没能打中一只野鸭提出某个解释时，他就会评论道："嗯，有个破借口好过没有借口。"

还有一次是在禁酒时代的早期，我在赫布考接待过 4 位参议员宾客——阿肯色州的乔·罗宾逊（Joe Robinson）、密苏里州的帕特·哈里森（Pat Harrison）、内华达州的凯伊·皮特曼和肯塔基州的斯坦利（A. O. Stanley）。我们在上午玩得很高兴，坐上四轮马车正要回家，这时我对我们的向导说："哈克斯，你知道这几位先生是在华盛顿立法的参议员吗？"

哈克斯倚着马车的前轮，问道："他们真是在华盛顿立法的先生？"

"是的，哈克斯。"我答道。

哈克斯说："哦，如果他们对其他事情了解得不比威士忌和野鸭更多，那这个国家麻烦大了。"

　　哈克斯是科尔·布里斯（Cole Blease）的热心支持者。布里斯时任南卡罗来纳州州长，后来出任美国参议员。布里斯自封"平民百姓"的捍卫者。哈克斯一直无法理解为何他心目中的英雄要大声责骂我。每次布里斯到乔治城，哈克斯就会找他辩个明白。但是在哈克斯眼中，布里斯只有无端责骂我这么一个缺陷。

　　哈克斯曾经对我说过："别人演讲时，大家都鼓掌，但是布里斯演讲时，人们会高呼哈利路亚①。大家在听他演讲时，你在人群里都找不到能挤进去的地方。当神灵要造一个完美的人时，他们就真的造出了科尔·布里斯。"

　　哈克斯也对我说起过另一位南卡罗来纳出身的美国参议员的故事，此人投票赞成禁酒，却贪恋杯中物。哈克斯欣赏宪法第十八修正案，这仅仅是因为该修正案让他得到机会非法酿制私酒进行销售以增加个人收入。这位参议员就禁酒令发表了一次十分精彩的演讲。哈克斯为之心醉神迷，于是起身问道："参议员，演讲很精彩，可您到底是支持哪边儿啊？"

　　哈克斯能用嘴巴或哨音呼唤野鸭，声音逼真到无论猎手还是野鸭都难辨真伪的地步。这方面只有我的儿子小伯纳德能接近他的水平。我问哈克斯学野鸭叫那么成功的秘诀，他说道："伯尼先生，这事儿就像别的每一件事一样——熟能生巧。"

　　早期岁月里，我们的猎野鸭小队会在清晨 4 点钟或 4 点 30 分出动。我们有时在黑暗中，有时在月色下将船划出去，除了桨架的嘎吱声和流水轻拍船舷的声音，周围一片静寂，不时会惊起野鸭嘎嘎叫，或是扑打着翅膀从我们的头顶飞过。**有时月亮正好没入地平线，另一边太阳正冉冉升起。**

　　旭日初升之时，人们面向东方能看到数万只野鸭。它们有时像蜜蜂涌出一个巨大瓶子那样出现，数量如此之大，让你必须眨眨眼，才能确定自己并未产生幻觉。太阳缓缓升到地平线上时，野鸭都一群接着一群从湿地和稻田里飞起，呈"V"字形队形飞入沼泽地。当飞入沼泽地或听见猎人的口哨时，它们就会在诱鸟上空盘旋，然后飞落。**我见过野鸭成群从小溪飞起时在天空中勾勒出的溪流般的图案。**

　　因为野鸭非常多，我就定下规矩，不准任何人在上午 11 点以后扣动扳机。只有一些例外时刻。通常我们在 9 点钟就结束了，并且准备好 10 点 30 分动身回家。

---

① 在希伯来语里，"哈利路亚"的意思就是"赞美主"或"赞美上帝"。

用猎枪打猎了一天后，被打死的野鸭就放在我们周围 120 码的圈子里。猎犬在赫布考的沼泽地里无法使用，因为牡蛎壳会划伤它们的脚。我们尝试过多种不同办法，例如，给猎犬的脚上套上靴子，但都没什么用。

然而，如果你对自己打中的野鸭计数的话，你的向导几乎能如数捡回每一只，优秀的向导总能记得每只被击中的野鸭落在何处。我曾见过哈克斯·凯恩斯曾几乎捡回了每只被击落的野鸭，那一次猎获野鸭将近 200 只。

有时，在赫布考一次猎杀的野鸭多到令人不可思议。我从赫布考回到纽约或华盛顿后，会向人们说起猎野鸭的故事，我的朋友就是不相信。威尔逊总统当政时的总检察长托马斯·格雷高利（Thomas W. Gregory）会对罗斯福时代的商务部部长兼复兴金融公司（Reconstruction Finance Corporation）主席杰西·琼斯（Jesse Jones）说："杰西，安静。我们听听伯尼说那些猎野鸭的大话。"

1912 年或 1913 年前后，惠特尼兄弟哈里·佩恩（Harry Payne）和佩恩（Payne）开着自家的游艇进入温雅湾度过狩猎周末。第一天开枪打猎后共进午餐时，哈里·惠特尼开口道："伯尼，你如果想卖这个地方，我就付你 100 万美元。"他的口气听起来很认真，可我没打算卖，就换了话题。

我在赫布考见到过的最优秀的猎手可能是纽约的生意人罗伊·雷尼（Roy Rainey）。哈克斯对我说，有一回雷尼身穿一件厚重外套，为此施展不开，一连两次都没打中鸭子。雷尼脱掉外套，拍打双臂刺激血液循环，大喊道："现在所有野鸭都来吧！"他提起猎枪重新射击，一连射杀 96 只野鸭，弹无虚发。

在赫布考，猎鹌鹑是另一项令人钟爱的运动。然而，随着树林越发茂盛，要找到鹌鹑就变得越发困难。当你真的找到鹌鹑时，灌木丛往往太过稠密，让人无法射击。我要打鹌鹑，多数要在大约 45 英里之外南卡罗来纳内陆靠近金斯特里（Kingstree）的租赁土地上才能如愿。如今，我在南卡罗来纳的大半时间都是在这里度过的，仍在那里继续猎鹌鹑。

为了保护自己地产上的鹌鹑，我从来不准一群鹌鹑被射杀到 5 只以下，通常一群鹌鹑是 12 ~ 20 只。让一群鹌鹑保留的数量维持在 5 只以上，对增加下一季鹌鹑的数量效果最佳。

就像其他猎物那样，鹌鹑只会去觅食和栖息条件好的地方。我在多年时间里都做好了安排，派人仔细检查被猎获的鹌鹑的嗉囊。我发现鹌鹑爱吃鹨鸪豆或刺实植物，这些通常都是野生植物。我们学会在我的土地上采摘和播撒这些植物。为了让我的土地上一直都有鹌鹑，我用了另一种办法，让手下人用捕鸟陷阱捉"湿地"鸟（很难用枪射中这些鸟，由于湿地里到处都是它们的隐蔽所，几乎也没法射击），然后将它们放到小丘上。

— 04 —

我毕生认识的最热情的猎手是阿肯色州的参议员乔·罗宾逊。**罗宾逊无论做什么事情都认真专注，但正是这个原因让他丧了命。**

罗宾逊是参议院的民主党领袖，身负重任，正在设法让国会通过罗斯福总统提出的不得人心的重组最高法院的计划。罗宾逊数年来一直都在服用洋地黄以防止心绞痛发作。他的医生们都警告他放慢节奏，但他从不听。1937 年，罗宾逊正忙着为罗斯福改组最高法院的计划斗争时，一天清晨，别人发现他已在床边死去，身旁是一本打开的《国会记录》。

罗宾逊是一个出色的伙伴，为人热情洋溢，身心都拥有巨大勇气。我经常想将他拉出华盛顿休息几天。有时周末刚开始，我想起他工作辛苦，便从纽约给他打电话："乔，我计划明天南下去赫布考，火车晚上 7 点 45 分经过华盛顿，车上会给你留个座位。"

他总是一成不变地回答："抱歉，根本就没时间。我实在走不开，哪怕一天都不可能。"

聊了一会儿，罗宾逊就会说："你以前跟我说在那儿开枪打猎怎么样来着？"我就回答："很棒。"

然后，他会说："你说火车什么时候经过？"他其实完全清楚是晚上 7 点 45 分。最后他会说："我尽力走一趟，不过现在真不知道怎么才能走得成。"通常第二天晚上，我会发现他已经上车了。

罗宾逊在立法工作中的特点就是一心一意，他将同样的精神带入狩猎。早晨太阳尚未升起，他就出去找野鸭，下午去打鹌鹑，晚上他会来到湿地边缘，就坐在那里，等候一只火鸡飞入高树上的栖息点。

有一次，罗宾逊正在独自思考，就看到一只巨鸟轻盈地在大约 100 码外的一根粗树枝上行走。罗宾逊根据这只鸟的长须判断这是一只雄火鸡。我不允许任何人射猎雌火鸡。罗宾逊缓缓蹑足而行，举起猎枪，大声嘟囔道："我就在这里让部长休斯（Hughes）先生下台。"

进屋时，他手里提着那只重达 24 磅多的雄火鸡。不过片刻，我们就听见屋外有几个人在说话。一个人说："乔先生真有趣儿，管火鸡叫'休斯部长'。"

我们决定将这只火鸡送给时任总统沃伦·哈丁（Warren G. Harding）。罗宾逊回了华盛顿。过了多日，他都没收到总统的回复。之后，罗宾逊偶遇印第安纳州的代表参议员吉姆·沃特森（Jim Watson），此人说道："你送给总统的那只火鸡实在是太棒了。"

对这句话，一向爱直言的罗宾逊答道："是很棒，我还觉得总统不写一张条子请我们民主党人帮他一起吃那只火鸡实在是太不礼貌了。"

不久，我们所有人都收到白宫发出的一份措辞文雅的道歉信。就在收到信的时候，我听见罗宾逊发誓下次他再打到 24 磅重的火鸡，绝不会送给共和党人了。

海军的卡里·格雷森（Cary Grayson）将军曾是威尔逊总统的医生，就像乔·罗宾逊一样酷爱打猎，但是身为猎人，他就没有罗宾逊那样幸运了。卡里为人正派，是一个绅士，我非常喜欢他。他可以在树林里溜达一整天，但用我的一位狩猎向导的话来说，会"只带着一根羽毛回家"。不过卡里幽默乐观，对此并不介意。

一天，我做了安排，好让卡里不只带着一根羽毛回家。他正在林中穿行，狩猎向导拍了一下他的肩膀，指出一棵树底下有只大火鸡。卡里举枪射击，然后冲上前去检查猎物。他弯下腰，注意到火鸡被拴在了一棵树上。火鸡脖子上系着个线圈，线上带着张卡片，上面写着："伯纳德·巴鲁克致上敬意。"

卡里和我们家的每一个人都很乐于讲述这个玩笑。实际上，正是他本人将这个玩笑告诉卡尔文·柯立芝（Calvin Coolidge）总统的，总统又让这个故事传遍了华盛顿。如果卡里不提这件事，可能永远不会传开，因为在赫布考有一个规矩，绝不对外泄露宾客的狩猎成绩。

卡里对我们这个玩笑的反应让我更加确信，狩猎这项运动是最能够充分揭示一个男人的性格的。我知道别的运动都不会如此迅速地让一个男人内心潜藏的野性外露，也不会对一个男人的诚实性施加那样大的压力，让他必须实话实说。

赫布考的一项规矩是客人报称的射落野鸭的数量永远是对的。所有狩猎向导得到指示，要确认每一位宾客的数目，无论具体的数目是多少。

有一次帕·沃特森与罗斯福总统的新闻秘书史蒂夫·厄利（Steve Early）互开玩笑，说谁能猎获最多鸟类。史蒂夫先回来，这次的收获打破了他个人的最高纪录。帕·沃特森进屋时,史蒂夫一副大获全胜的喜悦之情,打听道:"你打了多少?"有那么一刻,我好奇帕是否会利用赫布考的规矩,但他只是咧嘴一笑,答道:"哦,一定数量。"

在赫布考的另一项"惯例"活动经常能考验人性,那就是用袋子和灯笼猎沙锥鸟。赫布考的多数常客都经受住考验被赫布考沙锥鸟俱乐部接纳为会员,但有位先生未能通过入会资格测试。

这位先生就是乘坐莫蒂默·希夫(Mortimer Schiff)的私人专列南下赫布考的人之一。其他同行的客人有中央联合信托公司董事长詹姆斯·华莱士(James Wallace)、原先在美孚石油公司任职当时转为洲际橡胶公司董事长的霍华德·佩奇、金融家奥克莱·索恩(Oakleigh Thorne)、华尔街的约翰·布莱克(John Black)、我的哥哥哈蒂和我本人。

这位先生以前从未来过赫布考,车上有人向他描述在此地打猎的种种妙处,他显然半信半疑。我们认定沙锥鸟俱乐部有了一位新会员的候选人。

一天晚上,奥克莱·索恩一副主教般的严肃表情,若有所思地捋一捋小胡子,说道:"伯尼,你为何不让我们去猎沙锥鸟?"于是,索恩解释道,他知道我不喜欢猎沙锥鸟,因为这不用使上多高明的狩猎技能,但是他又极力主张猎沙锥鸟是一件与众不同的事情,认为我们都会立即享受这件事的乐趣。

我反对道,这是一项愚蠢的运动,看着一个男人外出,一手提袋子和灯笼,一边吹着哨子吸引沙锥鸟进入光线再跳进袋子里太不可思议了。最后,我还是被说服了,同意拨出一个晚上猎沙锥鸟,但也就这么一个晚上。

然后一众宾客开始赌谁猎的沙锥鸟最多。片刻后,我们的俱乐部会员候选人就上钩了。猎沙锥鸟听起来很容易,可实际不然,他便下注了。我在纸上写下所有人的赌注,再将纸传给桌边的所有人过目,逐一问明他们下注的记录是否正确无误。

次日,我们都有些不安。沙锥鸟当然不会比别的任何鸟类更加容易听见一声哨响或看见灯笼就飞入袋子,我们担心这位参加猎沙锥鸟活动的候选人会发现这个问题。白天,我们不断听人来汇报,说我们的这位候选人与狩猎向导讨论猎沙锥鸟的事情。但没有人泄露这个玩笑的底牌。我们的候选人问起男管家对猎沙锥鸟怎么想的时候，男管家答道："对喜欢猎沙锥鸟的人来说挺好。"

带着候选人出去的任务落到鲍勃·凯恩斯头上，他要负责带候选人去一处好猎台，让他正确挥动袋子和灯笼，教他如何吹哨子吸引沙锥鸟。鲍勃回来时说："伯尼先生，我可不想出去带他回来。他会把事情弄得一团糟。"

狩猎助手们开始制造出各种动静，据说这样会惊动沙锥鸟。我们能听见我们的候选人，那位显赫的银行家根据别人对他的指示吹着哨子要将沙锥鸟引到他的灯笼旁。他吹哨的声音越响亮，我们就笑得越厉害。不多时，我们中有些人笑得在地上打滚了，或是举起手掌来捂住嘴，这样才不会笑得太大声。

没有人出去接这位候选人回来。不久，他就自己走进屋来。我们瞥了一眼他的脸，就立即停止大笑。"这事儿真是'活见鬼了'！"他大吼道，"某些人对这样捉弄人知道多少？"他质问道，与此同时点了在场一个人的名字，此人是几乎与他同样显赫的银行家，正出任一家竞争对手信托公司的董事长。他当时说的还不止这些。

赫布考沙锥鸟俱乐部的花名册为金融、工业、法律、文学和国务等各界名流都编了号，但那晚我们的候选人没有能成为这个团队一员的几项素质。

第 21 章

黑人的进步

01

我在南方安第二个家的一个原因是**母亲曾向我提出，不要与祖先生活过的土地断了联系**。她也敦促我尽力为南方的改造作贡献，尤其是要"为黑人做些事情"。

我心里从未忘却母亲的劝告，我在南方进行的所有活动中，都尽力去改善那里的各种条件，设法帮助黑人改善他们的命运。

卡姆登城想兴建一座本地医院，请我捐款时，我提出支持此举有一个条件——要为黑人患者预留具体数量的床位。

卡姆登人谈起建造这座医院需要 2 万美元。我告诉他们这笔钱不够，如果他们采取措施支持这家医院，那么我会承担所有的建设成本。他们同意了。这家医院失火焚毁后，我出资建设了一座建筑条件更好的医院，还有一座护理院。

我为南卡罗来纳的几所大学捐款时，黑人教育机构也会得到他们的份额。同样，我为他们同时提供奖学金。

人们想要做的事情，不是一直都能达到可以做到的程度的。一次，我在乔治城买下一块地皮，想要为黑人建一座现代化运动场，附近的一些居民得知后抗议我的做法。我仍然打算继续进行运动场建设工程，这时，乔治城黑人学校的校长贝克（J. B. Beck）博士来找我。贝克博士来访时一直穿过厨房进来，但我总是看到他走前门离开。

他恳求道："伯尼先生，我希望您别建这座运动场。我们在这里和居民的关系挺好的，不想有什么麻烦。"于是我就买了另一块地，在那里建了运动场。

在这件事情上，贝克博士比我更明智。我在与黑人和白人的所有交往中，一直设法待人比社会习俗要求的更大方些，希望别人可以效仿。然而**我体会到了，想要做一个有效的榜样，一个人就不能比想要影响的人领先太多，这一点对所有人类事务都适用。**

那些想要一夜之间重建世界的人对这个看法可能不会太满意，那些想让事物一直保持原样的人可能也不会太满意。我相信变化是生活的一部分，但是我喜欢好处比麻烦少的变化步调。

当我回想起南卡罗来纳的黑人在 19 世纪和 20 世纪之交如何生活时，看着他们已经取得的显著发展，就会为之感动。我最开始认识的黑人都是黑奴的子女，他们朴素可爱，但做事看上去经常不负责任。直至 20 世纪20 年代，南卡罗来纳的大部分黑人都是佃农。今日，住在我附近的许多黑人或是做生意，或是成为专业人士。他们拥有自己的农场，被人们认为可以属于本地最值得信赖的农场主之列。

最近，我向一位与黑人来往颇多的南方白人询问黑人农场主在面临农作物价格下跌的趋势时是怎样设法守住土地的。这个南方白人不无钦佩地说道："他们自己承担了损失，一旦拥有一块土地，他们就不惜一切代价要保住它。"

我的另一个白人邻居想从一个黑人农场主那里买下 1 英亩湿地。黑人农场主谢绝出售。为了考验他，我的邻居说要出价 500 美元买下这 1 英亩湿地——这可是很高的价格。但黑人农场主答复道："对不起，上尉，我不能帮你。我不想和自己的土地分离。"

我自己的种植园经理对我说，黑人经营土地得到的收获与效率最高的白人农场主一样多，他们采用最新农业技术的速度也一样快。

02

我回想起刚买下赫布考时黑人的生活条件，前文这样的变化就让我愈加满意。那些年，如果有人在南方买下一座种植园，一定数量的黑人就会随着那里的土地留下。那些黑人就像他们的父辈那样生于种植园。他们不知道还可以有别的家园。他们觉得种植园主有责任照顾他们，有义务让他们有工作。

有一天，我详细地了解了这种情况。我的大管家哈里·唐纳森（Harry Donaldson）说他想要让一名黑人离开，因为他实在太懒惰了。**通常我爱给予一个人全权，以便让他负起全部责任，但有一件事例外——除了我本人，**

别人都不能让任何黑人离开赫布考。

于是我决定去听一听那个黑人有什么话要为自己辩解。一个星期天的下午，我的妻子、妻子的继母和我一起步行去了谷仓，我派人叫来莫里斯。一个上了年纪、身着灰色毛衣的黑人出现了。他手拿帽子，先向两位女士躬身行礼，又向我躬身行礼。

我说道："莫里斯，哈里上尉说你懒惰，不愿意干活。他说你应该被赶出去。"

"伯尼先生。"莫里斯答道，"**我在这里出生，我不想走。**"他就这样脱口而出，倒也不像厚颜无耻。

莫里斯一边在我们面前走来走去，一边说道："伯尼先生，自由之前，我就在这个地方出生了。**我的妈妈和爸爸以前都在稻田里干活。他们都葬在这里**。我记得最远的东西就是那些种水稻的河岸。我这么高的时候就在那里长大了。"他伸手比画了一下儿时的身高。

"伯尼先生，这双手臂、这双腿和这副老背的力量，都在那岸边的稻田里耗去了。不用多久，可怜的老莫里斯余下的力量也会耗去。**我这把老骨头还想着要和已经葬在您那岸边稻田里的那些手臂、双腿和后背的力量在一起呢**。不能，伯尼先生，您不能把老莫里斯从这个地方赶走。"

"我有大麻烦了。"他继续说道。这时他转向两位女士，向她们介绍自己的情况。他的妻子死了，留给他一个女儿要养大。他说生活很艰苦，白天都要在稻田里干活，还要留意和照顾活泼的女儿。说起求偶年龄的年轻人多么不负责任，他的声音低得如同窃窃私语，而他留下未说出口的话，要比已经说出的话更加能令人了解他的内心。

"这位夫人能理解我。"他压低声音对我妻子说道。

莫里斯没有说穿的是一个见不得人却为人熟知的故事——他的女儿没有丈夫，却生下了一个小女孩。莫里斯接着说起他要养育外孙女是何其艰辛，又是如何给她一个家，如何对她保持关爱的。

"这位夫人明白我的意思。"他一再说道，就仿佛事情太过微妙，我无法理解一般。

"伯尼先生，我一直努力做一个好人。"他最后说道，"但是如果我有时候做不好，请您指出来，我会尽力做好。"

我曾听过许多人为一件事或者自己陈述理由，但没有任何说法能比得上这个人的申诉，这比其他任何说法更令人感动，更符合人类公正性。他成为我们家特别关爱的一个人，熟悉人情的老者也明白这一点。

有一次，我问莫里斯需要什么圣诞礼物。他告诉我想要一些"热内裤"，意思是保暖内裤。还有一次，我斥责了莫里斯，因为他没有根据我的指示，在仓院里饲养火鸡。莫里斯为自己辩解道："那些火鸡实在太蠢了，在雨中会抬起头，这样会让雨水把它们溺死的。"

莫里斯也开始为我养鸡，但那些鸡染了病，我就放弃了养鸡实验。我尝试教育莫里斯和其他一些黑人学习更加科学的农耕方法，但是早期没有什么用武之地。

然而如今，我认识的黑人农场主与白人一样善于采用改善的农耕方法。例如艾利·威尔逊（Ely Wilson），每个人都尊重他。在200英亩的农场上，他自己选种，施用多种肥料，轮流耕作蔬菜、棉花和玉米等农作物。在运用科学农耕技术方面，他是专家，和所有邻居一样专业。此外，在我们这个社区，他还是有名的最佳猎鸟高手。

或以特洛伊·琼斯（Troy Jones）为例，此人除了耕作自己的100英亩农场，也为我工作。他买下农场时，许多土地都还没有清理过。他和妻子将地里的树桩连根挖出。今日他们的农场已不再欠债。

特洛伊不过35岁。然而最早开始耕田时，他用一头牛，后来他得到一头骡子，几年前又买了一台拖拉机。特洛伊过去用火烧光地里有杂草的地方，现在他用犁来翻土。

在黑人的其他活动中都能看到明显的进步。赫布考这样的大型沿海种植园，就园内的黑人来说，构成了一个几乎完全能自我维持的社会。赫布考的所有黑人几乎都在这里出生。赫布考以外更广大的世界几乎无法让他们产生兴趣。有些黑人甚至从未走上哪怕几英里的路越过沃卡茂河去乔治城走走。据我所知，在我接手赫布考的时候，这里仅有两个黑人曾去过查尔斯顿。

尽管当时黑人都算是忠于共和党，但他们对政治根本不在意。亚伯拉罕·肯尼迪（Abraham Kennedy）性格甚佳，是一个技艺娴熟的木工和瓦工，有一次我问他是否会投票。

他说："不，先生，我不会傻到去做那种事。"

"你会投票选民主党人吗？"我问道。

"不，老板。"亚伯拉罕答道，"在我还是个孩子的时候，我的妈妈每天晚上都拿着亚伯拉罕·林肯的画像，让我双膝跪地在画像前祷告，承诺除了他不给任何人投票。"

当我接管时，赫布考种植园一片凄惨破败，我制订了全面的修复计划，计划的一部分就是将所有的小木屋都修缮成宜居状态。黑人会得到酬金动手修葺自己的房子。对愿意参加修缮工作的每一个黑人，按照当时的工资水平付出一天的劳力一直都是可行的。他们还会得到燃料和房子周围的小块园地。从物质享受方面来说，他们后来从未有过困苦或匮乏。

对年老和残疾的黑人，我在乔治城的福特杂货店设立了信贷购物账户，账单会定期转给我。我认为这可以称为一种养老制度。

在我买下赫布考时，这里的黑人几乎没有一个人能识字和阅读。我们就修建了一所学校，后来我女儿贝尔特别喜欢这所学校。她每天都将4个村庄的孩子们聚集到一起。有一天，两个17岁大的少年都没来学校。贝尔和一个朋友骑马去找他们，结果发现他们藏在一片沼泽地里。贝尔不能骑马进沼泽地，便下马踏入，朋友大惊失色。当贝尔蹚着泥浆水再度出现时，一手揪着一个少年的耳朵。

很少有黑人在学校里念很久的书。但在这里，新一代黑人与老一代黑人已经有差别了。赫布考里有一个黑人几乎从未上过学，但他设法送两个孩子念完大学，后来他们都成了教师。

我最早认识的黑人，如我的保姆密涅瓦那样极其迷信。他们觉得树林、河流、空气和天空中充满了"鬼怪"。新月之夜，在树林里穿行是很危险的。黑人一直提着灯笼，你能听见他们为了壮胆一路唱歌又喊叫。

有一天晚上，我的宾客们就在餐桌边讲鬼故事。在一旁侍奉的那个黑人少年眼睛瞪得越来越大。晚饭后，一位客人——埃德·史密斯，吩咐少年出门走一小段路去捎个口信。少年本想推托，但最后还是出发了。我们能听见他一路吹着口哨、唱着歌到达目的地的小木屋。他开始返回时，依然在吹口哨、唱歌，这时埃德走出去，就站在院子里的一棵树后。

少年走近，埃德就开始发出一阵鬼叫："呜——呜——呜——呜！"

少年停下脚步，脖子伸得老长。

"是你吗，埃德先生？"

"呜——呜——呜！"

少年颤声道："埃德先生，我知道那是你，但是不管怎样我还是快跑吧。"

我们所有人有时不是都像那个少年一样吗？

我在当地引入的另一项改革措施是定期进行医疗护理。我在赫布考的一个村子里修建了一个诊所。我的私人医生贝尔（F. A. Bell）每周去一趟诊所，免费为需要看病的黑人诊治。然而，许多黑人还是宁可让"土医"来负责自己的小病，他们相信土医拥有超自然力量。许多黑人害怕"土医"盯着人看的"邪恶目光"。

今日的乔治城周围还有一两个"土医"，但很少有人去看诊了，只有少数人仍然相信他们的能力。

— 03 —

对这些旧时代黑人影响最大的因素可能就是他们信奉的宗教了。在一个种植园社区里，布道者往往是最重要的人物。他们为人们行洗礼，主持婚丧嫁娶。我们称这些布道者为"大斧"，因为他们并未被教会正式授予圣职。尽管老一代"大斧"布道者很少会读写，但他们就是信众的真正领袖。

我相信，宗教对黑人来说如此重要的一个原因是它替代了历史感。美国黑人缺乏对自己古老过去的了解。世界上的几乎每个族群都对自己的文化渊源有认同感和自豪感，而美国黑人却没有。

数年前，我突然萌生了这个念头，当时我正在看加尔布蕾丝·韦尔奇（Galbraith Welch）撰写的《北非史序》一书，她在书中谈到古老非洲的多位黑人国王和战士的英雄功勋。我觉得书中叙述的这一文化遗产的完整故事可以成为黑人的自豪和力量之源，无论这些黑人今日在何方。我写信给韦尔奇小姐，极力主张她着手进行这项研究。后来在利比里亚总统威廉·塔布曼（William Tubman）访问美国时，我找到他，建议他邀请韦尔奇小姐去利比里亚进行这项研究。他照办了。

我一度想要雇用某人去对南卡罗来纳偏僻乡村的黑人民俗做个系统调查，很遗憾一直都没有将这个想法付诸实践。当然，现在再办为时已晚，因为那些旧习俗已经渐渐消逝。

然而，赫布考的黑人生活依然温情而丰富。他们庆祝每一个节日，出生、受洗和婚礼都要举办合适的庆祝仪式。周六晚上，谷仓里会举办舞会。成年男女和少男少女里的最佳舞者和最佳着装者会得到我们颁发的奖品。

后来在纽约、巴黎和伦敦流行的几乎所有现代舞蹈，我在赫布考都曾首次见过。这些舞蹈的伴奏"音乐"一部分是用一支口琴吹奏，但大部分是靠拍手和踏脚来保持节奏。有人对我说，这种节奏与非洲土著鼓手打出的节奏非常像。

拍手和踏脚的节奏在黑人进入教堂进行宗教仪式时也会使用。当我们在赫布考建成了一座条件更好的教堂取代一座村庄里的原木屋小教堂时，赫布考的年长黑人们请我为这座新建筑题词命名。我仔细地向他们解释我不太适合为他们的教堂题词命名的原因。我们最后请了一位教会授予圣职的黑人牧师来为教堂题词命名。

这座墙面刷了石灰的小教堂，在超过 25 年的时间里一直是黑人崇敬上帝的地方。我虽然不相信任何基督教信条，但尊重所有宗教，而且从未见过真正信奉某个宗教的人没有因为自己拥有信仰而更加幸福的。有时我会在赫布考小教堂的粗糙长凳上坐下，一起参加宗教仪式。虽说这些仪式都很原始，但都是真正的美好事物。宗教仪式的不同部分和谐地串联在一起，使整个仪式就像是一首完整的神圣赞美诗。

一次典型的宗教礼拜仪式开始时，一位平时在田间劳作的年长黑人会随着拍手和踏脚的伴奏领唱一首歌。这类歌谣有些是经过几代人创作而成，都是赫布考本地出品。领唱者唱一句，会众就跟着唱一句，就这样唱过许多节。

一曲戛然而止，另一位年长黑人会双膝跪在祭坛上，用响亮的声音祷告，此时又会有拍手和踏脚的声音隐约为祷告伴奏。祭坛上的年长黑人祈祷作物丰收、六畜兴旺，祈祷渔猎收获丰富，祈祷在赫布考生活幸福所需的所有其他事物能够降临。会众不时在祷告过程中在祷词之间插入"是的，主"和"阿门"这些感叹词。

这轮祷告过后，又会唱起另一首歌。领唱者随着内心充满敬神的狂喜之情跳起舞来，其他人也开始起舞，拍手声随之越发响亮。不多时，1/3 的会众站起身来，站满了过道和祭坛前的地方。仍然坐着的人会随着音乐节拍左右摇动身体。教堂里的煤油灯都在托架上光影颤颤。

然后到了布道时间。我非常欣赏的布道者是摩西·詹金斯（Moses Jenkins），他的儿子普林斯仍在为我工作。以色列人摆脱奴役枷锁获得自由的故事特别让摩西·詹金斯着迷。他对《出埃及记》的描述堪称典范。

他会扶正自己的金丝边眼镜，眼镜对会众来说就是学识的象征。随后他捧起我妻子送给教堂的《圣经》，宣读《出埃及记》中的那些精彩节选：

"一片灌木丛燃烧的火光之中，主的天使在他面前呈现；他看去，领悟到了，灌木丛中正燃烧着火焰，但是那灌木丛并未烧尽。"

在这里，会众发出低沉的唱和声："那——灌——木——丛——并——未——烧——尽。"

摩西·詹金斯继续宣读。

"当主看到他侧身旁顾，就从灌木丛中召唤他：摩西，摩西。"

"摩西——摩西。"会众应和着重复一遍。

布道者续道："他说，我在这里。"

会众回应："我——在——这——里。"

摩西·詹金斯会继续讲述摩西觐见埃及法老，此后这位统治者拒绝让希伯来人和平离开埃及的故事。随后讲述的是埃及瘟疫流行，直到法老发话说犹太人可以离开埃及，但结果只是法老为后悔作出了这个决定而派兵追击。摩西讲述的犹太人被追击的场面有非常高的现实感。第一次世界大战后，他为自己的宣讲增添了一些现代化描绘，如"步枪和机枪声嗒嗒响起"。

通常，摩西·詹金斯结束布道时，会讲述法老率领追兵在红海溺水的场景，激动人心而又令人满足。不过有时候，如果他状态很好，就会大幅跳过以色列人逃出埃及并在荒野中流浪40年的经过，直接描述他们到达理想之地。他大幅简化这段内容，为了帮助自己跳过那些描述以色列人困境的内容，会预先讲一些圣母玛利亚、约瑟夫、耶稣或圣徒保罗的故事。

摩西在西奈山脚下搭起帐篷，准备上山接受上帝刻下律法的石碑，留下亚伦和另外两个人负责管理族人。摩西说（据摩西·詹金斯所述）："你们三个就留在山下的这个地方。我不在时，你们要保持清醒，留意所有的事情。"

"但是你们觉得会发生什么事情？"摩西·詹金斯询问道，"当摩西回来时，发现三个犹太少年睡得正香。"

布道全程都有拍手声和踏脚声伴奏，随着布道者声情并茂、抑扬顿挫的宣讲，这伴奏声上下起伏。布道之后，教堂里还会唱几首歌，做几次祷告。这样的仪式经常会延续到凌晨1点。仪式结束，会众就排成一列走入教堂外的黑暗之中，喃喃低语、欢笑着成群散去，回到各自家中。

当然，宗教对黑人来说，就是让他们怀有一个指望，即将来能拥有今生在人世间没有的平等。有件事让我印象很深，那就是黑人拥有幸运的天赋，能让自己的宗教信仰与切身需要相符合，他们对宗教内容或接受或舍弃，到最后找到适合自己的信仰方式。同时，他们天生的睿智和现实又经常会让自己变成怀疑论者。我的海军朋友卡里·格雷森将军曾经讲过一个故事，典型地说明了黑人这种对待天国事务的务实做法。

故事说，一个逐渐老去的黑人希望能投入教会的怀抱。他向教堂执事申请入教，执事说：

"亚伯拉罕，你必须有信仰才能投入教会的怀抱。你相信《圣经》的一切内容吗？"

"相信，先生。"亚伯拉罕答道。

"你相信约拿和鲸鱼的故事吗？"

"相信，先生。"

"你相信但以理和那些狮子的故事吗？那些饥饿而没有食物可吃的非洲雄狮？你知道，但以理径直步入狮子的巢穴，打狮子耳光，它们对他却没有做任何事情。"

"饥饿的非洲雄狮，他打它们耳光。"

"《圣经》上是这么说的。"执事确定道。

"嗯，那么我相信。"

"你相信希伯来儿童在炽热熔炉里的那个故事吗？希伯来儿童走进熔炉，脚踏炽热的炭火，全身没入烈焰，甚至他们的身体一点都没烧焦。"

"一点都没烧焦？是平常的火焰吗？"

"正是。他们身上甚至一点都没焦痕。"

亚伯拉罕摇摇头，他说："执事，我不相信这个。"

"那你就不能投入教会的怀抱。"

亚伯拉罕拿起帽子，开始缓缓走出教堂。来到门口，他暂停脚步，回头看去。

他说道："执事，我其实也不信但以理和那些狮子的故事。"

04

在赫布考多年，我们只有一次与一个黑人发生过严重冲突。赫布考的白人孩子很少，也就没有理由专门为他们办一所学校，于是哈克斯·凯恩斯就雇了一位年轻女教师为他的两个女儿授课。有一天，正当我和家人都在北方的时候，这位女教师和她负责的两个小女孩坐着双轮小马车正在穿过松林。突然间，一个黑人从灌木丛中跃出，将女教师从马车上拽下来。

两个孩子惊声尖叫，女教师拼命挣扎抵抗。最后，就在她几乎筋疲力尽时，却还能沉着地尖叫道："哦，感谢上帝，哈克斯先生来了！"

这个计策成功了。那个黑人丢下他，窜回了林子里去。

这次性侵未遂的消息就像用非洲鼓击鼓传信一样迅速传遍乡间。乔治城的一些男人乘船赶来，其他人从沃卡茂内克北面的远方骑着马、挎着猎枪和步枪赶来。树林、湿地、沼泽和水道里没多久就有地方民团在活跃。

经过排查，确认了犯罪嫌疑人的身份，是外来黑人。我们很少雇用赫布考之外的"新来"黑人，也不鼓励外来黑人在这里生活。

经过几个小时的搜捕，犯罪嫌疑人被捉住，押送进我们家宅子的院里。一大群人围在县治安官、我的总管哈里·唐纳森和吉姆·鲍威尔上尉周围。众人主张即时就地将其绞死。屋前的草坪上有几棵古老的粗橡树遮阴，有人将绳子抛过了其中一棵橡树的粗枝。

吉姆·鲍威尔在设法阻止将犯罪嫌疑人用私刑处死，他大步走进激动的人群，要求他们听他说话。

他恳求道："不要在这个院子里将他用私刑处死。这样做的话，安妮小姐（指我的妻子）和贝尔小姐、蕾妮小姐（指我的两个女儿）就永远不会再回赫布考了。这样做对她们来说就是永远把这个地方毁了。还是把他送到沃卡茂内克北面去吧。"

然后出现了骚乱，治安官揪住了那个犯罪嫌疑人，赶紧将他推到船上，不等众人回过神来，就将他押上了前往乔治城的路。在那里，犯罪嫌疑人被安全地关进了监狱。强奸和强奸未遂在南卡罗来纳州可以判死刑。二审期间，犯罪嫌疑人在陪审团前受审，然后定罪，最终被处绞刑。

绝大多数南方人都厌恶残留在南方的私刑绞死罪犯陋习，县治安官和吉姆上尉的做法代表了他们的意愿。我曾经提出可以供应资金，务必设法让任何用私刑绞死他人的人被拘捕和起诉。其他与我有同感的人都在用自己的办法为根除这种私刑奋斗。

光阴荏苒，赫布考的几个黑人村庄开始解体。我为此感到十分高兴。我想念那些我来到此地逐渐熟悉的黑人，但我知道这些村庄的缓慢瓦解正是黑人取得进步的证据。

离开赫布考的黑人正在外出寻找更新、更加广泛的机会。战争期间，许多黑人去服兵役，这让他们对生活形成了新观念。在那些从陆军或海军退伍转业的黑人身上，我注意到他们的体格普遍更加强健，也变得更愿意遵纪守法。

其他黑人仍在搬出这片土地，前往北方和南方正在拓展的城市——政府农作物价格项目支持下的田亩耕作限制措施加速了这一进程。

回首往日岁月，在我看来，教育和经济条件的改善是让黑人不仅在南方，也是在北方取得进步的关键。我在纽约市立学院上毕业班时，班上只有一名黑人学生，他是一个出色的辩手，也很有学问。数年后，我碰巧与他在街头相遇。我问他为何不参加校友聚会。

他对我说："我本以为能提升本种族的地位，但是这负担对我来说太沉重了。"

今日，我怀疑没有一个黑人大学毕业生会说这番话。我们美国的黑人人口里有相当大一部分接受教育的程度越来越高，经济条件也日益好转。像拉尔夫·本奇（Ralph Bunche）和杰基·罗宾逊（Jackie Robinson）这样的人物——这里仅提两位——不仅以黑人的身份，而且以与其他所有美国人竞争的个人身份赢得了在美国生活中的一席之地。

黑人就像我们所有人一样，正处在变化的洪流之中。这条变化的洪流水势湍急，一去不复返。前方的河道隐隐显出危险。然而我一想到我们已经跋涉了那么远，就深信未来的各种困难终将会被克服。

第 22 章

未来岁月

01

有一些人在人生早期就明白自己想要成为什么样的人，他们的人生变成了让雄心壮志如何成为现实的故事。坦白说，我的人生并非如此。我的个人志向经常会被相互冲突的愿望困扰。**我一生的各种转折都会受突发事件之类的事情影响。**

虽说我初入华尔街时尚未意识到，但实际上，当时国家的历史正处于一个旧时代结束新时代刚刚开始的时间段。当年拥有统治力的金融人物——J.P. 摩根、哈里曼、莱恩、希尔、杜克和洛克菲勒正处于实力和声望的顶峰。

我注视着他们，听闻他们的各种壮举，自忖："**他们能办到，我为何不能？**"我竭尽所能效仿他们，尤其是爱德华·哈里曼，在我看来，此人就是一切都精彩的典范。他是教会牧师之子，白手起家，我也是从零起步；他赌马、赌职业拳赛、赌各种竞选——我也喜欢这些事情。

我在研究铁路公司时，哈里曼的事迹让我为之兴奋，他接管联合太平洋铁路公司时，这家公司差不多就是两条锈迹斑斑的铁轨，他却想方设法让这家公司变成了美国最优秀的铁路公司之一。**我钟爱的一个哈里曼的故事是，有一次，国民城市银行的詹姆斯·斯蒂尔曼问他最喜欢做的事情。哈里曼答复道："就是别人对我说某件事情办不到，我全身心投入将它办成的事情。"**

但我永远无法成为第二个哈里曼，或许我根本就不是那样的人。然而，我认为有些写手称其为"创世之主"的那些金融巨头可以成功的条件正在悄悄流逝。

进入 20 世纪以后，金融竞技场变得过于宏大，任何个人或者团体都无法对其进行控制。如果说在 1907 年，一个 J.P. 摩根尚可阻止一场金融恐慌，那么当 1929 年的金融洪流决堤时，任何人都无法阻挡。

我们能从股市本身看到这种时代的变迁。1898 年，在纽约证券交易所主板上市的股票大约 60% 都是铁路股。这当然反映了一个事实：美国内战结束后，有一段时期的主要事业就是对北美大陆物理上的跨越和征服。到了 1914 年，铁路股在纽约证券交易所主板上市公司所占的数量比已不足 40%，1925 年大约为 17%，到 1957 年仅占 13%。

第一次世界大战前，外国政府在这个国家的融资很少。当然，现如今美国已是外来融资最重要的一个中心。

两个大时代变迁的另一个因素就是两代人的变化。J.P. 摩根和洛克菲勒比我年长 30 多岁，哈里曼大我 22 岁，莱恩大我 19 岁。我这一代人不太满足于只是赚钱。当然，就我本人来说，父亲一直是我的榜样，让我的内心为这个问题不安："**你现在有钱了，那么你要用钱去做什么呢？**"

时代的变迁也在全国唤醒人们的社会责任感。那些赚取了巨额财富的金融巨子已经开始捐赠金钱，他们时常发现捐钱要比赚钱更难明智处理。更加重要的是，已经出现许多社会变化和情感洪流，就在西奥多·罗斯福和伍德罗·威尔逊的各种进步理念中得以表现出来。

正如前文所述，我掌握一套政治思想体系非常缓慢。1892 年，我首次投票选举总统时投的是格罗弗·克利夫兰。1896 年，我思绪很混乱，都记不清到底投了谁的票。威廉·詹宁斯·布莱恩（William Jennings Bryan）来到纽约拉选票时，我去听他发表演讲，他的出色辩论口才让我着迷，但是在我离开他发表演讲的麦迪逊广场花园后，声音便离我越来越远，影响也就渐渐消退。

我几乎下定决心投票支持麦金利。这时，曾在博勒加德将军的参谋部效力的费舍尔·科恩舅姥爷，开始和我谈起"败局命定论"（Lost Cause）和战后南方的重建期。他对我说，如果我在共和党候选人的选票上签名，那么我的手臂会烂掉。我可能把票投给了著名民主党人约翰·帕尔默（John M. Palmer），我父亲也支持他。

无论如何，当西奥多·罗斯福竞选总统时，因为他反对"掠夺联盟"

（plunderbund）^①，我就投了他的票。我记得交易所收市后，我经常会觉得很不安，并不满足。我从办公室的窗口俯瞰外面的华尔街和三一教堂，会想起格雷的《挽歌》（*Elegy*），怀疑自己没有成为一名医生是否正确。

当年加雷特·加勒特（Garet Garret）傍晚经常来见我，此人时为《纽约晚间邮报》（*New York Evening Post*）工作，后来成为《纽约论坛报》（*New York Tribune*）和《周六晚间邮报》（*Saturday Evening Post*）的主编。他会在证券交易所收市后走进我的办公室，听我将自己的想法大声说出来。他起身离开时就会说："我一直都在对你说，巴鲁克，你不属于华尔街，你应该待在华盛顿。"

02

然而我思想的真正转折点，是在第一次世界大战期间形成的。这场战争迫使美国暂时搁置旧日的自由放任传统，让美国政府急急忙忙地扮演起一个全新的角色。第一次世界大战的岁月里，政府的所作所为一直没有被完全遗忘。后来，每当危机出现，无论是大萧条那样的国内危机还是第二次世界大战那样的世界性危机，国家都转入了第一次世界大战时政府首次发展成形的行为模式。

当然，国家思维和政府角色发生革命性变化需要通过许多人来进行，而我就是这些人中的一员。这不是因为我特别有远见。第一次世界大战爆发时，我肯定不是一个拥有全球思维的人。当时，军事战略对我几乎没什么意义，或者可以说毫无意义；我也不明白为了一场全面战争而动员国家经济需要去做些什么。

然而随着战争将一切都席卷进去，我就开始思考，如果美国被拖入战争，我们不得不去做些什么。我首次造访白宫，是时任财政部部长威廉·麦卡杜（William G. McAdoo）安排的，我去向威尔逊总统解释我为了国防动员各种经济资源而起草的一份计划书。

在国防委员会下属顾问委员会设立时，我成为一名顾问委员，受命为美国备战计划观察可用原材料问题负责。因为原材料会进入制造一切的流

---

① "掠夺联盟"指商业、政治、金融等利益集团结成的剥削公众的联盟。

程，所以我发现自己在关注经济的方方面面。很快我就明白，按照平时做生意的方式进行处理，就无法完成交付给我的任务。

我需要采用一种全新的方法，必须将每一项工程和所有原材料、每一位工商业领袖和工人都吸纳到一支庞大的产业大军之中。

我要将自己掌握的东西设法传递给其他生意人，这并非易事。在我早期与那些生意人会谈时，每当一位工会领袖开口说话，就会被顾问委员会的几位生意人代表打断。我经常需要说："请让这位先生把话说完。我想听听他必须说出来的意见。"

在这支新的产业大军中，金融界或工商界原先的将军级人物经常要扮演尉官和士官的角色。我们的许多工商界领袖都早已习惯自专一方，不允许其他任何人干涉他们如何经营工厂或车间。要向这些领袖人物解释他们为何不得不暂时搁置这样的做法，接受政府指令或与竞争对手合作实非易事。

要让这些工商界领袖用国家利益这一更广阔的视角来看待问题，我并不总是成功的。例如亨利·福特，我到他在华盛顿下榻的酒店与他见面，向他解释因为用于生产汽车的钢材是战争所需要的，所以不得不削减民用轿车产量。

福特坚持认为，他可以同时既生产轿车也制造弹药。他宣称："你只要告诉我想要什么就行，我会给你造出来。"虽然我竭力解释为何就是没有足够的钢材既用于战争同时又用于生产民用轿车，可他当时听不进去。

然而其他人虽然几乎与福特一样拥有强烈的个性色彩，却能看到更广阔的前景。一天，我邀请詹姆斯·杜克共进午餐，讨论我们对烟草行业制订的计划。杜克抗议道，我们正在做的事情都是错的。我就叫来负责烟草行业的顾问委员，对他说："杜克先生现在负责管理烟草行业。"杜克当即反对，我说："你不喜欢我们现在做事的方式，那你就来说明一下我们该怎么办。这是我们必须处理的问题。"

杜克提出了一些宝贵的建议，并成为我最坚决的支持者之一。

综上所述，这是我解决战争资源动员问题的办法。战争正在进行，我们没有足够的时间让每一位生意人的思想转变过来。但是在每个行业，我一直能找到一个或几个可以依靠的人来告诉我们怎样解决问题效果最佳。

我在前文已经讲述过丹·古根海姆是怎样帮助我们将铜材的时价降低

一多半的。后来，我们面临这样的问题需要决定政府应当为造船钢板支付的采购价格。我去见弗里克（H. C. Frick）。他在书房里接待了我，我向他请教政府应当支付的价格。

弗里克抗议道："来问我这个问题不太公平，我可是美国钢铁公司的财务委员会主席。"

我告诉他："我之所以来见你，是因为我不仅把你当作了钢铁业的人，而且将你当作了一位爱国公民。"

"一磅 2.5 美分。"弗里克爽快地答道。

当时一些钢铁公司的发言人为出售给政府的造船厂钢板报价每磅 4.25 美分，而更离谱的报价则高达每磅 18.5 美分。

许多其他生意人都像弗里克和古根海姆一样积极响应，如安德鲁·梅隆（Andrew Mellon）、克利夫兰的钢铁业人士普莱斯·麦金尼（Price McKinney）、圣约瑟铅矿公司（St. Joseph Lead Company）的克林顿·克雷恩（Clinton H. Crane）、新泽西美孚石油公司的阿尔弗雷德·贝特福德（Alfred C. Bedford）、新泽西锌业公司（New Jersey Zinc）的埃德加·帕尔默（Edgar Palmer），还有许多其他人物，姓名就不在这里列举了。

如果没有经历在华尔街的岁月，我怀疑自己无法完成战时使命。我进行的多次金融交易让我对许多美国工商业领袖的个性了解颇深。我知道哪些人会正面回应直截了当的爱国主义的呼吁，我也知道对另一些人，如果我们想与他们合作，就必须说明政府要比任何个人更强。

在不得不摊牌时，我发现自己很幸运，因为我从前在华尔街以独立交易人的身份已经赚到了钱。如果我的财富此时还要依靠在某个具体产业持有的股份，就有可能向我正在与之对立的生意人反向施加的压力屈服。当设定钢材价格的问题提出时，我们的定价委员会的一位成员就说，几大钢铁公司可以搞垮他持股的一家公司，只要夺走它的业务即可。

我告诉他，这个问题由我直接出面，并解释道："他们难不倒我。"

我在华尔街的丰富阅历让我在许多其他方面都能坚定立场并完成任务。实际上，我时常会吃惊，发现诸多资源动员问题都适合借用我曾在投机活动中使用过的同种办法。

例如，**我很快就明白，许多物资短缺其实是心理因素造成的**。制造商害怕可能得不到所需的物资就会过量采购。供应商认为价格将会猛涨就会囤积材料而不急于出售。

在股市，我学会了一旦支撑市场上涨趋势的思维连续性断裂，一次牛市行情反转起来何其迅速。我们一旦加入战争，就需要降低关键战争物资的价格，我们为了降价要实现的一个目标就是打破价格一定会一涨再涨的普遍预期。

在华尔街，我也领悟到计划一次成功的金融操作与计划一次军事行动很相似。在行动之前，一个人必须对对立双方的力量和弱点都有所了解。

对那些不乐意合作的人，我们就对其弱点施加压力，从而让他们同意合作。对于国内，如果某制造商不想合作，我们就誓言切断其燃料供应或铁路运输；对于国外，我们采取的措施不同，但原则是一样的。

例如，第一次世界大战期间，英国代表团坚持认为，他们无法控制加尔各答的黄麻纤维价格，因为印度有一个独立政府。我知道印度需要白银来稳定币值，就去找麦卡杜部长，请求他扣留一些运输白银的船只。我们此前已经向伦敦派遣了一个以莱兰·萨默斯（Leland Summers）为首的外交使团，萨默斯告诉英国的文官，就算孟买和加尔各答的交易不得不关闭，我们也会坚持扣留船只的立场。英国人不久就想出了办法来控制黄麻纤维价格。

我们在整场战争期间面对的最紧要的物资供应问题可能是硝酸盐问题。生产肥料和爆炸物都需要硝酸盐，当时的需求量超出了任何可能的产能。直到战争结束，硝酸盐的短缺问题依然尖锐。每次冒险长途运送硝酸盐的轮船被击沉，都是一次沉痛的打击。

美国宣战的时候，硝酸盐价格几乎一夜猛涨 1/3，不到三周，价格就翻了一倍。价格飞涨，触发了对硝酸盐更加疯狂的抢夺，投机者想要轧空大量可以获得的硝酸盐脱离市场，从而迫使价格继续上涨。

大致在此时，威尔逊总统找到我，让我全权负责解决这个问题。我绞尽脑汁去想解决办法，却没有成功。一支由军火制造商组成的代表团队来到华盛顿，询问怎样才能弄到履行合同所需的硝酸盐。我向他们保证会有硝酸盐供应。

会见结束后，负责化学品部门的查尔斯·麦克道威尔（Charles MacDowell）问我："领导，你要怎么办才能兑现这个诺言？"

我坦诚地回答："麦克，我不知道，但我不能让他们在离开这里的时候认为政府都无能为力。"

之后的几天是我有生以来经历过的最厌烦的时光。我寝食难安，就连喝水都会呛着。我相信这是我毕生最接近向恐慌投降的时刻。**一天早晨，**

我对镜穿戴整齐，看着镜中那张苍白憔悴的面容，高声道："怎么回事，你这个懦夫。振作起来，像一个男人一样去行动。"

接下来发生的事情让我好奇是否真有某种特别的天意在眷顾我。我强迫自己吃下早餐，再下楼走进办公室。我在办公室里没待多久，一位海军情报军官就带着几份截获的电报进来。电文揭示智利政府将黄金储备存在德国，一直设法让德国政府对这批黄金储备放行，但徒劳无果。

我终于有办法着手进行了。几天后，智利大使来见我。他开始抱怨，因为各种物资短缺和控制通货膨胀的各种困难，他的国家正在经历各种麻烦。我知道德国人拥有的大约20万吨硝酸盐就在智利，但一直无法运出这个国家。我向这位大使提议，如果智利没人收购这批德国人拥有的硝酸盐，我可以按一磅4.25美分的价格全部买下，和平条约签署以后的6个月即用黄金支付。

智利大使刚离开我的办公室，我就着手安排必要的船只南下前往智利，这样拿到硝酸盐就不会损失一点时间，可以立即准备装船。

奇怪的是，国务院的一些官员以此举违反《对敌贸易法》为由反对这次交易。他们的反对意见让我惊诧不已。我质问道："你们是在说我不能买德国人的硝酸盐去造军火打德国人？"

这个议题被上报给威尔逊总统，他支持我的行动。整件事的结果是我们达成了令人满意的交易协议，让我们得到了急需的硝酸盐，也帮助智利政府克服了国内的各种困难。然而，如果我们不知道智利的需求并利用这一需求当作讨价还价的基础，是不可能达成协议的。

满足双方的相互需要仍是国家之间达成一切协议的最佳基础。虽然这看起来是显而易见的真理，但第二次世界大战结束以来的记录说明，我们还不明白该如何将这一真理应用到与盟国的交往之中。我们太过依赖条约的正式文本，忽略了去做需要做到的事情来加强与盟国的双边利益结构，只要做到这一点就能够支持长期盟友关系。

一个国家无法用钱购买其他国家的友谊。用这样的办法获得的"朋友"在任何事情上都会说翻脸就翻脸。然而，如果真正存在双边利益基础，那么国与国之间都会相互谅解各自未能做到的事情，忽略相互之间的短处。

除了共同利益之外，在与盟国交往时应当恪守正直、公平原则。这一黄金法则可以稍做变通，再应用于处理同盟关系上——己所不欲，勿施于人。

伍德罗·威尔逊首次代表美国阐明了这一原则。他坚持认为，无论我们为自己的战争工作购买了何种物资，都应该以自己支付的相同价格让盟国使用。

在就这一原则发生争执期间，我首次在温斯顿·丘吉尔身上看到了让他后来能成为如此鼓舞人心的战争领袖的各种伟大品质。我们提议，英国在美国购买任何物资的价格与我们在本国的买价完全相同，而美国在英国内部采购的任何物资也应支付与英国本国相同的价格。一些英国的商业巨头反对这一安排。当问题被提交给时任英国军需大臣的丘吉尔时，他同意这一安排，认为这是盟国之间公平对待彼此的有效办法。

我们分配从智利购得的那批硝酸盐时，根据的就是这种一视同仁的原则。我拒绝了某些人提出的利用我们对这批硝酸盐的控制权为美国谋取商贸利益的所有建议。相反我们达成的一致意见是设立一个国际硝酸盐执行委员会这样的机构在所有盟国间公平分配这批硝酸盐。结果这个执行委员会成为同盟国联合理事会的先驱，第二次世界大战时成立联合理事会正是为当时的所有同盟国分配稀缺物资的。

我提名丘吉尔出任国际硝酸盐执行委员会主席。他后来常开玩笑地提到当时我让他成了"世界硝酸盐之王"。

我与丘吉尔成为朋友40多年以来，从未得知他在处理对美关系时提出刻薄的或不光彩的提议。他对捍卫英国利益向来迅速，但同时一直都对美国的利益怀有温和的谅解。第二次世界大战期间，当美国面临需要从英国调用各种补给物资的问题时，我听见他干脆地反对，对富兰克林·罗斯福说："我的人民现在生活在经济紧缩的界限上，他们的食品供应无法削减。"我同样听见他强烈反对其他英国人对美国及其领袖的诋毁。

有一次，他在伦敦为我举办晚宴，一些对罗斯福及其新政不悦的托利党人也在场。一位先生决定逗同伴开心，让我猜个谜语——罗斯福和哥伦布为何很相似。他的谜底是罗斯福就像哥伦布一样不知自己正在去向何处，到达了也不知身在何处，返航后也不知道曾去过何处。

我起身说道："或许罗斯福和哥伦布真的很相似，这是因为他们都探索了新疆域、开拓了新视野，他们都让一个新世界呈现在世人眼前，从而矫正了旧世界的各种弊端。"丘吉尔将桌子拍得啪啪响，以示赞同，高声道："你们听着，都听着！"

03

第一次世界大战结束时，全体美国人，尤其是生意人都想要回到战争爆发前的生活状态。我没这么想。我现在觉得，没有这样做的主要原因是我发现出任公职要比赚钱让我更加满足。但当年我也发现战争遗留的许多问题无法靠"顺其自然"的哲学来解决。

于是我的许多合作者都在设法复兴自由放任的传统，我则在继续努力设法解决政府应当在现代生活中扮演什么角色的问题。威尔逊总统召我去巴黎充当他的顾问，协助起草《凡尔赛和约》中涉及经济问题的条款。我还和他一同为美国加入国际联盟奋斗。后来，我奋力为农场主在国民收入中取得更好的份额斗争；我甚至设计出一些计划，重组国家的多条铁路，打破战争赔款和战争债务上形成的僵局。

回想起这些和许多别的我们必须与之搏斗的问题——从大萧条和第二次世界大战直到冷战的各种问题，我常会为一个事实感慨，即大部分问题都围绕一个关键的相互关系——战争与和平的关系。至少从 1914 年起，这个国家以及世界上的其他国家不是进入战争状态，就是在从战争中走出来。我们一直坚持认为，和平年代的经济和社会规则应当符合我们的需要。然而，从 1914 年以来，几乎没有哪怕一个年头可以被认为真正摆脱了战争及其余波的影响。

我们的大部分经济问题，从农业产量过剩到为国债融资，起因都在于战争造成的错位和混乱。我们有生以来，已有两次不得不将我们的经济翻个底朝天来满足战争的各种需要，然后再返回和平道路。

与此同时，战争在整个历史过程中都会发挥一种作用，即在战争爆发前无论正在发生什么变化，战争爆发后这样的变化都会被强调，进而加速。例如，如果我们不是惧怕敌人率先完成原子裂变实验，有可能至今都没有实现这一核物理学上的突破。

在政府治理技能方面，我们从未真正完整地应对好两次世界大战造成的各种问题，束缚好这两次战争释放的各种力量。无论我们完成了什么，还是有更多问题等待解决，仿佛我们正在追赶一辆似乎永远都无法赶上的火车。

我打算在回忆录的第二卷去尝试审视战争与和平这种最为重要的相互关系，人们根据我的亲身经历就能总结出所有经验教训。或许我应当将本书余下的内容都用于一些思考，以阐述我们的世界面临的危机的性质和我们每个人怎样才能更好地理解其中涉及的内容。

我们必须将现在面临的重大考验从本质上视为对我们自我治理能力的考验。我们并不缺乏什么物质资源。人类现在控制的所有可用力量，无论用于建设还是破坏，都是前所未有的。我们缺乏的是控制和引导这种力量的能力，以及控制和引导这些丰富的生产资源的能力。

对我们自我治理能力的考验其实有以下三重意义。

第一，这是对我们价值观的考验，即考验我们为了让其他事情变得安全而要放弃哪些事物。

第二，这是对我们理性力量的考验，即考验我们是否拥有全盘思考所有问题以有效解决的智慧。

第三，这是对我们自律性的考验，即考验我们能否坚守自己的价值观，从而无论个人付出多大代价也要贯彻执行我们的政策的能力。

我们的国防支出应当花费多少的问题，提供了一个非常好的示例，能够说明这一考验的三个方面。有些人主张"我们的经济只能承受这么多"。但是事实上，我们的经济可以支持比任何人的提议都肯定繁重许多的任务。

我们愿意自行约束去做到的事情才是我们的经济能够承受的极限。我们有可能无法同时满足国防需要又去拥有其他所渴求的一切。然而只要我们愿意限制与国防工作冲突的不实际的需求，那么只要我们付出很多努力，就能够拥有相应的各种资源。

我们最应该珍视的是什么？我们要做的这个选择，现在被应该如何在总人口的各主要群体里分摊国防经费的激烈斗争弄得模糊不清。现在每个主要人口群体的压力集团都在想方设法地把国防负担转移到他人的肩上。这种"控制别人就是别来管我"的态度，正是两次世界大战和朝鲜战争期间发生通货膨胀的主要原因。这样的态度现在仍是让我们在冷战期间遭受困扰的通货膨胀压力的主要原因。

就解决国防经费而言，我们的民主社会没有设计出（或者没有采纳其他人知道的）迫使我们每个人让私利从属于国家利益的约束性技术。

我们也没有全盘考虑过为了生存，政府在冷战中应当扮演怎样的适当角色这一问题。有些人只想减税，但没有意识到只有靠自行征税，我们才能为自己珍爱的一切动员必要的防御力量。然而另一些人不断提出联邦政府开支的多个庞大新项目，却没有意识到征税权在一个民主社会里存在各种限制。

税负越是沉重，便越是难以让这一负担在总人口的所有群体之间公平分摊。我们已经认识到，在战争中，每个人都公平负担国家牺牲的一部分，对于维持国民士气至关重要，我们也明白，有些事情必须延迟，才能满足更加关键的需要。我们现在看来没有意识到一场冷战在要求我们进行类似的各种考虑。

如果征税权力由于其他不是很重要的项目而被使用到极限，或者如果我们的税制和通货膨胀使某些公民承受了不公正的负担的话，那么公众哪怕对最为重要的政策的支持也将会减弱。我们不能用和平年代的经济标准和公众道德标准去打一场冷战。

我对缴纳较高额的税款并没有什么不甘心。虽然我相信政府开支有许多可以避免的浪费，但只有到我们的国防已经确保安全，政府信用已经坚挺的时候，我才会赞成减税。我想着重强调的是，**可靠的政府信用对安全的国防体系至关重要。缺乏可靠的信用，政府在应对任何可能发生的危机时治理能力都会被削弱**。

如今，人们听到许多研发一种新式"终极"武器的讨论，许多人相信这种武器能解决我们的安全需要问题。洲际弹道导弹一旦研发成功，可能会给军事带来一场革命。然而，即便洲际弹道导弹的工艺完善以后，我们仍然要面对自我治理能力的考验——考验我们是否能全盘考虑各种问题，然后自我约束，从而让最优先的问题得以优先解决的能力。

我活到 87 岁时，见证了一系列完整的技术革命。然而**没有任何技术革命会抛开对个人品质和思考能力的需要**。

—— 04 ——

谈论对纪律约束和思考的需要，听起来可能像老式布道。这种蔑视旧日真理的倾向，是困扰我们社会的另一个因素。我们中的许多人会聆听这些真理，对阐述这些真理的宣讲点头，但就是不做任何事情将真理付诸行动。因为我们没有认真思考过应用这些旧日真理需要什么，那么它们就只能停留在口头和书本上。

悲哀的是，教育中的多种主流趋势看来正在让这种忽视变得更加严重。很多学校不教导年轻人去思考，而是认为如果让学生保持兴趣，那么他们的任务就完成了。学校的课程非常丰富，涵盖了能想到的每个科目，而教学方法却让人不敢恭维。随着想要培养技术专才的专业化学校的增多，让人产生了一种错觉，以为积累大量信息就意味着接受了妥善的教育。

但是信息不能成为思考的有效替代品。我可以引用一次经历来说明这个问题，这次经历距今并不遥远，我们大多数人都还记得。第二次世界大战行将结束时，许多经济学家和统计学家预测战争的终结会造成 1000 万或超过 1000 万工人失业。这一悲惨的预测当时得到大量引人注目的统计数据的支持。

动员局局长詹姆斯·拜恩斯请我和我的同事约翰·汉考克起草我们从战争转向和平的各项指导政策。我们没有发现战争结束时会出现大规模失业的可能性。相反，我们的报告预见到的是会出现空前的"繁荣冒进"。1944 年 2 月，这份报告发布不久，我们更进一步断言，战争结束后，无论任何人怎样去做，都会出现至少 5 ~ 7 年不间断的繁荣期。

这一预测的依据何在？我们没有对购买力进行统计学研究，没有对"消费者态度"进行统计学研究，也没有对经济术士预测未来时指出的其他任何指数进行统计学研究。我进行判断的主要依据就是战争结束后半个世界还是一片废墟这一事实。**我深信什么都无法阻止世界的重建**。正如我当时告诉同事的那样，"男人和女人，民族和政府，将会乞讨、借贷，如果必要的话还会盗窃"，但他们必然会找到办法去重建家园，满足战争期间没有满足过的各种需要。

我在这里想要说明的重点是，**不经过评判和思考的信息几乎没有价值**。

人们要想作出合理、可靠的判断，就必须将焦点放在全局。我们的较为优秀的教育者正在意识到，接受教育的人需要的不是熟知各种专门细节，而是将各种问题视为一个相互关联的整体的组成部分的能力。在我们的世界里，几乎没有任何事物是单独存在的。每一种事物往往都会与其他所有事物有较为深入的关联。如果希望在某条战线上的行动真正发挥效力，通常就要在几条支援战线上采取大量的其他行动。

第二次世界大战期间，采用全局解决法而不是逐个解决法的斗争正是长期努力防止通货膨胀的核心问题，说来悲哀，斗争没能成功。国会和行政机关的大多数文官主张，控制住货币供应量就足够防止通货膨胀，或者只有少数几种物价必须加以控制，而工资水平和农产品价格基本上不用控制。我反对这种星星点点的通货膨胀预防法，警告需要对整个经济采取一系列的全面行动，将这些行动当作同步动员我们所有资源这一全局行动的有机组成部分。

第二次世界大战结束后，我再度为采用全局解决法斗争——这次与和平缔造有关。甚至就在我们设计出一套会赢得战争的全球战略时，我就极力敦促制定出与这套战略对应的整体战略，整体战略包括为争取和平而斗争的方方面面，从而能让我们将自己的力量发挥出最大优势。许多官员发表讲话，谈及需要"全局外交"。但是，将一个统一的全球战略的诸多相关部分整合到一起的艰巨任务依然没有完成。

这一任务落空的原因之一在于我们渴望得到快速且容易的解决办法。美国公众耗费了一段时间才明白要达成世界和平没有捷径。防止第三次世界大战的任务需要我们和我们的孩子们投入毕生的时间和精力。

我们对于提议的每一项行动，最好要自问的不仅是预计这一行动可以完成到什么地步，还要自问这一行动无法办到的会是什么事情。

同样重要的是，我们要确定各项工作都指向问题的决定性核心要素，而不要为次要问题分心。我们面对的困难越是复杂，将这一点铭记在心就越是重要，因为想要逃避我们无法应对的问题是人性使然。

人们在面临最严峻的危机时，会为了琐事争吵，我们经常为之深深触动。我对这种为了琐事争吵的做法反映了对某种形势的严重性缺乏认识的说法持怀疑态度。相反，我认为这种做法反映的规律可以称为"分心定律"——当人们发现自己被某个问题难住并受挫时，就会创造某种分心的事情一味跟着这样的事情奔跑。

人类一直在设法用精力替代理性，仿佛跑得更快就会获得更好的方向感。我们应该不时停下脚步自问，我们的努力是否对准了问题的症结——如果要获得可控的解决办法必须先解决的事情；或者自问，我们是否在次要问题上耗费了自己的精力，而处理这些问题无论产生何种结果都没有决定性意义。

几年前，我为一些大学生举办了一次讲座，我在这次讲座期间总结了一直以来引导我的思想体系。

我指出，**战争与和平、繁荣与衰退、奴役与自由的周期性交替是人类历史的特性**。每次大破坏之后总是会出现一个重建期，而重建一直都会让人类的成就达到一个新高度——至少以物质标准来衡量是如此。

然而，如今我们怀疑我们的文明是否能经受住另一次周期性大破坏。我们渴望某种持续进步的体系能取代旧日崩溃和重建的往复循环。我相信，这就是我们这个时代最主要和最强烈的意愿。

为了打破这种破坏与建设的循环，我们必须让自己摆脱从一个极端摆向另一个极端的这种人类由来已久的倾向。我们必须找到一条自律的理性途径，从而避免无声的屈从和盲目的违抗。

我相信理性，不是因为人类在过去已经生动展现的明智，而是因为**理性仍是人类自我治理的最佳工具**。每当社会被某种疯狂席卷之时，理性沦为最早牺牲品的可能性并非偶然。人类从来没有掌握过尽善尽美，也没有掌握过乌托邦。如果说过度希望的狂乱永远不会变成现实的话，那么我们也可以避免陷入过度绝望的恐慌——如果我们懂得全面思考问题，懂得判定我们最宝贵的事物，并且懂得以个人和国家的形式来自我组织，从而优先去做务必先做的事情的话。

伯纳德·巴鲁克名言集锦

———— 为人处世 ————

1. 永远不要去忍受屈辱。

2. 让始终如一的诚信永远成为你的座右铭。

3. 不经过评判和思考的信息几乎没有价值。

4. 将歧视当作奋发图强的鞭策，就应该这样应对偏见。

5. 要成为强者，你就必须懂得把握机会或者不能放弃机会。

6. 人们要想作出合理、可靠的判断，就必须将焦点放在全局。

7. 任何法律都不能保护一个人免受自己犯下的错误造成的损害。

8. 对所有的事情都尽职尽责。你无法做更多，但你不愿做更少。

9. 看到人们因为政治分歧而对人道呼吁完全没有给予同情是何其悲哀。

10. 没有人比你更优秀，但是在证明这一点之前，你不会比别人更优秀。

11. 对一个人而言，能够表达他的看法几乎就像拥有自己的看法一样重要。

12. 我不信那些据说多才多艺之人，因为很少有人能做好一种以上的事业。

13. 人人都会犯的最糟糕的错误就是执迷不悟，拒绝承认自己的判断已经错了。

14. 在这个一直都有事让人分心的忙碌的年代，我们每个人都需要不时暂停手上的事情，检查忙碌的世界和自己的行动正要将我们带向何处。

经济学和投资

1. 牢记供求规律。

2. 伟大的构思通常都很简单。

3. 极端狂热的市场氛围必然导致股灾。

4. 量力而行，保留部分资本当作预备金。

5. 市场上没有"百分之百有把握的事情"。

6. 分析自己的损失就要确定曾经在什么地方犯了错误。

7. 定期将自己的大部分持股变现，完全离场是明智的。

8. 证券市场是经济的体温计，而不是是否已过热的经济本身。

9. 一家盈利企业对国家独立自主的贡献比不能盈利的企业更多。

10. 投机者的定义是一个观察将来并在将来的事情发生之前行动的人。

11. 根本不存在不涉及风险的投资，所以投资多少带有一些冒险的意味。

12. 与其鲁莽冲动地孤注一掷，不如怀着谨慎的欲望，为长久之计积聚财力。

13. 重要的是掌握一种形势的各项事实，而不受各种消息或主观臆想的影响。

14. 无论受过多好的教育，地位有多高，都不能让人获得免遭"病毒"传染的免疫力。

15. 如果所得大于投入的话，只有在人们的辛劳能够获取利润的时候，社会才能够进步。

16. 可以设法办到的是在我们要从事风险事业的时候，去更好地了解该如何降低其中的风险。

17. 一项投资的价值就像是一个人具备的品质。价值更高的投资更加能在逆境中支撑，也能够更加容易克服逆境。

18. 当任何人都能对你说买股票怎样才能发财时，那么就是时候提醒自己，最危险的就是相信不用任何付出就有收获的幻想。

19. 一个没有看空做空的市场就像一个没有言论自由的国家。没有人批评和抑制错误的乐观主义情绪，往往会导致灾难性后果。

20. 人类满怀希望的狂热乐观情绪是毫无根据的，人们极度悲观的情绪同样是毫无根据的。无论前景看来何其暗淡，事情后来都会转好。

21. 股市投机会造成金钱损失，主要原因不在于华尔街不诚实，而在于很多人坚持这样的想法——不用付出辛劳也能赚到钱，而证券交易所就是可以让这种奇迹发生的地方。

22. 哪怕最优秀的投机者都必须做好犯错的准备，他的操作必然有一定比例会出错。他在出错的时候，必须能够当机立断，迅速、娴熟且悄无声息地撤出交易。

23. 股市首先就是人，想要努力阅读未来的是人，正是因为人类这种执着的特性，将股市变成了十分戏剧化的竞技场。男人、女人在场上用他们相互矛盾的判断较量，用他们的希望与惧怕竞争，用他们的力量和虚弱对决，用他们的贪心与抱负一争高下。

24. 几乎所有业余股民在股市都会犯以下两个主要错误：

第一个错误是，对正在交易的证券没有正确的认识，对于一家（上市）公司的经营、收入和未来的成长前景知之甚少。

第二个错误是，超出自己的财力做交易，想要以小博大发横财。

25. 要想在投机方面取得成功必须做三件事：

第一，一定要了解一种形势或问题的各种事实。

第二，必须对什么是那些事实的预兆作出判断。

第三，必须在为时太晚之前及时行动。

26. 驱使股价涨跌的不是无关人情的经济力量或一直在变化的事件，而是人类对这些发生的事情的各种反应。股票投机者或分析师一直要面对的问题是，如何将冷冰冰的确凿的经济事实与人们在处理这些事实时表现出的热烈情感分解开来。

27. 在评估个别公司时应当考虑以下三个主要因素：

第一，一家公司的真实资产、手头持有的现金与其负债的比例和物质财产的价值是多少。

第二，一家公司持有的经营业务的特许权，换个说法即公司制造的某种产品或提供的某种服务是不是人们想要得到或者必须拥有的。

第三，也是最重要的一个因素，就是公司管理层的品性和头脑。

28. 10项明智投资或投机的"规则"（指导原则）：

（1）不要投机，除非你能像做全职工作那样从事投机活动。

（2）小心理发师、美容师、服务员——其实是任何人——给你带来的"内部"消息或者"内幕消息"这样的好事。

（3）在买入某只证券之前，先去了解发行这只证券的公司能让人了解的一切、公司的经营管理和竞争对手的情况、公司的营收和成长性经历。

（4）不要尝试底部买入、顶部卖出。谁也办不到这一点，只有骗子例外。

（5）学会迅速清晰地接受损失。不要指望一直都能正确。如果犯了错误，尽可能地快速止损。

（6）不要买入太多不同的证券，最好只投资几个可以长期观察的项目。

（7）定期重新评估所有投资项目，看看一直在变化的形势是否已经改变了这些投资的前景。

（8）研究自己的纳税情况，从而了解何时卖出证券能获得最大的税收利益。

（9）始终将自己的资金保留一部分适量的现金，永远不要将所有资金都拿去投资。

（10）不要想着对所有的投资样样精通，坚守自己最了解的领域。